高中数学思维培养的研究与实践

庞良绪 著

华东师范大学出版社
·上海·

图书在版编目(CIP)数据

高中数学思维培养的研究与实践/庞良绪著. —上海:华东师范大学出版社,2023
ISBN 978-7-5760-3759-3

Ⅰ.①高… Ⅱ.①庞… Ⅲ.①中学数学课-教学研究-高中 Ⅳ.①G633.602

中国国家版本馆 CIP 数据核字(2023)第 051220 号

高中数学思维培养的研究与实践
GAOZHONG SHUXUE SIWEI PEIYANG DE YANJIU YU SHIJIAN

著 者	庞良绪
策划编辑	李文革
责任编辑	平 萍
审读编辑	周 鸿
责任校对	宋红广 时东明
装帧设计	刘怡霖

出版发行	华东师范大学出版社
社 址	上海市中山北路 3663 号 邮编 200062
网 址	www.ecnupress.com.cn
电 话	021-60821666 行政传真 021-62572105
客服电话	021-62865537 门市(邮购)电话 021-62869887
地 址	上海市中山北路 3663 号华东师范大学校内先锋路口
网 店	http://hdsdcbs.tmall.com

印刷者	常熟高专印刷有限公司
开 本	787 毫米×1092 毫米 1/16
印 张	14.5
字 数	226 千字
版 次	2023 年 4 月第 1 版
印 次	2023 年 4 月第 1 次
书 号	ISBN 978-7-5760-3759-3
定 价	47.00 元

出版人 王 焰

(如发现本版图书有印订质量问题,请寄回本社客服中心调换或电话 021-62865537 联系)

序　言

　　4年前,庞良绪老师参加了上海市第四期"名校长名教师培养工程"攻关计划数学名师基地培训,我们有缘在基地里相遇。

　　庞老师来自沪上名校——市西中学。他教学经历丰富,曾经做过教研员,长期致力于数学教学实践与研究,有很强的研究能力。市西中学名师云集,他到市西中学后,很快融入市西中学的文化氛围中,并积累了丰富的教育教学经验。每一次市级基地活动他都积极参加,哪怕任教高三,教学任务繁重,他也从不缺席,并主动分享教育教学经验,庞老师以自己的言行带动了其他学员教育教学水平的共同提升,可以说我与庞老师相识于智慧的分享。

　　庞老师为人为学有许多优秀品格,他善写作、勤输出。3年多的时间,他经常和我讨论教育教学中遇到的问题,并将其诉诸笔墨,散见报刊。3年多的时间,他在数学类期刊上,共计发表论文10篇,其中《数学通报》2篇,《数学教学》1篇。在"双新"实施的背景下,庞老师特别关注高中学生数学思维的培养,并以此作为研究的目标,持之以恒的坚持,数年如一日的积淀,形成了二十余万字的《高中数学思维培养的研究与实践》一书。作为基地导师,我备感欣慰——有如此优秀的学员,基于专业发展的自觉,殚精竭虑,不遗余力地研究"数学思维与数学教学""数学教学中的思维训练",研究"数学教学中的思维能力的培养""在数学开放题探究性学习中培养思维",研究"在数学阅读与解题教学中培养思维""在具体数学教学环节中培养思维"。庞老师的这本专著,围绕这6个方面而作,每一章都闪耀着他数学人智慧的光芒!

　　阅读本书,给我留下的深刻印象,主要有以下几个方面:

　　第一,庞老师特别注重在数学教学中培养学生的思维。我认为教师的课堂教学不在于数学语言多么精彩,不在于设置的问题多么巧妙,不在于课堂气氛多么热烈,而在于教师的语言是否能激发学生积极思维,提出的问题有多少思维的含量。庞老师以一线教师的视角,通过鲜活的案例和朴素的问题,把课堂上师生、生生之间的思维碰撞及不期而遇的"意外美丽"记录下来;把学生"随心所欲"的遐想记录下来;把学生"从天而降"的顿悟记录下来。从一个侧面记载着一个普通教师与学生的所思、所言、所为。字里行间可寻到师生思维的足迹,听到课堂教学呼唤思维的心声。彰显了数学教学的本质是数学思维活动的教学,并在数学思维活动中发展数学核心素养。这样的课堂教学非常接地气。

第二,庞老师基于对培养学生思维的理解,以数学思维理论为依据,以课堂教学为抓手,从培养学生的数学思维品质与思维能力两个维度进行阐述。我在大量的事实中发现,学生在平时的学习中所犯的错误及解决问题能力的强弱都与其思维品质和思维能力有关,比如思维的广阔性决定了解决问题思路的宽广程度,思维的深刻性决定了对问题的理解程度,思维的发散性决定了对问题多方向、多角度思维的程度,等等。教师对培养学生思维的深刻理解,有助于对学生思维品质的提升及思维能力的培养。本书在这两个方面的探讨是值得称道的。

第三,庞老师特别注重理论和实践相结合。本书精选了高中数学中的 10 个典型问题,体现了在不同的问题中培养学生思维的价值。这样的研究视角和路径使得本书的内容更加饱满、更具有说服力。以第五章"在数学阅读与解题教学中培养思维"为例:我们知道,数学语言是数学思维的外壳,对数学语言的阅读,能透过问题的表面现象,达到问题的本质,对提升学生思维的深刻性等思维品质都大有帮助。庞老师通过解题教学及解题反思、化错(纠错)对培养学生的思维作了很好的实践探讨:在解题教学中通过一题多法,培养思维的灵活性;一题多变,培养思维的严密性和敏捷性;多题一法,培养思维的广阔性;一题多联,培养思维的深刻性。在解题反思中通过反思解题过程,培养思维的严密性;反思解题结果正误,培养思维的批判性;反思解题过程,培养发散性思维。在化错中展现化"错"的心路历程,用批判性的眼光看待错误,让学生体会错误的潜在价值,变学生的各种错误为培养学生思维的契机,提升学生的思维品质。

希望用您的慧眼发现并论证这本《高中数学思维培养的研究与实践》,相信您也会与我一样,对全书充满了渴望与期待,一定会被一节一节的内容深深吸引!

而《高中数学思维培养的研究与实践》一书正是我们与庞良绪老师相遇、相识、相知最好的礼物,也是新冠疫情期间庞老师专业发展坚持不辍的最好的见证。

王海平

2022 年 11 月 28 日

于上海市洋泾中学

目 录

第一章 数学思维与数学教学 / 1
　第一节 思维与数学思维 / 1
　　一、数学思维的内涵 / 1
　　二、数学思维的特点 / 3
　　三、数学思维的基本形式 / 5
　第二节 数学教学的思维特征 / 7
　　一、数学教学是数学思维活动的教学 / 7
　　二、数学教学是发展思维能力的"智力体操" / 9

第二章 数学教学中的思维训练 / 12
　第一节 数学教学中的横向思维训练 / 12
　　一、培养思维的广阔性 / 12
　　二、培养思维的组织性 / 22
　第二节 数学教学中的纵向思维训练 / 24
　　一、培养思维的深刻性 / 24
　　二、培养思维的灵活性 / 26
　　三、培养思维的敏捷性 / 33
　第三节 数学教学中的纵横思维训练 / 35
　　一、培养思维的批判性 / 35
　　二、培养思维的创造性 / 38

第三章　数学教学中的思维能力的培养　/ 47

第一节　直觉思维能力的培养　/ 47
一、数学直觉思维的表现形式　/ 48
二、数学直觉思维的意义　/ 49
三、数学直觉思维能力培养的策略　/ 51

第二节　发散性思维能力的培养　/ 60
一、发散性思维综述　/ 61
二、发散性思维能力培养的方法与策略　/ 66
三、发散性思维能力培养的教学模式设计与实施　/ 78

第三节　逆向思维能力的培养　/ 86
一、逆向思维研究的意义　/ 87
二、逆向思维能力的特征和类型　/ 87
三、逆向思维能力培养的策略　/ 88

第四节　猜想思维能力的培养　/ 96
一、数学猜想的意义　/ 97
二、数学猜想的基本形式　/ 97
三、数学猜想思维能力培养的策略　/ 100

第五节　形象思维能力的培养　/ 104
一、数学形象思维及特点　/ 104
二、数学形象思维的基本形式　/ 105
三、数学形象思维能力培养的策略　/ 109

第六节　创造性思维能力的培养　/ 114
一、创造性思维的基本类型　/ 114
二、创造性思维能力培养的教学原则　/ 116
三、创造性思维能力培养的策略　/ 117

第四章　在数学开放题探究性学习中培养思维　/ 130

第一节　在开放题教学中培养思维　/ 130
　　一、数学开放题的类型　/ 131
　　二、开放题的思维价值　/ 133

第二节　在探究性学习中培养思维　/ 137
　　一、探究性学习的特征和理论依据　/ 138
　　二、探究性学习的思维价值　/ 140

第三节　在变式教学中培养思维　/ 145
　　一、变式教学的理论依据和形式　/ 146
　　二、变式教学的思维价值　/ 150

第五章　在数学阅读与解题教学中培养思维　/ 156

第一节　在数学阅读中培养思维　/ 156
　　一、数学阅读的分类与阅读策略　/ 157
　　二、数学阅读的思维价值　/ 159

第二节　在解题教学中培养思维　/ 166
　　一、解题教学中要合理选择问题　/ 166
　　二、解题教学的思维价值　/ 167

第三节　在解题反思中培养思维　/ 174
　　一、解题反思的意义　/ 174
　　二、解题反思的思维价值　/ 175

第四节　在化错中培养思维　/ 183
　　一、化错的意义　/ 184
　　二、化错的思维价值　/ 187

第六章　在具体数学教学环节中培养思维　/ 191

第一节　在问题情境中培养思维　/ 191

一、创设问题情境的方法　/ 192

　　二、创设问题情境的思维价值　/ 194

第二节　在课堂提问中培养思维　/ 199

　　一、课堂提问的要求　/ 199

　　二、课堂提问的思维价值　/ 199

第三节　在试卷讲评中培养思维　/ 207

　　一、试卷讲评的要求　/ 208

　　二、试卷讲评的思维价值　/ 210

主要参考文献　/ 218

后记　/ 220

第一章 ‖ 数学思维与数学教学

> 数学教学是数学活动的教学,这里的数学活动既指师生、生生之间的对话与交流,更指向一种师生间无声的语言与彼此思维的碰撞。因此,我们经常说,数学教学是数学思维活动的教学,数学教学活动是数学知识与数学思维的结合。数学知识包括的概念、定理、公式等是静态的,而数学思维是动态的,它活跃于数学教学的各个环节,是联系数学教学各个环节的桥梁。

第一节 思维与数学思维

对思维培养的研究当然要从数学思维内涵的研究开始,并通过阐述数学思维的特点、数学思维的基本形式,以期对后续思维培养的研究提供依据。

一、数学思维的内涵

在心理学领域,《心理学大辞典》将思维定义为在感知外部环境的基础上的心理活动过程和活动结果;在哲学领域,《外国哲学大词典》认为思维是通过言语、事物的表象与动作完成的,是对现实世界进行分析和综合,是对客观世界间接概括的反映,是一种人们对客观世界的认识和理性的活动。马克思主义哲学强调了人的实践及人与外部世界的活动对思维的影响,并从人与外部世界的联系定义思维,认为思维是对客观世界的感性认识到理性认识的产物。

"数学思维"是一个惯用了的数学名词,在数学学习与研究的讨论中经常出现,其涵义不言而喻,通常是指学习者在数学研究和教育教学中的心理的或思想的过程。数学思维的涵义具有广泛性和普遍性,就其数学思维本身而言,它可以是研究数学思维的方法、方式、形式、过程、规律等。数学思维可以从不同学科、不同角度去研究,如从教育心理学、思维科学、认知科学、逻辑学、脑科学、生理学等不同学科去研究,或从方法论、学习论的角度去思考。若从数学自身入手,则可以从数学教育、数学研究这两个不同的角度去研究。数学思维离不开数学活动,人们在数学活动中通过不断地提出、分析、解决、应用、推广,来获取对数学对象的本质理解,这个思维的过程大体上是人脑的意识对数学研究对象的处理加工,包括信息接收、组合、提炼、分析。它是人心智活动的过程,是一种内隐的不易观察的属于人脑的高级神经生理活动。

苏联学者奥加涅相指出,数学思维是人们在具体的数学领域或把数学科学应用到其他科学领域过程中的辩证思维。在我国数学教育领域,有不少学者也给出了数学思维的内涵,如,王仲春教授指出,数学思维是指人们在利用数学概念、定理、公式等数学工具分析解决问题的过程中的一种理性认识活动。需要关注的是,数学教育家王梓坤院士在《今日数学及其应用》一文中认为:"当代数学思维是一种定量思维。所谓定量思维是指人们在解决实际生活中的具体问题时,用数学模型解决实际问题,用数学计算求出数学模型的解,再把得到的结论拿回到实际的生产生活中进行验证、补充、修正。"这可以认为是当代数学对数学思维特征的一种高层次概括与总结。事实上,无论是古典的、传统的,还是现代的数学思维,都是一种定量思维。

日本学者藤田认为,"数学智力"包括"数学思维能力"和"数学常识"。美国的《学校数学课程与评估标准》指出,学生的数学素养包括探究、合理猜想、逻辑推理能力、利用多种数学方法解决问题的思维能力。我国的数学教育专家也曾指出,数学素质主要包括准确的数学语言、丰富的数学知识、较强的计算能力、严谨的思维习惯、较强的思维能力。

从上述教育专家的观点来看,无论是数学智力,还是数学素质,数学思维都是其组成部分,是它们必不可少的构成要素。

数学思维是人的一种内隐的心智活动,它含而不露,无影无形,但它又魅力无穷,无数个数学问题都要借助数学思维才能得到解决;数学概念、定理、公式等知识是数学思维活动的外显结果。平时经常提到的数学观念、数学意识、数学思想、数学方法及隐含的数学精神等都是数学思维活动的具体产物,它们也是对数学思维的一种整体概括。

从数学研究的角度出发,数学家的思维方式是数学思维的典型代表,在问题解决的过程中,他们通过不断地提出问题,用超越常人的思维技巧,灵活的思维方法和策略去思考、分析、解决现实中的难题或历史上遗留的重大猜想或重大问题,持续不断地拓展新的数学研究方向,开辟新的数学分支,促进数学科学和人类文明的进步,科技的发展也同步提高。纵观数学的发展史,人类每一次在数学上的重大发现都悄无声息地改变着人们的数学思维方式。因此,从整体上思考数学前进的历程以及数学家如何创造性地解决数学问题的思维方式,就能从全局上把握数学思维的特征和实质。当然,数学思维并不是只有数学家才拥有,也并不是只有数学家的思维才是真正意义上的数学思维。换言之,人们从事的活动只要与数学活动有关就有数学思维。这样,不再局限于教师与学生,从事其他科学的人们,以及一般的劳动者也有数学思维。因此,我们只有从数学研究和数学教育两个维度去把握数学思维的内涵,才能从本质上认识数学思维。

二、数学思维的特点

结合数学思维的内涵,数学思维有以下特点。

其一,来自数学自身的抽象性、严密性、探索性、统一性、辩证性。

抽象性。数学家在进行数学研究时,往往不研究对象的具体特征,而是从这些特征中提炼出研究对象的数量关系和空间形式。比如,数学中的平面是没有大小、没有厚度的,也就是说数学中的平面不同于现实生活中的平面,它是一种高度概括的、抽象的概念。再如圆锥曲线的方程,不是指具体意义的椭圆、双曲线、抛物线等,而是指经过抽象之后的表达式。由此可见,人们在思考的过程中,抽取了思维对象一般意义上的数量关系和空间形式,舍去了思维对象非重点的、非本质的要素,有助于人们认识事物的本质和规律,进而帮助人们更好地解决问题。

严密性。爱因斯坦说过:"为何数学比其他科学更受人们的喜爱,主要是基于它的命题靠得住。"数学的严密性主要体现在数学思维过程中的精确性、严谨性、逻辑性。数学思维是按照一定的逻辑形式和思维方法运行的,其思维产物——数学结论是历经缜密与合理的逻辑推理过程完成的。比如,数学中的代数运算、几何证明要求运算与证明过程步步为营、有理有据。此外,数学思维以量的内在关系来体现客观事物的本质特征,这就要求反映事物的量精确可靠。

探索性。数学源于对客观事物及现象的认识,与此同时,人们又可以应用数学的思维和方法来解决现实生活中的实际问题。数学思维和问题解决是紧密相连的,如数学概念的形式,公式的发现,结论、定理的证明等都是借助数学思维完成的,这里也包括了探索性解决问题的方法,即数学思维被赋予了探索的性质。

统一性。它主要表现为数学思维本质上具有关联性和一致性。数学知识的内部就像一张蜘蛛网,彼此相互关联、相互依存,数学思想方法也是相互贯通的。如函数与方程的联系、数与形之间的联系,可以从不同的方面、不同的角度进行不同层次的抽象,通过层层抽象以后,往往相似于其他已有的数学模式,再用已有的模式、已有的经验方法解决新问题。

辩证性。数学思维具有一般思维的特征,其中辩证思维使得数学思维更完美、更富有朝气,它是人类思维的高级阶段。数学中蕴含着辩证法思想,我们只要对思维方法、思维结果多一点辩证性,就会少犯错误。正如恩格斯所说,数学——辩证的辅助工具和表现形式。辩证思维依据的是辩证逻辑,而不是形式逻辑。所谓辩证逻辑是指客观辩证法在人们思维中的反映,它和形式逻辑不同,辩证逻辑把概念、判断、推理视为一个相对运动着的东西。数学中的指数与对数、加与减、函数与反函数、或然与必然等正逆运算的关联都是在矛盾中对立统一,反映了事物"亦此亦彼"的思想;"负负得正"蕴含了否定之否定思想;数系的扩充体现了由量变产生质变的演绎过程。从数学活动本身角度看,辩证思维让我们认识到,学习是一个逐渐认知的过程,即从未知到知之,从知少到知多的矛盾运动。教师与学生多一点辩证思维,就会让课堂更生动活泼,课上学生也将更容易接受知识。

其二,正如徐利治教授指出,数学思维同时还存在类似自然科学思维的"观察、实验、类比、归纳"等特点,乃至存在类似自然科学的"猜想、想象、联想、反驳、直觉、审美"等特点。我国众多的教学专家也对数学思维的特点提出了一些类似的观点。比如,思维具有广阔性、深刻性、灵活性、组织性、批判性、创造性、敏捷性、辩证性等特点。需要指出的是,如何区分数学思维、数学思维品质、数学思维方法等既有关联又有差别的概念,以便能够更合理地表达数学思维的特点也很重要。

总之,基于数学家和数学工作者对数学思维活动的实践,可以认为数学思维具有丰富的内涵,它不仅具有抽象性、精确性、逻辑性、定量性等特点,还具有辩证性、猜测性、直觉、美感等特点。

三、数学思维的基本形式

从数学思维活动的形式出发,数学思维可划分为逻辑思维、抽象思维、形象思维、猜想思维、直觉思维、逆向思维等。形象思维是逻辑思维、抽象思维、直觉思维的先导;逻辑思维处于数学思维中的核心地位;直觉思维又称为灵感思维,凭着对数学问题的直觉感知,会发现更好地解决问题的途径,获得更快地解决问题的速度,是所有思维中复杂程度最高的一种。

灵感思维是厚积薄发的绽放,是无法寻觅的宝石,是不可预知的彩虹。灵感的出现需要冬日里飓风暴雪的锤炼,需要荒原上孤独长久的跋涉,需要黑夜里狂风暴雨的洗礼。

抽象思维是指人们在认识活动中离开事物的具体形象,运用概念、判断、推理等思维形式,对事物进行概括的、间接的反映。它又可划分为经验型和理论型两种。

例如,若 a、$b \in \mathbf{R}_+$ 且 $a \neq b$,则 $\frac{a+b}{2} > \sqrt{ab}$。从形象思维角度看:$\frac{3+5}{2} = 4 > \sqrt{15} = \sqrt{3 \times 5}$;$\frac{4+6}{2} = 5 > \sqrt{24} = \sqrt{4 \times 6}$。从经验型抽象思维角度看:若 a、$b \in \mathbf{R}_+$ 且 $a \neq b$,则 $(\sqrt{a} - \sqrt{b})^2 > 0$,即 $a - 2\sqrt{ab} + b > 0$,$a + b > 2\sqrt{ab}$,所以 $\frac{a+b}{2} > \sqrt{ab}$。从理论型抽象思维角度看:若 a、$b \in \mathbf{R}_+$,首先,可证明函数

$f(x)=\left(\dfrac{a^x+b^x}{2}\right)^{\frac{1}{x}}$ 在其定义域上是单调递增函数,其次,还可证明 $\lim\limits_{x\to 0}f(x)=\sqrt{ab}$,又因 $x=1$ 时,$f(x)=\dfrac{a+b}{2}$,即 $\dfrac{a+b}{2}>\sqrt{ab}$。

上述多种思维方式为解决问题提供了多种思考方向,也为数学教学注入了非常丰富的内涵,事实上,数学教学活动就是多种思维共同作用的结果。

从思维指向来看,数学思维分为集中思维和发散思维。集中思维又称为求同思维或聚合思维,它是根据数学问题提供的信息,在人们解决问题时,充分利用原有的经验、知识,把较多的信息和解题的可能性有序添加到条理化的逻辑排序中去,直到得出一个合乎逻辑规范的结论。和集中思维相对的是发散思维,发散思维又称为求异思维,是指从多视角、多方位思考问题所提供的信息,不受所给问题情境的约束,能够有效利用问题提供的信息,发现问题的本质,采用多种方法求解的思维。发散思维体现了知识的发散性和广度,收敛思维使主体的认知结论趋向于加强和稳定,对知识的理解更加深刻。

从数学思维的智力品质来看,又可以分为创造性思维和再现性思维。创造性思维对数学问题有独特的见解,是一种集多种思维于一体的特殊的创造性的思维方式,它只有和其他思维结合起来才能发生。再现性思维又称为习惯性思维,它是利用已有的知识经验,按照固定的模式解决问题的思维方式。

采用二分法,从数学思维的不同类型来看,分为逻辑思维与非逻辑思维,或分析思维与直觉思维。

从数学思维的产生与发展过程来看,个体对数学问题表现出来的个性特征的差异叫做数学思维品质。它体现了学生数学思维的发展状况,是判断学生思维层次、衡量学生数学能力差异的重要指标。数学思维品质主要包括思维的深刻性、广阔性、批判性、敏捷性、灵活性、独创性等。

我们将在第二章着重讨论对数学思维的广阔性、组织性、深刻性、灵活性、敏捷性、批判性、创造性方面的培养;在第三章着重讨论对数学直觉思维能力、发散性思维能力、逆向思维能力、猜想思维能力、形象思维能力、创造性思维能力的培养。

第二节　数学教学的思维特征

数学是思维的体操,学习数学,离不开数学思维,数学学习的本质特性就是形成数学思维。数学是思维的科学,数学教学的核心就是充分暴露思维形式,并在思维活动中发展数学核心素养。我们在数学学习的过程中,要经历概念的形成、定理的发现、公式或结论的推导等活动。在这样的认知活动中,是什么促使你能够缓缓向知识的纵深前行,又是什么使得你的数学核心素养逐渐提升？我们认为就是数学思维使然。

数学思维活动包括宏观和微观两个方面。从宏观上看,数学思维是富有灵感的策略创造,主要包括类比、联想、归纳、直觉猜想、顿悟等；从微观上看,要求数学思维言必有据、步步为营,是科学的、严谨的逻辑演绎。这两方面的有机结合成就了数学思维的特征。

一、数学教学是数学思维活动的教学

现在的高中数学教学,传统与僵化的教学观念在部分教师脑海中已根深蒂固,教学设计和教学方法更多是在迎合应试教育,部分教师为学生的分数而教,对数学思维的培养含量较低；片面追求学生的任务取向、考试取向,淡化了问题取向、思维取向；任务、矫正、反馈游离于课堂教学改革之外,弱化了学生数学核心素养的生成,更谈不上思维的训练。

关注核心素养的高中数学变革的具体体现是以学科素养为本,注重获取知识的方法及提升学生综合能力,即重视知识的"质"而非"量",是思维与素养双飞而非知识与技能并行。

数学教学重在"活动",它是师生、生生思维的相互碰撞。评价教学活动究竟有无价值,还要看结果是否激发了学生的学习兴趣,是否能调动学生的思维。唯有提升学生的学科素养及思维能力的教学活动,思维和素养的源头才不会干涸。

数学知识和数学思维构成了数学教学活动的两个方面,数学知识中的概念、

定理、法则、公式等是静态的,只是对其简单、机械地堆集很难提升智力;而数学思维是人思考问题、解决问题的产物,是动态的,它贯穿于数学教学所有过程。想象力、记忆力、观察力等智力的构成要素,只有与思维力相互融合,才能实现其应有的价值,发挥其潜在的功能。因此,思维像一个媒人,牵起了一根红线,一端连着数学知识,另一端连着教学,只要它轻轻一拉,数学知识与数学教学就能牵手。

(1) 数学思维活动的教学不仅仅是数学活动的结果——数学知识的教学,更应在知识习得的过程中教会学生掌握数学思维的方法。这里所说的数学活动是根据以下三个层次实施的思维活动。一是,数学材料的数学组织化。即通过观察、联想、类比概括经验材料。二是,数学材料的逻辑组织化。即借助数学材料加工、提炼、抽象出原始的概念。三是,数学概念、定理、公式的应用。数学教学不仅教授前人已发现的数学理论,更关键的是还要教授前人如何发现结论的方法,教学生如何像科学家那样去思考。

(2) 数学思维活动的教学要注重学生独立思考。在课堂教学的过程中,经常会有这样的现象:教师在黑板上刚把例题写好,学生题目还没有读完,甚至还没有来得及看,教师就开始滔滔不绝、兴致盎然地进行分析讲解;或者没有给学生思考的时间,就开始大范围地提问。这样的课堂实质上是用教师的思维或用被提问学生的思维代替其他同学的思维,无疑抹杀了其他学生进行思维的空间与时间。结果导致部分学生只是被动地接受教师的讲解,没有自主、独立地进行思考,更谈不上激发思维的创造性,不利于学生思维的提升。

教师要爱护、保护、尊重学生的思维过程与结果,让其充分展示出来,能让学生自己思考与练习,应尽量将主动权交还给学生,教师不要越俎代庖。有时学生的错误甚至是可笑的,然而它们却是学生真实的天然的思维过程,教师不可以视而不见,全盘否定,有正确的就要予以肯定,有错误的就要分析原因,要充分讨论、交流,寻找错误中的合理成分。有时学生也有奇思妙解,发生在教师的思维之外,此时,教师要做到"心中有数",要耐心倾听,善于等待,不要赶时间,要让学生把分析题目的过程讲完,让学生思维的"火花"持续下去,真正地把数学教学变为学生独立思考、张扬个性的思维活动的教学。

(3) 数学思维活动的教学要注重活动的真实发生。在以核心素养为背景的课堂教学中,数学教学是思维活动的教学已成为广大教师的共识。在教学中,如何活动,活动在哪里,都是不容回避的问题。活动不能流于形式,不能做表面工作,不能搞"花架子"。活动要看有多少思维价值,有没有高阶思维活动,是否处于学生的"最近发展区",教师是否有深度的教,学生是否有深度的学。

(4)数学思维活动的教学要注重培养学生的多种思维能力。数学活动的教学,就是要让学生有逻辑性地、有条理性地思考解决问题,依据事物自身发展的逻辑顺序想问题、办事件,提升逻辑思维和抽象思维能力,还要注重发展合情推理与非逻辑思维。随着教育心理学在数学学习中的应用及数学教育研究实践的不断深入发展,人们逐渐认识到合情推理与非逻辑思维的功能。逻辑推理虽然是证明中不可或缺的主要环节,但是数学上的发明创造也需要观察、实验、联想、类比等合情推理。由于在当前数学教学中,学生的右半脑的功能发展受到抑制,没有开发其应有的价值,主要表现为想象力匮乏,在解决问题时缺乏变通性、灵活性、创造性。因此,在教学中不能淡化对非逻辑思维能力的训练。

我们认为,数学思维活动的教学可以触及人类思维的方方面面,但是从一个更广泛与更完整的角度看,数学的育人价值还不仅仅是"锻炼思维的体操"。数学思维活动在培养学生数学思维品质、提高人文素养及立德树人方面也发挥着独特的功能。

二、数学教学是发展思维能力的"智力体操"

现代数学理论将提升学生的思维放到首要的位置,生动而富有灵性地把数学喻为"锻炼思维的体操"。思维的外壳是数学语言。思维体操的教练是教师,教师承载着培养学生思维发展的任务。数学之所以是思维的体操,这是由于数学教学的本质是思维活动的教学,提升学生的思维能力是教学活动的主线,数学教学离不开数学思维,数学教学的本质特征就是发展思维能力,即数学教学是发展思维能力的"智力体操"。正如奥加涅相认为,区别于传统的教学,现代教学理论把促进学生的思维发展作为教学的首要任务。基于此,当我们缓缓揭开数学研究的大幕后,数学思维的研究将作为这台"戏曲"的"前奏"。

对数学与数学教学更为精确的阐述即数学是严谨思维、理性思维、精确思维、深度思维的精髓;数学教学是培养学生逻辑思维能力、抽象思维能力、辩证思维能力、发散思维能力等思维能力的教学。

发展学生的智力不能脱离以知识发展为主线的课堂教学活动。获取知识的方法难以离开探究、推理等数学活动,数学活动要取决于暴露思维形式的研究方法,方法的寻觅难以离开思维探究,探究形式必然伴随着数学思维能力的提升,思维能力的提升就是发展了学生的数学核心素养,……究其本质,培养学生的思维品质,需提高学生的思维能力,而思维能力的培养又要从思考谈起……

数学教师要思考很多问题,例如,如何把一种"云端跳舞"的观念演绎成"贴近地面行走"、落地生根、可操作的流程;如何进行数学教学流程的细节推敲、单元内部的局部整合、学段模块的整体重构。教学理念、教学目标、教学设计、教学活动、教学反馈、复习应考等无一不需要教师思考。比如,用金字塔结构思考法去思考和解决问题,无论多么复杂的问题,都能借助这个思路进行分类,觅出证据,得出结论。所有洞察本质的背后,都是思维长期的积累。教师在进行解题教学时,不要仅停留在解题上,而要以研究者的身份进行解题方法及培养学生的思维能力的研究,其中教学解题和学生的课后解题也绝不能等同。

数学教学可以教人聪明、发展智力。数学思维是数学乃至科学技术领域中的绚丽花朵,只要我们用心和它交流,去体会它、感悟它,就一定会收获颇丰。

"聪明"的含义是什么呢?它看起来是一个只可意会不可言传的抽象概念。汉语词典对"聪明"的解释为智力发达、思维敏捷、变通能力强,对问题的理解和记忆能力优于常人。但不管怎样对"聪明"进行理解,聪明和思维能力、思维品质、智力等都是紧密联系的。

正如培根所说:"学问就其本身来说不教人如何用它们,这种动用之道乃是学问之外的东西,是学问以上的一种智能,它须经历观察、联想、抽象、感悟才能获得。""数学教学可以教人聪明",这个教,并不特指教师在教学活动中的传道授业解惑,更关键的是教师的教学理念及学生自身的思考、体会与感悟。

数学教学可以把人的智力推向新的高度。知识的海洋让人恋恋不舍,孜孜不倦。在那里,嬉戏勇敢的人们陶醉在智慧的海洋中,诗情画意,令人神清气爽。美轮美奂的奇思妙想,悦目娱心,令人欣喜若狂。虽有时会有"引无数英雄竞折腰",但也会"千锤万凿出深山""吹尽狂沙始到金"。从"乱花渐欲迷人眼""荷露虽团岂是珠"变成"稻花香里说丰年""驿路梨花处处开",岂不快哉!

数学教学活动应充分展示问题的发现过程,充分暴露学生的思维过程。学生对新知识的认知、接收,并不是对思维结果的简单接受,而要经过消化、思考,把它们纳入到原有的知识体系中。数学知识和人的阅历的增长不成正比,学习数学应用数学的方法解决问题,用数学的头脑思考问题,用数学的思维探究问题。

实践表明数学教学姓"思","思"中包括思维、思考,"思"无处不在。数学教学可以让人变聪明,它能够使得人们在解决问题时变得更加理性。数学教学的魅力在于能激发学生思考问题、探究问题的兴趣,并使他们逐步学会思考、敢于思考、善于思考、乐于思考。数学教学还能使学生受到数学思想方法、数学文化及数学理性精神的感染启发,在思考和解决问题的过程中提升自己的思维能力,锻炼出锲而不舍的意志品质,并潜移默化地把它们应用于日常的学习和工作中。

第二章 ‖ 数学教学中的思维训练

> 发展学生的思维力,即思维能力,是数学教学的一条主线。思维力是智力的重要组成部分,是智力的中枢,也是智力活动的方式和方法。数学教学中的思维训练就是要教给学生思维方法,用数学的思维方法去思考问题,用问题引领教学活动,用问题激发学生想象的空间,用问题活化学生的思维,达到培养学生多种思维品质的功效。因此,在数学教学活动中应充分揭示学生的思维过程,展示学生的思维活动,真正把数学课堂变为学生思维的空间,把数学教学变为数学思维活动的教学,让思维的火花在课堂上绽放。

第一节 数学教学中的横向思维训练

思维的广阔性是其他思维品质的基础。思路越开阔,则思考问题越灵活且越有深度,发现问题后,才能分析问题,解决问题。思维的广阔性是从横向的角度展现思维的宽广程度。思维的组织性是思维广阔性的延伸,以形象思维、逻辑思维为前提,梳理知识脉络,整理知识结构,使知识条理化和组织化。

一、 培养思维的广阔性

思维的广阔性指思路的广度,主要表现在把一些具有普遍意义的思想方法向更广泛的领域作推广迁移;善于抓住问题的全局,进行多角度、多方位、多层次的思考探究,同时不舍弃其中特殊因素与有意义的细节。

在教学中可以借助逆向思维训练、横向思维训练、多向思维训练,培养思维的广阔性。

(一) 借助逆向思维训练,培养思维的广阔性

"正难则反"是解决问题中的常用方法,它属于辩证思维。"正难则反"的"反"是指思维逆转向思维的反面,也就是逆向思维。比如,把命题的条件与结论对调即逆转条件与结论;把逻辑推理的步骤转向即逆转推理程序;把运算过程逆向即逆转运算方式;逆向运用公式、法则即逆用公式。

在数学教学中,如果不能合理利用逆向思维,那么会给解题带来一些不必要的麻烦。如化简 $\sin(x-y)\cos y+\cos(x-y)\sin y$,有学生直接展开再合并,根本没有注意到可以逆用两角和的正弦公式,原式 $=\sin[(x-y)+y]=\sin x$;在解方程 $\log_3(3^x-1)\log_3(3^{x+1}-3)=2$ 时,部分学生思维受阻,其原因是不知道把因式 $\log_3(3^{x+1}-3)$ 化为 $1+\log_3(3^x-1)$,也就是逆用指数的运算法则:$3^{x+1}=3 \cdot 3^x$。

克鲁捷茨基说:"衡量一个学生数学能力高低的重要标志是学生是否能够敏锐地把顺向思维系列转到逆向思维系列。无疑能力强的学生在实现这种转变时非常顺利,然而对多数学生来说,从一个命题转到它的逆命题存在一定的难度。"因此,逆向思维能力是体现数学思维品质高低的重要标志。

数学中的互逆运算、互逆概念、互逆公式、互逆证明等都是以互逆形式出现的双向思维。几乎所有的问题都可以逆向思考。这为培养学生思维的广阔性提供了必要的条件。

下面,以数学运算为例来说明如何实施逆向思维训练。

学生熟知的加与减、乘与除、平方与开方、指数与对数运算等,都是可逆的。但是,有些可逆运算比较隐蔽,需要挖掘其中隐含的可逆运算。

例1 已知 x、y、z 为互不相等的实数,求证:

$$\frac{y-z}{(x-y)(x-z)}+\frac{z-x}{(y-z)(y-x)}+\frac{x-y}{(z-x)(z-y)}=\frac{2}{x-y}+\frac{2}{y-z}+\frac{2}{z-x}。$$

分析 若对等式两边通分,无疑比较麻烦。若逆用分式的加法,由 $\dfrac{y+z}{x}=\dfrac{y}{x}$

$+\dfrac{z}{x}$，可得如下的证明：

因为
$$\dfrac{y-z}{(x-y)(x-z)}=\dfrac{1}{x-y}-\dfrac{1}{x-z},$$
$$\dfrac{z-x}{(y-z)(y-x)}=\dfrac{1}{y-z}-\dfrac{1}{y-x},$$
$$\dfrac{x-y}{(z-x)(z-y)}=\dfrac{1}{z-x}-\dfrac{1}{z-y},$$

所以把这三个等式左右两边分别相加，即会得到求证的式子。

利用拆项，逆用分式的加法，还可以解决下面的问题。

① 已知 $a\neq 0, b\neq 0$，解方程：$\dfrac{x-a}{x+a}+\dfrac{x-3a}{x-a}=\dfrac{x+b-2a}{x+b}+\dfrac{x-b-2a}{x-b}$。

经拆项，原方程化为
$$1-\dfrac{2a}{x+a}+1-\dfrac{2a}{x-a}=1-\dfrac{2a}{x+b}+1-\dfrac{2a}{x-b}。$$

② 已知函数 $f(x)=\dfrac{1}{x(1-x)}+\dfrac{1}{(x-1)(2-x)}+\dfrac{1}{(x-2)(3-x)}$，$x\in(1,2)$，求证：$f(x)>0$。

经拆项，原函数化为
$$f(x)=\dfrac{-1}{x(x-1)}+\dfrac{-1}{(x-1)(x-2)}+\dfrac{-1}{(x-2)(x-3)}$$
$$=\dfrac{1}{x}-\dfrac{1}{x-1}+\dfrac{1}{x-1}-\dfrac{1}{x-2}+\dfrac{1}{x-2}-\dfrac{1}{x-3}。$$

③ 证明：$\dfrac{1}{1^2}+\dfrac{1}{2^2}+\dfrac{1}{3^2}+\cdots+\dfrac{1}{n^2}<2, n\in \mathbf{N}_+$。

考虑到 $\dfrac{1}{n^2}=\dfrac{1}{n\cdot n}<\dfrac{1}{n(n-1)}=\dfrac{1}{n-1}-\dfrac{1}{n}, n\geqslant 2, n\in \mathbf{N}$。

例2 已知函数 $f(x)=x^3+mx^2+nx+1$，且 $\lim\limits_{x\to 1}\dfrac{f(x)}{x-1}=2$，求实数 m、n 的值。

分析 本题是已知函数的极限值，求字母 m、n 的值，是极限的逆运算。若从整个分式 $\dfrac{f(x)}{x-1}$ 入手，则很难找到解题的思路。若考虑到分母趋向零的分式函数的极限问题，可知 $\lim\limits_{x\to 1}f(x)=0$，注意到 $f(x)$ 是多项式函数，因此 $\lim\limits_{x\to 1}f(x)=f(1)=m+n+2=0$，$n=-(m+2)$，$f(x)=x^3+mx^2+nx+1=x^3+mx^2-(m+2)x+1=(x-1)[x^2+(m+1)x-1]$，原式 $=\lim\limits_{x\to 1}[x^2+(m+1)x-1]=2$，即 $1+(m+1)-1=2$，$m=1$，$n=-3$。

例 3 已知 $\tan\theta=2$，求 $\dfrac{1}{2\sin^2\theta+3\cos^2\theta}$ 的值。

分析 原式 $=\dfrac{\sin^2\theta+\cos^2\theta}{2\sin^2\theta+3\cos^2\theta}=\dfrac{\tan^2\theta+1}{2\tan^2\theta+3}=\dfrac{5}{11}$。

本题利用了公式 $1=\sin^2\theta+\cos^2\theta$，解题自然简捷。

教师可顺水推舟，为训练和培养学生的思维广阔性，鼓励学生广泛联想，写出尽可能多的表示 1 的数学式子。

学生很快写出了 $\sec^2\alpha-\tan^2\alpha=1$、$\csc^2\alpha-\cot^2\alpha=1$、$\tan\alpha\cdot\cot\alpha=1$、$\sec\alpha\cdot\cos\alpha=1$、$\csc\alpha\cdot\sin\alpha=1$ 等数十个公式。此时，教师引导，让学生写出一些相关式子为 1 的数学式子，一部分学生写了 $\sin\dfrac{\pi}{2}=1$、$\cos 0=1$、$\tan\dfrac{\pi}{4}=1$、$\sin\left(2k\pi+\dfrac{\pi}{2}\right)=1(k\in\mathbf{Z})$、$\cos 2k\pi=1(k\in\mathbf{Z})$，另一部分学生写了 $a^0=1(a\neq 0)$、$\log_a a=1(a>0$ 且 $a\neq 1)$、$\sin(\arcsin 1)=1$ 等。接着教师进行启发，刚才同学们从三角函数的关系及指、对数关系写出了表示 1 的数学式子，可否从代数的其他领域去思考呢？学生稍作思考，写出了 $C_n^n=1$，$C_n^0=P_n^0=1$，$i^{4k}=1$，$\left(-\dfrac{1}{2}\pm\dfrac{\sqrt{3}}{2}i\right)^{3n}=1$，$(\cos\theta+i\sin\theta)(\cos\theta-i\sin\theta)=1$ 等数十个式子。教师继续引导学生把思路拓展得更广阔些，如从运算、代数、解析几何的角度考虑。在教师的点拨下，教室先是一片安静，接着像沸腾的水，学生各有想法，多方寻觅，又写出了数十个表示 1 的数学式子。如 $(\sqrt{2}+1)(\sqrt{2}-1)=1$；$0.\dot{9}=1$；若 a、b 互素，则 $(a,b)=1$；$\dfrac{1}{2}+\dfrac{1}{2^2}+\dfrac{1}{2^3}+\cdots=1$；$\tan 1^\circ\tan 2^\circ\tan 3^\circ\cdots\tan 89^\circ=1$；直线的截距式方

程 $\frac{x}{a}+\frac{y}{b}=1(ab\neq 0)$；椭圆方程 $\frac{x^2}{a^2}+\frac{y^2}{b^2}=1(a>b>0)$；双曲线方程 $\frac{x^2}{a^2}-\frac{y^2}{b^2}=1(a>0,b>0)$ 等，此时，逆向思维极大地激发了学生思维的广阔性。

(二) 借助横向的思维训练，培养思维的广阔性

所谓横向思维，是指突破问题的结构范围，从知识之间的横向联系入手去解决问题，主要表现在从其他领域知识、事物中受到启发而产生新思路的思维方式。

例 4 已知 $\triangle ABC$ 的三个顶点 $A(3,2)$，$B(-2,5)$，$C(-1,-4)$，设 R 为 $\triangle ABC$ 的区域（包括周界上的点），求当动点 $M(x,y)$ 在 R 上变动时，函数 $f(x,y)=2x-5y$ 的最值。

分析 本题不易用常规的方法求解。由 $f(x,y)=2x-5y$ 联想到直线，于是设 $z=2x-5y$，$y=\frac{2}{5}x-\frac{z}{5}$，问题转化为求平行直线系 $y=\frac{2}{5}x-\frac{z}{5}$ 在 y 轴上截距的最值。

如右图所示，当直线过点 B 时，$z_{\min}=-29$，当直线过点 C 时，$z_{\max}=18$，因此，函数 $f(x,y)=2x-5y$ 的最小值为 -29，最大值为 18。

本题受到函数 $f(x,y)=2x-5y$ 的启发，联想到解析几何中的平行直线系，借助几何直观，最值迅速获解。整个问题解决的途径是借助横向思维展开的。

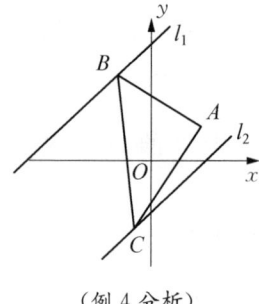

（例 4 分析）

例 5 已知 x、y、$z \in \mathbf{R}$ 且 $x+y+z=1$，求证：$x^2+y^2+z^2 \geqslant \frac{1}{3}$。

分析 由 $x+y+z=1$，受到启发，联想到三维空间中的平面方程。这样 $x^2+y^2+z^2$ 表示平面 $x+y+z=1$ 上的点 (x,y,z) 到点 $(0,0,0)$ 的距离的平方。问题化归为：证明平面 $x+y+z=1$ 上任一点到原点距离的平方不小于 $\frac{1}{3}$。从原点向平面 $x+y+z=1$ 作垂线，垂足的坐标为 $\left(\frac{1}{3},\frac{1}{3},\frac{1}{3}\right)$，得 $x^2+y^2+z^2 \geqslant \left(\frac{1}{3}\right)^2+\left(\frac{1}{3}\right)^2+\left(\frac{1}{3}\right)^2=\frac{1}{3}$，即 $x^2+y^2+z^2 \geqslant \frac{1}{3}$。

上述两例题体现了代数、几何等不同数学分支知识之间的横向联系。用知识之间的横向联系解决问题，进行横向思维训练，激发学生思维的广阔性。

（三）借助多向思维训练，培养思维的广阔性

上述介绍了用"反其道而思之"的逆向思维，以及横向思维，即借助不同数学分支知识之间的联系，学生在逆向思维、横向思维受到相应的锻炼后，思维方式不再是单向的，而是可正逆互用的双向思维。此类训练在一定程度上改变了原有固定的单一思维模式，并以此为基础，借助多向思维训练，培养多向思维能力，进而使学生的思维变得更灵活、更开放、更广阔，思维品质得到了进一步优化。

多向思维是指从尽可能多的角度来思考同一个问题，进而得到多种结果或多种思考途径的一种思维方式，其关键在一个"多"字。借助多向思维解决问题时，主要是通过"一题多变""一题多解""一法多用"来进行。

1．一题多变和一题多问

这里的"题"不仅仅是指题目、试题，也包括了数学命题、法则、公式、定理。数学中有很多定理、公式可以从不同的角度改变它们的表达形式，并在不同的情境中灵活应用。这种对定理、公式自身进行的改变，有助于学生加深理解，拓展了应用定理、公式的灵活性，培养了学生多视角多层次观察、思考问题的好习惯，以此提高多向思维能力。

例如，公式 $\dfrac{a+b}{2} \geqslant \sqrt{ab}$ $(a>0, b>0)$。我们可以从结构上改变它的形式，主要有 $a+b \geqslant 2\sqrt{ab}$、$\sqrt{ab} \leqslant \dfrac{a+b}{2}$、$2\sqrt{ab} \leqslant a+b$、$ab \leqslant \left(\dfrac{a+b}{2}\right)^2$ 这些形式的改变，体现了正逆互用、和积互用，在求有关最值或证明不等式中有广泛的应用。

再如，公式 $\tan(\alpha+\beta) = \dfrac{\tan\alpha + \tan\beta}{1 - \tan\alpha\tan\beta}$。我们可以从多向思维出发，改变它的结构形式，主要有 $\tan\alpha + \tan\beta = \tan(\alpha+\beta)(1 - \tan\alpha\tan\beta)$、$\tan\alpha\tan\beta = 1 - \dfrac{\tan\alpha + \tan\beta}{\tan(\alpha+\beta)}$ 这两种形式，体现了两角和的正切、两角正切的和、两角正切的积三

者的内在联系。以上这三个式子在解决相关问题时各有所长、各显神通。

例 6 已知直线 $l: y = x - 1$ 与抛物线 $C: y^2 = 4x$ 相交于 A、B 两点,求弦 AB 的长度。

分析 将 $y = x - 1$ 与 $y^2 = 4x$ 联立,得 $x^2 - 6x + 1 = 0$,求得 $x = 3 \pm 2\sqrt{2}$,所以 $A(3 + 2\sqrt{2}, 2 + 2\sqrt{2})$,$B(3 - 2\sqrt{2}, 2 - 2\sqrt{2})$,即 $|AB| = 8$。

此种解法自然易被学生接受。针对该题特点,我们可借助多向思维,设计下列问题,实施一题多变、一题多问。

问题 1 例 6 还有其他的解法吗?(学生经过讨论,得到如下解法)

解法 1 设 $A(x_1, y_1)$,$B(x_2, y_2)$,则 $y_1 = x_1 - 1$,$y_2 = x_2 - 1$,由

$$|AB| = \sqrt{(x_1 - x_2)^2 + (y_1 - y_2)^2}$$
$$= \sqrt{(x_1 - x_2)^2 + (x_1 - x_2)^2}$$
$$= \sqrt{2} |x_1 - x_2|$$
$$= \sqrt{2} \cdot \sqrt{(x_1 + x_2)^2 - 4x_1 x_2}$$
$$= \sqrt{2} \cdot \sqrt{36 - 4} = 8。$$

解法 1 比上述解法更简捷。进一步引导学生发现直线 $l: y = x - 1$ 过抛物线 C 的焦点 F,可借助抛物线定义进行求解,进行更广阔的思维训练,得到如下的解法。

解法 2 $|AB| = |AF| + |BF| = x_1 + 1 + x_2 + 1 = x_1 + x_2 + 2 = 8$。

解法 2 利用了抛物线焦点弦的性质,避免了复杂的运算。

问题 2 若把例 6 中直线 l 的方程改为 $y = kx - 1$,如何求 $|AB|$?

此时,有学生借助解法 1 求得 $|AB| = \sqrt{1 + k^2} |x_1 - x_2|$。

问题 3 若直线 $l: y = k\left(x - \dfrac{p}{2}\right)$ 与抛物线 $C: y^2 = 2px (p > 0)$ 交于 $A(x_1, y_1)$、$B(x_2, y_2)$ 两点,可以得到抛物线焦点弦长的一般形式吗?

经过观察、思考,学生很快得到 $|AB| = x_1 + x_2 + p$。

问题 4 若直线 $l: y = k\left(x - \dfrac{p}{2}\right)$ 与抛物线 $C: y^2 = 2px (p > 0)$ 交于 A、B

两点,如何用 p、k 表示弦长 $|AB|$?

依照上述求法,学生很容易推得 $|AB|=\dfrac{2p(1+k^2)}{k^2}$。

问题 4 的结论更具有一般性,也说明了抛物线的焦点弦长是由 p、k 两个量确定的。为加深学生对此类问题的理解,提升学生思维的广阔性,可进行以下变式训练。

变式 1 直线 l 过抛物线 $y^2=4x$ 的焦点 F,与抛物线交于 A、B 两点,且 $|AB|=8$,求直线 l 的斜率。

变式 2 直线 l 过抛物线 $y^2=4x$ 的焦点 F,与抛物线交于 A、B 两点,且 $|AB|\leqslant 8$,求直线 l 的倾斜角的范围。

变式 3 在问题 4 中,若抛物线的方程为 $x^2=2py(p>0)$,如何求 $|AB|$?

变式 4 在问题 4 中,把直线 l 的斜率改成倾斜角为 θ,则 $|AB|=\dfrac{2p}{\sin^2\theta}$。

借助一题多变、一题多问建立起知识间的横向和纵向联系,编织知识网,发展多向思维。

2. 一题多解

一题多解顾名思义是题没有改变,而解法有变。利用一题多解可以实现知识的纵横贯通,提高思维的灵活性、广阔性,克服固定僵化的思维模式。

例 7 已知 $\sin(\alpha+\beta)=1$,求证: $\sin(2\alpha+\beta)=\sin\beta$。

分析 从不同的角度分析 $\sin(\alpha+\beta)=1$ 的含义,即视为方程、视为函数值、视为等式,这样有下面三种证法。

证法 1(视为方程) 由 $\sin(\alpha+\beta)=1$,得 $\alpha+\beta=2k\pi+\dfrac{\pi}{2}(k\in \mathbf{Z})$,则 $\sin(2\alpha+\beta)=\sin(4k\pi+\pi-\beta)=\sin(\pi-\beta)=\sin\beta$。

证法 2(视为函数值) 由 $\sin(\alpha+\beta)=1$,得 $\cos(\alpha+\beta)=0$,则

$$\sin(2\alpha+\beta)=\sin[\alpha+(\alpha+\beta)]$$
$$=\sin\alpha\cos(\alpha+\beta)+\cos\alpha\sin(\alpha+\beta)$$
$$=\cos\alpha$$
$$=\cos[(\alpha+\beta)-\beta]$$

$$= \cos(\alpha+\beta)\cos\beta + \sin(\alpha+\beta)\sin\beta$$
$$= \sin\beta_\circ$$

证法3(视为等式) 由 $\sin(\alpha+\beta)=1$，得 $\cos(\alpha+\beta)=0$，$\sin(2\alpha+\beta)-\sin\beta=2\cos(\alpha+\beta)\sin\alpha=0$，即 $\sin(2\alpha+\beta)=\sin\beta_\circ$

以上证法用到了三角方程、等式、三角公式等。体现的数学方法有三角变换、整体分析、作差比较，开拓了学生的视野。

例8 已知函数 $f(x)=\log_2(x^2+mx+2)$ 的值域为 **R**，则实数 m 的取值范围是_____。

分析 为了引导学生思考，可把题目改为函数 $f(x)$ 的定义域为 **R**，求实数 m 的取值范围。经过思考分析，$f(x)$ 的定义域为 **R** 时，$x^2+mx+2>0$ 对 $x\in\mathbf{R}$ 恒成立，而 $f(x)$ 的值域为 **R** 时，$g(x)=x^2+mx+2$ 取遍所有正数。显然，"恒有"和"取遍"是两个不同的概念。因此，有下面几种思考方法。

思路1 欲使函数 $f(x)$ 的值域为 **R**，只要 $g(x)=x^2+mx+2$ 取遍所有正数，也就是 $g(x)$ 的图象与 x 轴有交点，即 $\Delta=m^2-8\geqslant 0$，$m\geqslant 2\sqrt{2}$ 或 $m\leqslant -2\sqrt{2}$。

思路2 由思路1知，只要 $g(x)=x^2+mx+2$ 的最小值 $\dfrac{8-m^2}{4}\leqslant 0$，也就是 $8-m^2\leqslant 0$，即 $m\geqslant 2\sqrt{2}$ 或 $m\leqslant -2\sqrt{2}$。

思路3 令 $u=x^2+mx+2$，则 $\{u\mid u=x^2+mx+2\}=\left[\dfrac{8-m^2}{4},+\infty\right)$，欲使 $f(x)$ 的值域为 **R**，只要 $\left[\dfrac{8-m^2}{4},+\infty\right)\supseteq(0,+\infty)$，$\dfrac{8-m^2}{4}\leqslant 0$，即 $m\geqslant 2\sqrt{2}$ 或 $m\leqslant -2\sqrt{2}$。

思路4 欲使函数 $f(x)$ 的值域为 **R**，则关于 x 的方程 $\log_2(x^2+mx+2)=y$ 对任意实数 y 恒有解，也就是方程 $x^2+mx+2-2^y=0$ 恒有解，即 $\Delta=m^2-4(2-2^y)\geqslant 0$ 对任意实数 y 恒成立，即 $m^2-8\geqslant -4\cdot 2^y$ 恒成立，由于 $-4\cdot 2^y<0$，只要 $m^2-8\geqslant 0$ 即可，因此 $m\geqslant 2\sqrt{2}$ 或 $m\leqslant -2\sqrt{2}$。

从本例的一题多解所展开的思路看，联想到的数学方法有最值法、集合法及恒成立与有解。通过对上述几种方法的剖析，能让学生弄清概念，因此培养学生的思维广阔性要植根于平时的训练中。

3. 一法多用

一法多用是指用同一种数学思想方法解决不同的问题，通过对同一种方法的尽可能地使用来进行多向思维，可以开拓学生视野，提升思维的广阔性。

以"数形结合"为例。"数形结合"是基本数学思想方法之一，它有着广泛的应用。借助数形结合，不仅使解法直观，而且避免了代数运算时的烦琐，可达到化繁为简、化抽象为直观的效果。在浩瀚无边的试题海洋中，常常会遇到"题型变化各异但解法同宗同源"的问题。应让学生用慧眼观察"外表不同"的问题，卸下"外貌各异"的装饰，分辨"本质相同"之真容，用一法解多题。

（1）抹去题型各异的油彩，露出解法相同之面目。改变问题的形式，可以得到形态各异的问题，但仔细观察，它们有相同的实质，具有相同的思考方法。

例 9 （1）求证：$\sqrt[3]{3} \cdot \sqrt[9]{9} \cdot \sqrt[27]{27} \cdot \cdots \cdot \sqrt[3^n]{3^n} < \sqrt[4]{3^3}$；

（2）设 $T_n = \sqrt[3]{3} \cdot \sqrt[9]{9} \cdot \sqrt[27]{27} \cdot \cdots \cdot \sqrt[3^n]{3^n}$，求 $\lim\limits_{n \to \infty} T_n$；

（3）已知 $a_n = n \cdot \left(\dfrac{1}{3}\right)^n (n \in \mathbf{N}_+)$，求其前 n 项和 S_n。

分析 以上三个问题都要求出 $S_n = \dfrac{1}{3} + \dfrac{2}{3^2} + \dfrac{3}{3^3} + \cdots + \dfrac{n}{3^n}$。

（2）抓住使得问题成立的条件。有些问题在一些"特定条件"下才能成立，在解题时，要牢牢抓住这些条件。

例 10 （1）已知 $a、b \in \mathbf{R}$，且 $|ab-6|+|a+b-5|=0$，求 $a、b$ 的值；

（2）已知 $a、b \in \mathbf{R}_+$，且 $\cos^2\theta = \dfrac{(a+b)^2}{4ab}$，求证：$a = b$；

（3）已知 $x、y \in \mathbf{R}$，且 $y = \dfrac{\sqrt{1-x^2} + \sqrt{x^2-1}}{x+1}$，求 $\lg(10x+y)$ 的值。

分析 （1）$\begin{cases} ab = 6, \\ a+b = 5, \end{cases}$ 解得 $\begin{cases} a = 2, \\ b = 3 \end{cases}$ 或 $\begin{cases} a = 3, \\ b = 2. \end{cases}$

（2）由基本不等式，得 $\dfrac{(a+b)^2}{4ab} \geqslant 1$，又因为 $\cos^2\theta \leqslant 1$，所以 $a = b$。

(3) 由 $\begin{cases} 1-x^2 \geqslant 0, \\ x^2-1 \geqslant 0, \end{cases}$ 得 $x^2=1$，又 $x \neq -1$，有 $x=1$，$y=0$。

例 11 (1) 计算：$\lg^3 2+\lg^3 5+3\lg 2 \cdot \lg 5$；

(2) 化简：$\dfrac{1-\tan x}{1+\tan x}$；

(3) 解方程组：$\begin{cases} x^2-y^2=7, \\ \dfrac{x}{y}+\dfrac{y}{x}=\dfrac{25}{12}。\end{cases}$

分析 解决这 3 个问题都要引入辅助式，其中：

(1) 原式 $=\lg^3 2+\lg^3 5+3\lg 2 \cdot \lg 5(\lg 2+\lg 5)$。

(2) 原式 $=\dfrac{\tan \dfrac{\pi}{4}-\tan x}{\tan \dfrac{\pi}{4}+\tan \dfrac{\pi}{4} \cdot \tan x}$。

(3) 由 $\begin{cases} \dfrac{x}{y} \cdot \dfrac{y}{x}=1, \\ \dfrac{x}{y}+\dfrac{y}{x}=\dfrac{25}{12}, \end{cases}$ 求 $\dfrac{x}{y}$ 的值。

上述的多向思维即一题多变、一题多问、一题多解、一法多用，它们的共同之处在于一个"多"字，体现了思维的多向性、多面性，可活跃学生的思维，开阔学生的解题思路，帮助学生由单一思维过渡到多向思维。

二、 培养思维的组织性

部分学生由于学习习惯欠佳，他们习惯于单一地做题，不善于举一反三与反思归纳整理，较多地依赖教师的总结。甚至有些学生做题只是敷衍了事，学过的知识错杂紊乱，不成体系，分析问题时缺乏条理性。这种无组织、凌乱不堪的思维无助于思维能力的提升。

思维的组织性表现在对已学知识能有针对性地展开反思和归纳总结。教师要有意识地组织学生对已学知识，按照本人对知识的理解与感悟，进行合理组织与归纳,使知识条理化与系统化。这种系统化不能单纯理解为知识点的汇集,其是经过思维过滤和思维加工后的产物。

(一) 提倡反思与写读书笔记

学生在复习、阅读资料、听课或做练习时,要引导他们进行反思,把自己所发现的知识重难点、疑点、缺失点及解决问题中的经验及时记录下来;要学会感悟知识、品味知识,把自己的所思所想、新的发现记录下来;听课时笔记要记完整,课后要整理笔记;要阅读参考资料与写摘要;进行单元或章节复习时,要记得写小结。

(二) 从纵向整理知识结构

教材是按照学生的认知规律及知识展开的先后顺序编写的,其系统性较强,知识的前后关联度较高,每学完一个章节或单元要引导学生进行整理,结合自己的感悟纵向地把知识串联起来,有利于学生对知识进行理解和复习。在梳理的过程中,提升了思维的组织性,学生的思维也变得有条理与有层次,同时也理顺了知识前后内在的逻辑关系。

学完直线方程后,尽管在教科书上有内容提要,教师还是应该要求学生按照自己的体会,整理和直线有关的概念、直线方程的形式、两直线的位置关系、直线的夹角公式、点到直线的距离,画出树状图,突出直线方程的形式,呈现知识间的前后逻辑关系及知识间的来龙去脉。

整理圆锥曲线的知识结构时,教师可提示学生以图表的形式把它们的定义、标准方程、曲线、性质进行纵向对比,找出它们的异同点。通过用平面截圆锥面得到圆锥曲线的形状,帮助学生直观领会它们的形状;通过对二元二次方程的讨论,了解二次曲线的分类;通过对动点轨迹的研究,理解圆锥曲线的统一定义。

(三) 从横向整理知识结构

数学思想方法丰富多彩,它们渗透在数学的各个领域。所谓整理横向知识结构就是把解决同一类问题的思想方法有机地贯通起来,为解决同一类问题提供多种有效的途径,帮助学生实现思维的组织化与系统化。比如,教师可以用专题的形式进行复习。

求函数的最值问题,可运用配方法、换元法、图象法、基本不等式法、判别式法、闭区间上的函数的单调性等方法对函数的最值问题进行复习整理。

不等式的证明问题可运用比差法、比商法、综合法、分析法、反证法等,最后总结这些方法的特点。

培养思维的组织性,完善知识结构,不能集中于总复习时才加强,应分散在平时的教学内容中,如平时的章节复习、阶段复习、课堂笔记中。在平时思考问题时,要养成良好的思维习惯,思维要有条理性、组织性。在碰到"纵横交错"的情形时,要保持清醒、有条不紊,划清层次,找出主线,抓住问题的实质。教学中要有意识地循循善诱、因势利导,自觉地训练学生,逐步提高学生的思维组织性。

第二节 数学教学中的纵向思维训练

思维的深刻性是从纵深角度揭示思维的智力品质。思维的深刻性是对事物本质的认识,是对训练学生思维品质的一种深化,是人们进一步认识事物的思维活动。思维的灵活性寓于思维的深刻性之中,只有把握了问题的本质,才能在纵横交错与扑朔迷离的事物面前具有灵活性及见机行事的应变能力。思维的敏捷性和思维的灵活性相互关联,是其他思维品质的具体体现,同时也离不开其他思维品质。

一、培养思维的深刻性

思维的深刻性一方面表现为在思考和解决问题时,能抓住研究对象的本质及对象之间的内在关系,另一方面表现为具有从众多的材料中揭示被隐藏的个别特殊性的能力。思维的深刻性是思维品质的基础,也常被称为分清事物本质的能力。

（一）通过概括归纳，循序渐近，抓住事物的共性，以发展思维的深刻性

比如，在高中的解析几何教学中，表面上看是教学生学会求圆锥曲线的方程及性质的应用。当问到学生，你们在解析几何中都学了什么？学生往往从圆开始罗列学过的知识，这是一种浅层次认识。如果我们按照教材目录由浅入深进行进一步思考，抓住圆锥曲线本质进行由表及里的概括，可以这样说：解析几何的要点是用代数的方法研究几何，用方程来刻画曲线的性质，方程是曲线的方程，曲线是方程的曲线。

用代数的方法研究解析几何是解析几何的本质。曲线的方程和方程的曲线是对圆、椭圆、双曲线、抛物线的高度概括，有助于帮助我们从宏观上、整体上把握圆锥曲线的本质，并把研究问题的方法迁移到其他数学分支中。

人们在认识事物的时候总会受到方方面面条件的约束和制约，归纳起来主要受到两种渠道的约束，一是事物本身的约束，这条渠道较窄，如解析几何中的曲线与方程；二是反映事物的背景渠道，这条渠道对概念的理解往往很宽泛，如我们对曲线与方程的概念的理解可以拓展到由方程的表达式到对应的曲线，由曲线的形状到对应的方程，进而得到椭圆、双曲线、抛物线的标准方程和参数方程、极坐标方程等，它包括对象本身及其他与之相关联的对象的各种情况的总和。

在运用知识思考或解决问题时，首先要再现、回忆大脑中存储的知识，回忆所涉及的不仅是研究对象，其中还包含着与研究对象有联系却对研究对象没有任何价值的材料，怎么准确地把研究对象从这些杂乱无章的材料中提取出来是一个比较复杂繁琐的过程，这也阻碍了人们更深刻地认识对象。此时，第二条渠道往往在悄无声息地发挥它的作用，实现它的价值。对材料理解和认识的深刻程度受到了两个方面的制约，即被研究对象的条件与对被研究对象所在的本质特征的领会和掌握程度。基于这样的认识，培养学生思维的深刻性，是实施有效教学的关键性因素之一。

（二）通过对问题解决方法的探索，促使认识深化，以培养思维的深刻性

思维的深刻性还体现在不以题论题，可通过问题解决发现其中隐藏的一般性规律,这样可使认识向纵深发展。

例 12 求证:$\tan 6°\tan 42°\tan 66°\tan 78°=1$。

分析 本题可通过化切为弦,对分子、分母进行积化和差,再分别求出分子、分母的值,显然,这种方法比较麻烦。

如果考虑到下列几个结论:

① $4\sin(60°-\theta)\cdot\sin\theta\cdot\sin(60°+\theta)=\sin 3\theta$;

② $4\cos(60°-\theta)\cdot\cos\theta\cdot\cos(60°+\theta)=\cos 3\theta$;

③ $\tan(60°-\theta)\cdot\tan\theta\cdot\tan(60°+\theta)=\tan 3\theta$,

则 $\tan 6°\tan 42°\tan 66°\tan 78°=\dfrac{(\tan 54°\tan 6°\tan 66°)(\tan 42°\tan 18°\tan 78°)}{\tan 54°\tan 18°}$

$=\dfrac{\tan(3\times 6°)\cdot\tan(3\times 18°)}{\tan 54°\tan 18°}=1$。

例 13 求证:$25^{49}>49!$。

分析 善于思考的学生就会一般性地去证明 $\left(\dfrac{n+1}{2}\right)^n>n!$。由于 $\dfrac{n+1}{2}=\dfrac{1+2+3+\cdots+n}{n}>\sqrt[n]{1\cdot 2\cdot 3\cdot\cdots\cdot n}=\sqrt[n]{n!}$,即 $\left(\dfrac{n+1}{2}\right)^n>n!$。

思维肤浅性是思维深刻性的反面,即学生在解决问题时只能看到表面现象,不能领会概念、公式、定理的实质,只能机械地生搬硬套,忽略了它们成立的条件。

比如,求 $\lim\limits_{n\to\infty}\dfrac{1+2+3+\cdots+n}{n^2}$ 时,学生经常这样求解:原式 $=\lim\limits_{n\to\infty}\dfrac{1}{n^2}+\lim\limits_{n\to\infty}\dfrac{2}{n^2}+\lim\limits_{n\to\infty}\dfrac{3}{n^2}+\cdots+\lim\limits_{n\to\infty}\dfrac{n}{n^2}=0+0+\cdots+0=0$,错解的原因是学生对极限的运算法则成立的条件没有弄明白。

二、培养思维的灵活性

思维的灵活性是指当思维受阻时能根据问题情境的变化,灵活转换思考途径。在解决问题时,常常能够打破常规的方法,面对新情况、新问题能够随机应变、灵活变通。"随机应变"的反面是"因循守旧",思维灵活性的反面是思维的死板和固执。其主要表现在对问题情境已发生的变化熟视无睹、麻木不仁,不善于发散思考问题,只会用已有的套路去思考问题。

结合学生的认知特点,在数学教学中,可借助以下几种做法来培养思维的灵活性。

(一)提供联系的情境,引导学生多角度思考同一个问题

思维的广阔性开拓了学生思考问题的视野,学生的丰富联想及对问题的纵深思考,为灵活思考提供了机会。思维的灵活性一般是在获取了有价值的信息、在掌握问题的主要特征后表现出来的。

例 14 已知抛物线的方程是 $y = \dfrac{1}{4}x^2$,则其焦点坐标是_____。

分析 不少学生由于受到初中学习的二次函数的影响,即得焦点 $F\left(0, \dfrac{1}{8}\right)$ 的错误结论。错因是没有从初中的抛物线方程中跳脱出来。思维灵活的学生会立即识别解析几何中的圆锥曲线和初中抛物线的异同,并将方程改写为 $x^2 = 4y$,很快得到焦点 $F(0, 1)$。

例 15 求函数 $y = \sqrt{x-4} + \sqrt{15-3x}$ 的最值。

分析 学生乍一看,可能会产生疑问——问题连条件也"没有",再仔细观察后发现条件静静地隐藏着。要使原函数有意义,则 $4 \leqslant x \leqslant 5$,于是我们获得了重要的信息,但这个信息不能直接解决问题,思维的灵活性开始发挥作用,寻找解题途径。

设 $x - 4 = \sin^2\theta \left(0 \leqslant \theta \leqslant \dfrac{\pi}{2}\right)$,这样可得 $y = \sin\theta + \sqrt{3}\cos\theta = 2\sin\left(\theta + \dfrac{\pi}{3}\right)$,当 $\theta = \dfrac{\pi}{6}$ 时,$y_{\max} = 2$;当 $\theta = \dfrac{\pi}{2}$ 时,$y_{\min} = 1$。

(二)借助变式教学,提升学生随机应变的能力

教师应根据问题的特点,改变问题的条件或结论,进行变式教学,启发学生联想,促使学生进行灵活应变。

例16 化简：$\cos 40°(1+\sqrt{3}\cot 80°)$。

分析 本题可先进行切化弦，再利用和角及倍角公式。为提高学生灵活解决此类问题的能力，可对该题进行纵横拓展，以一抵十，触类旁通，可以有效地提升思维的灵活性。

变式1 化简：$(1-2\sin^2 20°)(1+\sqrt{3}\tan 10°)$。

变式2 化简：$\dfrac{1}{\cos 40°}-\sqrt{3}\tan 10°$。

变式3 存在实数a，使得$\cos 40°\left(a+\dfrac{\sqrt{3}}{\tan 80°}\right)=1$，则$a$的值为_____。

变式4 是否存在实数a，使得$\cos 40°(a+\sqrt{3}\tan 10°)=1$，若存在，求出实数$a$的值；若不存在，请说明理由。

（三）指导学生灵活使用公式

公式多、概念多、定理多是数学的特点之一。不少学生只会死记硬背公式，公式的正用可能都存在困难，更谈不上逆用、变用、活用，换句话说不能根据实际情况灵活多变地运用公式。

在数学教学中，要自觉地、有意识地培养与训练学生运用公式的能力。这样的例子在教材中有很多，下面以正弦定理为例。

例17 正弦定理"$\dfrac{a}{\sin A}=\dfrac{b}{\sin B}=\dfrac{c}{\sin C}=2R$"刻画了任意三角形中边与之对应的正弦的数量关系。为加深学生对正弦定理的理解及灵活运用定理的能力，给出了以下变式：

变式1 $a:b:c=\sin A:\sin B:\sin C$；

变式2 $a=2R\sin A$，$b=2R\sin B$，$c=2R\sin C$；

变式3 $\sin A=\dfrac{a}{2R}$，$\sin B=\dfrac{b}{2R}$，$\sin C=\dfrac{c}{2R}$；

变式4 $a=\dfrac{b\sin A}{\sin B}=\dfrac{c\sin A}{\sin C}$，$b=\dfrac{c\sin B}{\sin C}=\dfrac{a\sin B}{\sin A}$，$c=\dfrac{a\sin C}{\sin A}=\dfrac{b\sin C}{\sin B}$；

变式 5 $\dfrac{a}{\sin A} = \dfrac{b}{\sin B} = \dfrac{c}{\sin C} = \dfrac{a+b+c}{\sin A + \sin B + \sin C}$。

以上呈现了正弦定理变式的几种形式,教师要经常要求学生灵活使用公式。

(四)借助广泛提问,提升学生思维的节奏

我们经常发现学生在思考问题或做题时,由于时间观念欠缺,常常有拖沓等不良习惯。教师应做好榜样,注重实效,精讲精练,讲解要有一定的节奏,不能拖拖拉拉。

在课堂教学中,教师可根据例题的特点,编出一连串的口答或笔练试题,让学生进行口答或笔练,提升学生思考问题的步伐,使学生的思维始终处于激活状态。有些课堂提问是不可预见的,而是取决于教学的实际需要,临时补充的,或者是枝节横生提出来的,或者是突发奇想,目的是用各种方法转换教学内容形式,提升学生的随机应变能力。

例 18 求直线 $y = x + \dfrac{3}{2}$ 被曲线 $y = \dfrac{1}{2}x^2$ 截得的弦长。

分析 在解答这道题的过程中,教师首先见机行事,给出了一种有别于学生的解法,然后以问题引领,借题发挥,用问题串的方式,层层深入,最后,借助于变量,把定量问题转化为变量问题,引出函数。这些问题层层递进,环环相扣,联想自然和谐,触类旁通,真可谓"五彩斑斓,蔚为壮观",开拓了学生的视野,学生思维的灵活性也得到极大的满足。课堂实录如下。

师:刚才同学们先求弦 AB 的两个端点坐标,再由两点间距离公式求出 $|AB| = 4\sqrt{2}$。下面给出另一种解法。

设 $A(x_1, y_1)$, $B(x_2, x_2)$,由 $\begin{cases} y = x + \dfrac{3}{2}, \\ y = \dfrac{1}{2}x^2, \end{cases}$ 消去 y,得 $x^2 - 2x - 3 = 0$,则 $x_1 + x_2 = 2$,$x_1 x_2 = -3$,即

$$|AB| = \sqrt{(x_1-x_2)^2 + (y_1-y_2)^2}$$
$$= \sqrt{2(x_1-x_2)^2}$$

$$=\sqrt{2[(x_1+x_2)^2-4x_1x_2]}$$
$$=4\sqrt{2}。$$

问题 1 已知直线 $y=x+b$ 被曲线 $y=\dfrac{1}{2}x^2$ 截得的弦长为 $4\sqrt{2}$，求 b 的值。

可以看出，问题 1 是上述问题的逆向。$b=\dfrac{3}{2}$ 一定是问题 1 的结果之一，那么问题 1 的结果是否唯一，现请学生 1 进行计算。

生 1：设 $A(x_1, y_1)$，$B(x_2, y_2)$，由 $\begin{cases} y=x+b, \\ y=\dfrac{1}{2}x^2, \end{cases}$ 消去 y，得 $x^2-2x-2b=0$，$x_1+x_2=2$，$x_1x_2=-2b$，由 $\sqrt{(x_1-x_2)^2+(y_1-y_2)^2}=4\sqrt{2}$，得

$$\sqrt{2(x_1-x_2)^2}=\sqrt{2[(x_1+x_2)^2-4x_1x_2]}=\sqrt{2(4+8b)}=4\sqrt{2}，b=\dfrac{3}{2}。$$

师：生 1 的板演过程合理吗？

生 2：是否要把 $b=\dfrac{3}{2}$ 代入方程 $x^2-2x-2b=0$ 进行检验，看判别式 Δ 是否大于 0？

师：请生 1 再审视一下解答过程。

生 1：生 2 的想法我还没有注意到。既然弦长 $|AB|=4\sqrt{2}$ 是固定的，说明满足题设的 b 的值是存在的，由于计算的答案 $b=\dfrac{3}{2}$ 的值只有一个，它一定满足 $x^2-2x-2b=0$，所以检验方程 $x^2-2x-2b=0$ 的判别式 $\Delta>0$ 这一步骤可以省略。

师：若求得 b 的值不止一个，该如何？

生 1：若求得 b 的值有两个，则要逐一代入判别式检验，看它们是否适合 $\Delta>0$。

师：关于 b 的值是否舍去，就是看判别式 Δ 是否大于 0，同学们的讨论很重要，这一点在以后学习直线与圆锥曲线的位置关系中也将经常遇到，由刚才的讨论不

难得到结论——$b=\dfrac{3}{2}$ 是直线 $y=x+b$ 被曲线 $y=\dfrac{1}{2}x^2$ 截得弦长为 $4\sqrt{2}$ 的充要条件。

问题 2 已知直线 $y=kx+\dfrac{3}{2}$ 被曲线 $y=\dfrac{1}{2}x^2$ 截得弦长为 $4\sqrt{2}$,求 k 的值。

师:不难发现,$k=1$ 一定是答案之一,至于 k 的值是否唯一,同样通过计算解答。下面请生 3 解答。

生 3:设 $A(x_1,y_1)$,$B(x_2,y_2)$,由 $\begin{cases} y=kx+\dfrac{3}{2}, \\ y=\dfrac{1}{2}x^2, \end{cases}$ 消去 y,得 $x^2-2kx-3=0$,得 $x_1+x_2=2k$,$x_1x_2=-3$,由 $|AB|=\sqrt{(x_1-x_2)^2+(y_1-y_2)^2}=\sqrt{(1+k^2)(x_1-x_2)^2}=\sqrt{(1+k^2)[(x_1+x_2)^2-4x_1x_2]}=\sqrt{(1+k^2)(4k^2+12)}=4\sqrt{2}$,化简得 $k^4+4k^2-5=0$,$k=\pm1$,代入方程判别式 $\Delta>0$,所以 $k=\pm1$。

师:生 4 的结果和生 3 一样吗?

生 4:结果和生 3 不一样,我现在发现是我的结果错了。

师:错在哪里?是计算错误还是过程错误?

生 4:用 A 点和 B 点坐标表示弦长时,我仍然用前面的 $\sqrt{(x_1-x_2)^2+(y_1-y_2)^2}=\sqrt{2(x_1-x_2)^2}$,忽略了 $y_1-y_2=k(x_1-x_2)$。

师:这一步容易出错,问题 2 的解答过程与前面问题相比较,在这一步差别较为明显,解答过程不能简单复制,要注意条件的差异。

生 5:我没有对 $k=\pm1$ 进行验证。我的理由是:由于曲线 $y=\dfrac{1}{2}x^2$ 是关于 y 轴对称,直线 $y=x+\dfrac{3}{2}$ 符合题设,一定有 $y=-x+\dfrac{3}{2}$ 也符合要求。

师:你的想法是基于数形结合。从问题 2 可以得到结论:$k=1$ 是直线 $y=kx+\dfrac{3}{2}$ 被曲线 $y=\dfrac{1}{2}x^2$ 截得弦长为 $4\sqrt{2}$ 的充分不必要条件。通过这道例题及问题 1 与问题 2,可以看到它们的解答过程虽有差别,但解答的方法大多一致或相似,即"相同"多于"差别"。

问题 3 已知直线 $y = x + \dfrac{3}{2}$ 被曲线 $y = ax^2$ 截得弦长为 $4\sqrt{2}$,求 a 的值。

师:问题 3 与前面的例题、问题 1、问题 2 有异有同,下面请同学们解答,看看问题 3 的解答过程和前面问题的解答步骤有何不同。

生 6:a 的值有两个,分别是 $a = \dfrac{1}{2}$ 或 $a = -\dfrac{1}{8}$,$a = \dfrac{1}{2}$ 一定符合题设,我画了一个草图,发现 $a = -\dfrac{1}{8}$ 也是符合要求的。

师:你求出的 a 的两个值用判别式 Δ 验证过吗?

生 6:没有验证。

师:生 6 同学应该验证一下,下面请生 7 说说你的答案。

生 7:由于当 $\Delta > 0$ 时,有 $a > -\dfrac{1}{6}$,所以 $a = \dfrac{1}{2}$,$a = -\dfrac{1}{8}$ 都符合要求。

师:从问题 3 得到结论:$a = \dfrac{1}{2}$ 是直线 $y = x + \dfrac{3}{2}$ 被曲线 $y = ax^2$ 截得弦长为 $4\sqrt{2}$ 的充分不必要条件。

由上面几个问题的解答,学生已经初步看到了这三个问题是如何通过例题演变得到的,且看到了它们解答过程中的共同之处,这些共同的步骤或方法经过多次重复,加深了印象,加快了学生的思维节奏,提升了学生灵活应变的能力。

为进一步提升学生思维的灵活性,还可以继续提出以下问题。

问题 4 已知直线 $y = x + \dfrac{3}{2}$ 被曲线 $y - m = \dfrac{1}{2}(x - n)^2$ 截得弦长为 $4\sqrt{2}$,求动点 (m, n) 的轨迹方程。

问题 5 已知直线 $y = kx + b$ 被曲线 $y = \dfrac{1}{2}x^2$ 截得弦长为 $4\sqrt{2}$,求弦的中点的轨迹方程。

不难发现,问题 4 与问题 5 和问题 1、问题 2、问题 3 相比较多了一个变量。问题 4 与问题 5 的字母有两个,这样使解方程问题转变为轨迹问题。这些问题虽提高了难度,但其解答过程仍与问题 1、问题 2 及问题 3 相仿,关于问题 4 与问题 5

的解答,请同学们课后思考。以上问题的演变过程体现了思维深刻性与灵活性的完美统一。

三、培养思维的敏捷性

思维的敏捷性表现在能快速抓住问题的主要方面,把握问题的实质,从而能敏锐地作出正确的选择,其特点是思考问题不拖泥带水,敏锐快速。

思维的敏捷性既要求"抓住实质""把握关键",又要求速度要快,这是一种高要求且综合性强的思维品质。它是建立在思维的广阔性、深刻性及灵活性的基础上的,要求快速地抓住问题的本质,把握问题的主要方面,更需要看问题深刻,需要深入理解问题,要求具有思维的深刻性。想在短时间内作出正确的决定,需要头脑风暴,需要进行纵横多向思维,这就要求思维具有广阔性,再结合思维的灵活性,就能快速作出正确判断。

在数学活动中,思维的敏捷性表现为智力活动的快慢程度。在日常生活中,我们经常说某人很聪明,就是指他反应快、思考力强、运算快。智商测试中经常用逻辑推理是否迅速、运算是否简捷来衡量学生智力的高低。

(一)从不同的视角,用多种方法去解决问题,在思维广阔性的基础上,培养思维的敏捷性

解决问题既要快速又要正确,这就需要从多种判断中进行合理选择。然而,由于学生存在知识面狭窄、思想方法匮乏等问题,这给解决问题带来一定的局限性。基于此,在教学中要建立知识联系,就要扩大学生的知识面,让他们有知识选取的空间。

例如,数学概念并非静止的、孤立的,但数学中的有关概念会受到教科书章节编排需要,致使概念割裂,若不把这些概念整合起来,往往会影响多角度地认识概念。因此,教师要善于把某一概念置于不同的情境中,深入到不同的知识面,使学生对概念能融会贯通,为思维的敏捷性奠定基础。比如,从不同的角度给出双曲线定义:

① 平面内动点到两个定点 F_1、F_2 距离之差的绝对值为常数 $2a$($|F_1F_2|<2a$)的动点的轨迹；

② 平面内到定点与到定直线距离之比为定值(定值大于 1)的点的集合；

③ 方程为 $\dfrac{x^2}{a^2}-\dfrac{y^2}{b^2}=1$ ($a>0, b>0$) 的曲线；

④ 方程为 $\begin{cases} x=a\sec\theta, \\ y=b\tan\theta \end{cases}$ (θ 为参数)的曲线；

⑤ 方程为 $\rho=\dfrac{ep}{1-e\cos\theta}$ 的曲线 ($p>0, e>1$)；

⑥ 圆锥面与其相应截面的交线。

学生一旦掌握了这些概念，并把它们融为一体，就能为自己的纵横思维及多向思维创造条件，由于这些概念已被学生理解消化，便能依据问题的实际需要迅速作出选择，培养了学生思维的敏捷性。

例 19 若数列 $\{a_n\}$ 为等差数列，且 $a_3=-3$，$a_9=21$，求 a_5。

分析 通过学生的解答可以发现，不少学生由于知识面狭窄，思路单一，会先求出首项 a_1 和公差 d。而思维敏捷且知识面宽广的学生，会进行丰富联想，展开纵横思维，会快速地作出决定，并给出下面的解法，体现了学生思维的敏捷性。

解 方法 1：由于等差数列的通项 $a_n=a_1+(n-1)d$ 是关于 n 的一次函数，考虑到直线方程的斜率 $\dfrac{a_5-a_3}{5-3}=\dfrac{a_9-a_3}{9-3}$，结合 $a_3=-3$，$a_9=21$，求出 $a_5=5$。

方法 2：若考虑到三点共线的三阶行列式，由 $\begin{vmatrix} a_3 & 3 & 1 \\ a_5 & 5 & 1 \\ a_9 & 9 & 1 \end{vmatrix}=0$，也能迅速求出 $a_5=5$。

（二）从不同认知层次出发寻求解决问题的最佳途径，在思维深刻性的基础上，培养思维的敏捷性

在解题过程中，思维敏捷性主要体现在善于简化运算、优化推理过程，能合理简捷地得到结果。

例 20 化简 $\dfrac{1+\cos\left(\alpha-\dfrac{\pi}{3}\right)}{\cos\left(\dfrac{\pi}{6}+\alpha\right)}$。

分析 思维不够敏锐的学生会借助于两角和与差的余弦公式，一旦展开以后就很难计算下去。思维敏锐的学生一下子就能看出此式类似于半角的正切公式，只要把分母的余弦转化为正弦即可。而 $\cos\left(\dfrac{\pi}{6}+\alpha\right)=\sin\left(\dfrac{\pi}{3}-\alpha\right)$，这样原式 $=\cot\dfrac{\dfrac{\pi}{3}-\alpha}{2}=\cot\left(\dfrac{\pi}{6}-\dfrac{\alpha}{2}\right)$。

可见，安排经过深思熟虑且考虑周密的按部就班的练习训练，是提升学生思维敏捷性的重要方法。经过练习后的反思总结，提升了思维的概括性。克鲁捷茨基用丰富的数据表明，推理的缩短和概括是相辅相成的，推理的缩短取决于概括，能立即概括的学生，也能立即进行推理的缩短。思维敏捷者并不用常规方法解简单题，他们可立即看出答案，法宝就是概括。

第三节　数学教学中的纵横思维训练

思维的批判性是在思维广阔性、深刻性、灵活性、敏捷性的前提下培育起来的，是一种辩证思维。思维的创造性是其他所有思维品质的升华，是所有思维品质的归宿与新的开始。它们都是纵横思维交织的产物，本节中不妨把它们称之为纵横思维训练。

一、培养思维的批判性

思维的批判性是指在思维活动中善于发现问题，能精细地检查思维过程，自觉地检查结果，找到失误之处及问题的症结所在并能及时纠正，重新进行思考。相反，缺乏思维批判性的学生往往缺少辨别真伪的能力。

思维批判性的特征主要表现在：一是，对已有的数学材料能给出自己的见解，不轻信，不盲从；二是，能缜密地思考问题，在问题的错误之处能准确、及时地自我评价；三是，有能力评价解题方法是否合理，解题思路是否正确，分析过程是否全面。

思维的论证性是思维批判性的一种高层次表现，是思维批判性的升华，论证性思维较突出的学生不会完全按照书本照抄照搬，不会盲目跟随老师，而是会不厌其烦和悉心地寻找进行某种判断的事实，分析每一步论证的依据，去粗取精，去伪存真，最终正确揭示问题的前因后果。

笔者有一次听了一位初中老师的家常课。教师给出了这样一道例题：已知 x_1、x_2 是一元二次方程 $x^2-3x+5=0$ 的根，求 $x_1^2+x_2^2$ 的值。正当学生思考时，一个学生突然站起来说："老师，黑板上的这道题目是错题。"由于没有经过教师的许可，当时这位教师显得很生气，说了这个学生几句，然后在黑板上继续板书，当他求得 $x_1^2+x_2^2=-1$ 后，又说："某同学说这道题目是错题，我们不是做出来了吗！"这时，这位老师看了一下教案，发现把题目抄错了，又把黑板上的方程改为 $x^2-3x-5=0$，解题过程也进行了必要的修改。课后，教师走到那位学生的旁边，问他原来的那道题目为何是错题，他说："由于那道题目的判别式小于0，所以它没有实根。我到现在还没有弄明白，既然判别式小于0，怎么能求得 $x_1^2+x_2^2=-1$ 的。"可见，这位学生对一元二次方程根的判别式的认识是多么深刻！我们应为这位同学点赞！

笔者又有一次听了一位高中教师的公开课。教师给出一道题：已知 x^2、y^2、z^2 为等差数列，求证：$\dfrac{1}{y+z}$、$\dfrac{1}{z+x}$、$\dfrac{1}{x+y}$ 也成等差数列。教师刚讲完，一个学生说当 $x=y=z=0$ 时，此命题为假命题。学生话音刚落，教师肯定了这位学生的看法，表扬了他积极思考、勇于辨别真伪，指出这道题确实不严密。接下来教师顺水推舟，引导学生思考，除了 $x=y=z=0$ 时，此命题为假，有没有别的情况也会使命题不成立。学生经过思考、讨论，得出一致的结论，即当 $|x|=|y|=|z|$，且 x、y、z 的符号不全相同时，命题也不成立。经过师生互动，最终这道题应改为：已知 x^2、y^2、z^2 为等差数列，且 $(y+z)\cdot(z+x)\cdot(x+y)\neq 0$，求证：$\dfrac{1}{y+z}$、$\dfrac{1}{z+x}$、

$\dfrac{1}{x+y}$ 也为等差数列。

教学中为培养学生思维的批判性,教师应有意识地借助一些相近、相似且易混的概念,引导学生进行辨析,要求学生指出正误的依据,促使学生在众多的概念中,发现问题的本质,提高辨别真伪的能力。

例如,关系式 $0 \in \{0\}$、$0 \in \phi$、$\phi \in \{0\}$、$\phi \subseteq \{\phi\}$、$\phi \subseteq \{0\}$ 中,正确的关系式有几个?

在教学中,教师要适时创设一些模棱两可、似是而非的问题引导学生辨别是非,还可以有意对某些问题作出错误的解答,鼓励学生提出质疑,组织讨论。

例如:下列解法是否正确?为什么?

由于 $\lg \dfrac{1}{4} > \lg \dfrac{1}{6}$ 且 $2>1$,所以 $2\lg \dfrac{1}{4} > \lg \dfrac{1}{6}$,即 $\lg \left(\dfrac{1}{4}\right)^2 > \lg \dfrac{1}{6}$,$\dfrac{1}{16} > \dfrac{1}{6}$。引导学生由 $\lg \dfrac{1}{4} < 0$,$\lg \dfrac{1}{6} < 0$,发现错误所在。

在教学中,教师要有意识地抓住一些典型性错误,有针对性地设置"陷阱",引导学生展开正误辨析,提升学生判断与辨析能力,以此来培养学生思维的批判性。

例如,已知双曲线 $\dfrac{x^2}{25} - \dfrac{y^2}{144} = 1$ 的左、右焦点分别是 F_1 和 F_2,点 P 是双曲线上一点,且 $|PF_2|=5$,以下结论正确的有_____。

(1)$|PF_1|=8$;(2)$|PF_1|=15$;(3)$|PF_1|$ 的大小不确定;(4)这样的点 P 不存在。

教师在讲解时,有意识地设置以下两种错误。

错解1:由于 $||PF_1|-|PF_2||=10$,所以 $|PF_1|-|PF_2|=\pm 10$,因为 $|PF_2|=5$,即 $|PF_1|=|PF_2|+10=15$。

错解2:设 $P(x_0, y_0)$ 为双曲线右支上一点,则 $|PF_2|=ex_0-a=ex_0-5$,由 $|PF_2|=5$,知 $ex_0=10$,即 $|PF_1|=ex_0+a=15$。

接下来引导学生辨析,若 $|PF_2|=5$,$|PF_1|=15$,则 $|PF_1|+|PF_2|=20$,而 $|F_1F_2|=26$,即 $|PF_1|+|PF_2|<|F_1F_2|$,矛盾!因此,这样的 P 点不存在。引导学生结合双曲线的定义,发现错误的原因是忽视了双曲线定义中的限制

条件,即 $|F_1F_2|>2a$,也就是 $c>a$。

通过对此问题的错因辨析,发现问题的症结,从"陷阱"中摆脱出来,在正误辨析的过程中,使学生逐步养成用批判的眼光看待问题,打破思维定势带来的负面影响,提升学生思维的批判性。

另外,为发展学生思维的批判性,坚持让学生纠错或订正作业也是大有裨益的。需要指出的是,当学生在解决问题的过程中出现了认识上的偏差,或是某些学生"自以为是",导致出现错误,教师千万不可以以为学生在找岔子从而指责他们,相反,教师应因势利导,将错就错,给学生以引导鼓励,因为这正是学生思维批判性发展的具体体现,也可以借此提升学生思维的辩证性。

二、培养思维的创造性

思维的创造性是指在解决问题的过程中,有独到的见解、新颖的想法,它是人类思维的高级形态,其基本特征是创造性的智力活动。这种特征之所以能够发生,其原因在于人们对思维对象或经验可进行高度概括,概括后再对思维材料进行分析组合,找出新颖的成分。概括性越高,知识系统越强,浓缩性就越大;迁移性越灵活,则创造性越突出。

历史上的曹冲称象和司马光砸缸的故事一直被人们传诵,并且把他们当作开发儿童智力的两个典范,就是因为他们在解决问题时所具有不同于常人的、别出心裁的做法。他们在称象或救人的过程中所反映出来的思维品质属于创造性思维。

如果学生在解决数学问题的过程中,具有异于常规的新方法,即在已解决的领域中有所创新,在未解决的领域中有所突破,那么这也是一种创造性思维。

德国数学家高斯在幼年时代就智力超常,他对 $1+2+3+\cdots+100$ 的求和,就展现出创造性思维该有的品质。他解决问题的方法是 $(1+100)\times 50$,这是一种有创造性的心智活动,因为他当时还不知道等差数列前 n 项和公式。

再如,一位小学生听完老师讲高斯的小故事后,深受启发,灵感倍增,说他有一个比高斯更简捷的计算方法。他提出,$1+100=101$ 不是整十数,若和其他整数相乘,运算起来不够简捷。最后给出这样的一个算式,即$(1+99)\times 50+50$,因为$1+99=100$,和50相乘就能快速得出结果了。这位小学生不盲从权威,不墨守成规,表现出了勇于创新、大胆进取的思维品质。

思维的创造性还表现在能在解决问题的过程中独立思考,具有创造性的态度、探索精神及创新精神。尤其是在遇到较复杂的问题时,能将知识迅速迁移并确定思考的方向,采用独特的方法解决问题。每年的数学奥林匹克试题难度之大,令人望而生畏,但从未出现过无人能解之题。不仅如此,每次都有令命题者出乎意料、独具匠心的优美解法,令人感叹不已。为此,竞赛委员会特地为这些解题高手、数学奇才设立了"特别奖",以激励那些具有思维创造性的选手。如何在数学教学中培养思维的创造性?下面,从数学猜想、数学探索等方面阐述培养学生思维创造性的策略。

(一)鼓励学生大胆猜想,培养学生发现问题的能力

爱因斯坦指出:"提出问题,往往比解决问题更重要。"可见发现问题、提出问题的重要性。这是因为要解决一个新问题,首先就得发现新问题。解决问题仅仅是需要技巧而已,而发现新问题、提出新问题,需要摆脱固有思维的局限性,需要有丰富的想象力与创造性。

英国数学家李特尔伍德把人类创造活动划分为四个阶段。在准备阶段时,他认为:"创造性活动的第一阶段——准备工作往往是自觉的,是由意识操纵的。必须把关键的核心问题从一切偶然现象中清晰地游离出来。"因此,发现问题,也就是"将关键的核心问题……游离出来",是一切创造活动的开端,倘若没有这个开端,也就谈不上创造性活动。

思维的创造性离不开数学猜想。既然是新问题,结论的获得往往也不能一蹴而就,需要进行多次试验和猜想。波利亚在《数学与猜想》一书中强调数学猜想的重要性,他把教会学生猜想作为培养创造能力的一种有效途径。因为猜想需要敏捷的洞察力、丰富的想象力、宽广的知识面及创造性的思维活动。数学家的创造性思维活动是推理论证,而论证常常是由猜想发现的,猜想是论证的前提。在数学教学中要发现问题,教师应鼓励学生大胆猜想,要为他们的猜想创造条件,真正把创造性活动融入课堂教学之中。

另外,我们经常会遇到一些开放题,即只给出命题的条件,问从这个条件出发可以得出哪些结论,这就需要学生利用条件,进行合理的猜想。对于此类问题,教师应充分挖掘培养学生创造能力的素材。下面将举例说明。

例21 已知 x、$y \in \mathbf{R}_+$,且 $xy=2$,求 $f(x,y)=x^2+y^2-2x-2y$ 的最小值。

分析 本题是条件最值问题。对于如何利用已知条件,学生感到很茫然,可以发现,将 $xy=2$ 代入 $f(x,y)$ 中也得不到合理的解题途径。现将此题以课堂纪实的形式实录如下。

师:能否将 $f(x,y)$ 变换一下形式?

生1:$f(x,y)=x^2+y^2-2x-2y+1+1-2=(x-1)^2+(y-1)^2-2$。

师:看看生1写出的式子,大家有什么猜想?

生2:$f(x,y)$ 是表示在曲线 $xy=2$,$x>0$,$y>0$ 上求一点到点 $P(1,1)$ 的距离的平方减去2。

此时,教室里一片沸腾,同学们开始活跃起来,议论纷纷,最后给出了以下解法:

解:由 $\begin{cases} y=x, \\ y=\dfrac{2}{x}, \end{cases}$ 得 $Q(\sqrt{2},\sqrt{2})$,则 $|OQ|=2$,又 $|OP|=\sqrt{2}$,于是 $|PQ|^2=(|OQ|-|OP|)^2=(2-\sqrt{2})^2=6-4\sqrt{2}$,即 $f(x,y)$ 的最小值为 $|PQ|^2-2=4-4\sqrt{2}$,此时 $x=y=\sqrt{2}$。

师:刚才同学们从 $f(x,y)$ 这个式子的结构入手,想到了它的几何意义,为同学们的精彩解法点赞。

此时,课堂上仍处于一种活跃状态,同学们还在七嘴八舌,跃跃欲试,教师此时因势利导,提出如下问题。

已知实数 x、y 满足 $\log_a x + \log_a y = 1$,求 $f(x,y)=x^2+y^2-2x-2y$ 的最小值。

事实上,本题的条件为 $xy=a$,对例题稍加改动后难度有所加大,学生很容易受到例题解法影响而上当。

生 3:这道题和例题解法相仿,只不过这里条件为 $xy=a$。

师:请生 3 给出解答过程。

解:由 $\begin{cases} y=x, \\ y=\dfrac{a}{x}, \end{cases}$ 得 $Q(\sqrt{a},\sqrt{a})$,则 $|OQ|=\sqrt{2a}$,又 $|OP|=\sqrt{2}$,即 $|PQ|^2=(|OQ|-|OP|)^2=(\sqrt{2a}-\sqrt{2})^2=2a+2-4\sqrt{a}$,因此,$f(x)$ 的最小值为 $|PQ|^2-2=2a-4\sqrt{a}$,此时 $x=y=\sqrt{a}$。

师:上述求的 $f(x,y)$ 的最小值与 a 的范围有关吗?

生 3:(不经思索)与 a 无关。

师:某同学(生 3)说得这么肯定?

生 3:(陷入沉思……)

师:现在我们用多媒体展示曲线 $y=\dfrac{a}{x}$ 随 a 的值的改变,曲线发生的相应的变化。这里突出了当 $a>1$、$\dfrac{1}{4}<a<1$、$0<a<\dfrac{1}{4}$ 时,$y=\dfrac{a}{x}$ 的图象,通过图象同学们可以发现,$y=\dfrac{a}{x}$ 图象上一点到 $(1,1)$ 的最近距离不一定在 $y=\dfrac{a}{x}$ 与 $y=x$ 的交点上。之所以选取这几个 a 的范围,是因为下面的分析中将要用到。

这样演示的目的是帮助学生直观认识问题,重新建构知识体系,为学生深层次地思考问题指明方向。此时,教室里静悄悄的,学生陷入思考,一时无法找到解决的方法。

生 4:我想改变 $f(x,y)$ 的形式,从另一个角度思考。

师:请大胆说出你的想法。

生 4:把 $f(x,y)$ 写为 $x^2+y^2-2(x+y)=(x+y-1)^2-2xy-1=(x+y-1)^2-2a-1$,至于下面如何进行,我暂时还没有想出。

师:若令 $\lambda=x+y$,则 $\lambda\geq 2\sqrt{a}$。

生 5:我有办法了。由 $x^2+y^2-2(x+y)=(x+y-1)^2-2xy-1=$

$(\lambda-1)^2-2a-1$，$\lambda \in [2\sqrt{a},+\infty)$，当 $0<2\sqrt{a}<1$，即 $a \in \left(0,\frac{1}{4}\right)$ 时，

$f(x,y)_{\min}=-2a-1$（此时 $\lambda=1$）；当 $2\sqrt{a}\geq 1$，即 $a \in \left[\frac{1}{4},+\infty\right)$ 时，

$f(x,y)_{\min}=(2\sqrt{a}-1)^2-2a-1=2a-4\sqrt{a}$（此时 $\lambda=2\sqrt{a}$）。

师:(生5)解得太好了！其本质是闭区间上的二次函数的最值问题。能否就这两道题的解法,同学们谈谈体会。

生6:第一道题的解法显得有点单调,第二道题的解法说理更清楚,具有一般性,第一道题的结果是第二道题的结果的特殊情况。

师:第一道题中的最近点,仅是凭图象观察出来的,严格意义上说还需证明,第二道题的解法是从理论上证明的,因而它是严密的。正如苏轼在《题西林壁》所说,横看成岭侧成峰,远近高低各不同。我们以不同的视角看问题,就会得到不同的解题方法。

生7:山重水复疑无路,柳暗花明又一村。

师:在同学们的思考、猜想下,顺利地完成了这两道题的解答,在祝贺同学们的同时,也希望大家善于猜想、勤于思考,特别是遇到含参数的情况,要注意讨论及讨论的标准。

(二) 通过培养学生的探索能力,培养思维的创造性

布鲁纳说:"探索是教学的生命线。"创新,意味着打破陈规旧俗,不走老路,不因循守旧。新路是依靠人探索,依靠人行走,正如鲁迅所说:"其实地上本没有路,走的人多了,也便成了路。"教师要引导与鼓励学生勇于探索。

现行的教科书编写体系是按照知识形成的先后顺序编写的,定理、法则、公式的证明过程也是平铺直叙,这虽然有利于教师的教和学生的阅读,但不能启迪学生思考如何得出它们的证明,反而不利于对学生探索能力的培养。我们经常用的学案,只把定理、法则、公式写出来,省去了证明的过程,把论证的过程全部"空"出来,只给出一些提示性的语言,让学生去填。这种学案的优点是,学生不受现成的证法的约束,学生自行给出证明的过程或解决的方案。无论是按照教材还是学

案,教师都要放手让学生独立思索,勇于探索。

要培养学生的探索能力,还要让学生掌握相关的数学方法,比如归纳法、类比法、特殊到一般和一般到特殊的数学方法。数学家欧拉和高斯是运用归纳法的典范,他们借助于归纳法发现了许多公式、定理,证明只是后来才补上。时至今日,归纳法和类比法早已深入到中学数学教学的方方面面,教学中合理利用这些方法,对培养学生创造性思维大有裨益。

(三) 运用头脑风暴,培养思维的创造性

头脑风暴法也称为集体激励策略,也就是像暴风骤雨一样给头脑以强烈的震撼,碰撞出灵感,碰撞出思维的火花。具体的做法往往是以班级、小组合作讨论一个主题或一个方法,要求学生畅所欲言,教师不能干扰学生思考,学生可在短时间内不受约束地尽可能多地发表自己的看法。为保证头脑风暴法的实施,应遵守下列原则:一是,对提出的设想不作判断或评价;二是,鼓励开放、自由、和谐思考;三是,尽可能展开丰富的想象;四是,鼓励"精益求精",完善或改进他人的想法,使想象更趋合理,更加完善。

"人人都有创造力",这是创造学家亚历克斯·奥斯本所说。可见,创造力不是某些人的专利。头脑风暴法实质上是借集体的智慧与力量产生共振效应,营造出一种思维相互碰撞的氛围。在这种相互激励的情境中,能有效地摆脱个人固有的思维模式,激发无穷的想象力。下面以例释之。

例 22 已知 $x>y>z$,求证:$\dfrac{1}{x-y}+\dfrac{1}{y-z}+\dfrac{1}{z-x}>0$。

分析 本题可把不等式的左边通分,再说明分子、分母都小于 0,但此法较繁。为了优化这道题目的证法,可借助集体激励法,组织学生讨论,实施头脑风暴。

学生 1 给出了一个想法巧妙的证法,设 $x-y=a$,$y-z=b$,原不等式等价于 $\dfrac{1}{a}+\dfrac{1}{b}-\dfrac{1}{a+b}>0$,此不等式易证。

学生 2 别出心裁,思维新颖,考虑到:$x-z>x-y>0$,得 $\dfrac{1}{x-y}>$

$\frac{1}{x-z} > 0$,且 $\frac{1}{y-z} > 0$,有 $\frac{1}{x-y} + \frac{1}{y-z} + \frac{1}{z-x} > 0$。

此时,全班学生都沉浸在优美的证法中,已有学生发现上面已证明了更强的不等式:$\frac{1}{x-y} + \frac{1}{z-x} > 0$。这时,又有学生提出能否将不等式 $\frac{1}{x-y} + \frac{1}{y-z} > \frac{1}{x-z}$ 右边的分子变大一些,分子又能大到什么"程度"?

经过学生讨论,由 $\frac{\frac{1}{x-y} + \frac{1}{y-z}}{2} \geqslant \frac{2}{(x-y)+(y-z)}$,即 $\frac{1}{x-y} + \frac{1}{y-z} \geqslant \frac{4}{x-z} > \frac{1}{x-z}$。进一步把原不等式加强为:若 $x > y > z$,则 $\frac{1}{x-y} + \frac{1}{y-z} + \frac{4}{z-x} \geqslant 0$,当且仅当 $2y = x+z$ 时,等号成立。

受到上述方法的启发,可以从不等式的变量的个数做进一步的推广:若 $x_1 > x_2 > x_3 > \cdots > x_n$,则 $\frac{1}{x_1-x_2} + \frac{1}{x_2-x_3} + \cdots + \frac{1}{x_{n-1}-x_n} + \frac{(n-1)^2}{x_n-x_1} \geqslant 0$,当且仅当 $x_1, x_2, \cdots, x_n$ 成等差数列时,等号取得。

学生借助集体激励策略,发现了新的结论,新的结论也有创造性的成分。为获得这些结论,学生积极思考,展开了多角度探索,这也是一种创造性思维的体现。

正如近代科学之父伽利略所言:"科学是在不断改变思维角度的探索中前进的。"

(四)通过发散思维的训练,培养思维的创造性

创造性思维不是单一的思维,是多种思维的复合,是多种思维的辩证运用,尤其要注意发散性思维对培养思维创造性的作用。

发散思维的过程包含两个方面,即发散点和发散方式。教师在教学中要结合教学内容,抓住有利时机,以研究的数学对象作为发散点展开多种方式发散。数学中的发散对象是多方面的,如对数学公式的变形、推广、引申;对数学命题的加强;对数学概念的概括;等等。发散的方式也不尽相同。如对命题来说,可以强化条件,弱化结论;进行特殊化与一般化;替换命题的条件或结论。在解决具体问题时,可以把解题的方法、思想等作为发散点展开发散。在思考问题时,教师要鼓励学生对未知的领域,大胆去猜想;对于已解决的领域,要敢于质疑,善于提出新见解、新思想、新方法。

(五) 提高直觉思维能力,培养思维的创造性

直觉是一种突发的,始料未及的发现与解决问题的途径,它往往与疑难问题相挂钩。在直觉思维的过程中,人们一般要通过直觉选择、直觉预见、直觉判断来进行创造性思维活动。直觉虽然"始料未及",但并不是虚无缥缈、捉摸不定的东西,它是人们在长期的积累和实践中形成的。直觉是伴随着创造性思维出现的。

庞加莱认为:"逻辑是证明的工具,直觉是创造的工具。"他还认为:"发现是一种选择,而选择力是受直觉支配的,且创造力的大小取决于直觉力的多寡。"因此,提高学生的直觉思维能力,是发展思维创造性的保证。

在数学教学中,运用直觉思维来创造性地解决问题的例子是非常丰富的。

例 23 解不等式:$\dfrac{x}{\sqrt{1+x^2}}+\dfrac{1-x^2}{1+x^2}>0$。

分析 原不等式化为 $x\sqrt{1+x^2}>x^2-1$,分 $x>0$,$x=0$,$x<0$ 三种情况讨论,但过程较繁。若用直觉思维,提高思维的跨度,将有如下解法。

当 $x\geqslant 0$ 时,由 $x\sqrt{1+x^2}>x^2>x^2-1$,则 $x\geqslant 0$。

当 $x<0$ 时,由 $x\sqrt{1+x^2}>x^2-1$,知 $x^2-1<0$,将此不等式两边平方化简得 $-\dfrac{\sqrt{3}}{3}<x<\dfrac{\sqrt{3}}{3}$,所以 $-\dfrac{\sqrt{3}}{3}<x<0$。综上,原不等式的解集为 $\left(-\dfrac{\sqrt{3}}{3},+\infty\right)$。

本题也可借助转向思维。设 $\sin\alpha=\dfrac{x}{\sqrt{1+x^2}}$,得 $\cos\alpha=\dfrac{1}{\sqrt{1+x^2}}$,$\alpha\in$

$\left(-\dfrac{\pi}{2}, \dfrac{\pi}{2}\right)$，于是 $\tan\alpha = x$，$\cos 2\alpha = \dfrac{1-x^2}{1+x^2}$，因此，原不等式为 $\sin\alpha + \cos 2\alpha > 0$，得 $2\sin^2\alpha - \sin\alpha - 1 < 0$，即 $-\dfrac{1}{2} < \sin\alpha < 1$，$-\dfrac{\pi}{6} < \alpha < \dfrac{\pi}{2}$，得 $x = \tan\alpha \in \left(-\dfrac{\sqrt{3}}{3}, +\infty\right)$。此解法是对不等式的结构进行联想，凭借直觉诱导，抓住三角公式，创造性地求解此题。

合理解题思路的选择，广泛的联想与想象，凭借概括化的形象，借助于丰富的知识经验等，无不彰显着直觉思维产生的背景。

以上阐述了培养学生思维品质的策略，思维品质之间是相互促进、彼此贯通、相辅相成的，它们是一个统一的整体。在解决问题时，它们可相互为用。

第三章 ‖ 数学教学中的思维能力的培养

> 数学思维能力的培养是数学教学的一个核心问题,它牵涉到数学教学的方方面面。本章主要就直觉思维能力、发散性思维能力、逆向思维能力、猜想思维能力、形象思维能力、创造性思维能力的培养策略及和它们相关的问题做一些探讨。

第一节 直觉思维能力的培养

什么是直觉?简单地说,直觉就是直接的觉察。它是人脑对物质世界的一种迅速的、潜意识的、直接的明察或领会,是人们在有意识或无意识地思考问题时,脑海中突然间不由自主地产生的问题解决的策略。它不是一步一步地运用逻辑推理的方法,完整详细地分析,达到对问题的理解,而是从问题的全貌出发,忽略问题的中间环节,直接达到问题解决的一种心智活动。

对于直觉思维,可以从两个方面去领会。一方面,直觉思维是建立在学习的主体拥有丰富的知识和灵活的解决问题的方法的基础上,能够在刹那间窥视到问题的本质,能够在较短时间内对问题做出解决的思维方式;另一方面,从心理学的视角来看,直觉思维是一种心理活动,是经过极短时间思考后的灵感,是对研究对象的瞬时觉察,是思维信息组块快速融合后对问题形成的整体思考。在直觉思维过程中应该关注以下两个环节:一是,由于多种因素的重组,贯通了学习主体的潜意识与显意识,可从整体上发现解决问题的方法;二是,在苦苦冥思问题不得其解的情形下,思维迅速从微观过渡到宏观、从显意识进入潜意识。直觉思维具有这样的几个特点:(1)直接性。直觉思维是解决问题过程的一种"顿悟",以发散式的、跳跃式的、直接的方式理解问题的本质;(2)简约性。直觉思维是思维主体的灵感、顿悟,是问题解决过程中思维的高度凝练,它能有效地抓住问题的要害;

(3) 视觉性。有时可以通过添加辅助线学习几何,此时,我们往往会通过视觉上的感知去处理。这种处理方式凭借视觉上的洞察,通过对图形进行整体思考,使思维主体产生直接而大胆的预判,进而发现问题的解决途径;(4) 内隐性。在课堂教学中,我们经常会遇到学生只知道结果,至于为什么,学生也无法讲清楚,只能凭感觉把问题解决。这说明直觉思维的活动还具有内隐性的特点,它只能意会不可言传,它是人的头脑对问题的一种潜意识的感知。

数学直觉思维是人脑对于数学学习或研究的对象、问题的结构及数量关系的敏捷而直接的明察或领会。它越过了思考的中间环节,没有严密的逻辑根据,学习主体对解决问题的过程也缺少清晰的认识。回顾人类的创造发明史,直觉思维一直是人类解决问题的一种思维方式。比如,笛卡儿创立解析几何;爱因斯坦对直觉思维更情有独钟,他把发明创造归结于以下程式:经验——直觉——概念或假设——逻辑推理——理论,这也说明了直觉思维在解决问题中的重要性。

一、数学直觉思维的表现形式

直觉思维的表现形式一般有直觉想象、直觉启发、直觉判断三种。直觉想象是直觉思维的基础,直觉启发、直觉判断是在直觉想象的前提下形成和建立起来的。

(一) 直觉想象

当人们对问题理解不够透彻时,不能根据经验、符号、数量关系、图形等做出判断时,就要借助观察、想象,形成对问题的一个大概的认识,然后再求助于证据以确定自己的初步判断的正误。直观想象可以充分激活人的已有的知识和经验,并迅速把认知对象的条件与结构重组,并把一个未曾预料到的关系、结构呈现出来。

(二) 直觉启发

当思维主体思考某一问题而许久找不到解决问题的办法时,忽然在某一瞬间,出现了某种偶发事件。在他思考的问题之外忽然闪出一个念想,此时,竟会"山穷水复疑无路,柳暗花明又一村。"这就是所谓的直觉启发,心理学上称之为原型启发。

(三)直觉判断

直觉判断是人脑对事物、现象、过程、语言、符号、数量关系的一种闪电般的认识、直接的领会与整体的判断。这种直觉判断,经常在问题解决的过程中表现出来。在数学学习的过程中,具体表现为对某一个概念、定理、结论的直接领会。常常会出现这种情形,即教师对问题还没有讲解,甚至题目还没有写完,学生就说出了答案,这是由于结果已被学生直觉判断出来了。

直觉想象与直觉判断是数学直觉思维的本质体现,两者往往轮换出现,互相融合,贯穿于同一个思维过程。这种交替过程有时冥思许久而不得其解,有时又表现得非常快捷迅速,然而却可能凭借某种启发和机遇,始料未及地澄清问题,形成一种顿悟,一种灵感,我们称之为灵感思维。灵感思维是直觉思维的表现形式之一,人类的重大发明创造及重大劳动成果往往都要依靠灵感思维。但灵感的出现不是从天而降,随意产生的。正如王梓坤教授指出:"灵感绝非是什么天意及神秘的神灵的启发与诱导,也不是主观臆想与推测,而是长期坚持积累与思维的产物。"

二、数学直觉思维的意义

在问题解决的过程中,逻辑思维与直觉思维两者往往相伴。因此,在教学中,教师不仅要关注学生逻辑思维能力的培养,也不能忽视对学生的直觉思维能力的培养。然而,在实际的教学中,直觉思维常常被淡化,不能发挥它应有的功能。直觉思维在数学学习中和问题解决的过程中有不可替代的作用。

(一)直觉思维符合青少年的思维习惯

青少年的心理、心智逐步走向成熟,他们思维灵活,在解决问题时,往往不拘泥于条条框框。主要表现为：一是善于"异想天开"，对新事物有"好奇"的心理；二是由于知识结构不够完整，加上逻辑思维能力欠缺，尽管有时能察觉到问题中隐藏着的潜在的关系但又讲不清道理。这些特点恰好符合直觉思维的非逻辑性等特点。基于青少年的直觉思维特点，若教师无论对什么问题都刻意要求"为什么"，一味苛求学生弄清问题的前因后果，往往会压制学生直觉思维的产生，降低学生对事物的好奇心，甚至会影响学生学习数学的兴趣，不利于提高学生智力水平。

（二）直觉思维有利于培养学生的多种数学思维

直觉思维有利于培养发散思维。发散思维不是无目标的，而是要沿着有助于问题解决的道路去发散开来。相反，没有直觉思维的引导而漫无边际地发散，只会在错误的方向上处处碰壁。所以，发散性思维需要直觉引领，直觉是发散性思维前进道路上的路标。

直觉思维有助于培养收敛思维。如果说发散性思维能帮助我们找到多个解决的策略，那么确定解决问题的必然性就要依靠收敛思维，而要从或然性过渡到必然性，直觉的作用同样不可或缺。此时，直觉就好比一个过滤器，可以协助缩小思维的广度，去掉一切不利于问题解决的干扰因素，直至锁定问题解决的最终目标或方向。

直觉提高了观察的深度。观察是认识事物的开端，通过观察我们能从各种纷繁复杂的现象中探索规律，能从个体的差异中找到共性。在这一过程中，直觉在起作用，因为直觉使得观察更加彻底、更加深刻，它是观察的手术刀。

1. 直觉有利于提高类比思维

类比就是根据问题的相似性来推导结论的过程，或然性是类比的主要特征，结论的正误具有一定的偶然性。若在类比的过程中借助于直觉，让直觉参与类比，会有效提高类比思维的正确性，增强人们通过类比思维解决问题的信心。

2. 直觉有利于联想的发挥

联想是借助意象的联结实现的，只有通过直觉的引导才能使意向叠加黏合在一起，才能形成有效的联想。

3. 直觉思维有利于培养创造性思维

直觉思维是创造性活动的源动力,在创造发明的过程中,往往先运用直觉思维提出假设,再用逻辑思维进行检验。从心理学角度来看,直觉思维是一种潜意识行为,是创造性思维的一种表现。它即是发明创造的排头兵,也是苦苦冥思之后刹那间的收获,在发明创造过程中具有非常重要的作用。为了培养学生的创造性思维,当直觉思维接踵而至的时刻,一定要善待这些思维的火花,捕捉这些创造性思维的诱因。

三、数学直觉思维能力培养的策略

布鲁纳指出,学生对问题处理的直觉中包含着一些简单的模仿。教师是培养学生思维的主体,在课堂教学中,教师首先要有直觉思维的意识,如果教师缺乏或不善于用直觉思维或在解决问题的过程中从未有效地运用直觉思维方法,想提高学生的直觉思维就无从谈起,学生也不会相信甚至排斥运用直觉思维方法。只有教师做好表率、当好榜样,善用直觉思维,学生才会在不知不觉中,模仿教师解决问题的思维方式。学生的认知特点决定了他们在接受知识的过程中,具有模仿性,因此,教师经常用直觉思维解题有利于学生养成良好的直觉思维习惯。

(一)通过直观性教学,培养学生的数学直感

感性直观(数学直感)区别于直觉,它是产生直觉思维的一个诱因。直觉是抽象的感性,它是对问题浅显的直观。教师在培养学生的直觉思维的过程中,要合理借助言语、动作、实物来训练学生的形象直观。一是利用计算机辅助教学。直觉思维往往借助映像和图象解决问题,计算机技术可以创设更有趣且更具吸引力的动画、图片、声音,展示数学美,以此来诱发学生的审美直觉,用数学美激发他们探索问题的热情。计算机辅助教学能有效地打破填鸭式、封闭式的教学弊端,让学生多渠道获得知识,激发他们的好奇心,在学习中学会学习,在解决问题中学会捕捉灵感和直觉,直至达到一眼看穿解决问题的境界。二是重视数学思想方法。比如数形结合方法,数与形是数学研究的两个基本对象,用几何的方法研究代数问题,可

以给学生一种直观的感受,数形的相互转化可以培养学生的直觉思维能力。

(二)教师要转变教学方法,注入直觉成分

要合理使用猜想顿悟的启发式教学。从学习方式来看,无论是探究式学习还是研究性学习,解决问题的过程都符合杜威提出的思维五步法——"暗示→问题→假设→推理→验证"。这里的"问题"与"假设"是促使学生进行广泛联想、直觉诱导、直觉思维运用的关键环节,激发学生的直觉思维的关键在于教师的启发引导,教师的简约性启发能使学生的思维产生跳跃性的发展。同时,教师应实施发现式教学。学生获取的知识、方法,尽管是前人的间接经验,但作为接受知识主体的学生,他们处于再发现与再创造的地位,他们的学习活动也包含着再发现与再创造的成分,教师要注重知识的形成过程,让学生亲自探索发现数学概念、定义、定理的来龙去脉,唯有真正揭示知识的发生过程,才能真正激发学生的直觉思维,增强他们解决问题的能力。

(三)借助直觉方法,诱发直觉思维

在数学教学中,我们可以借助直觉审美、直觉想象、直觉选择、直觉猜想、直觉类比、直觉归纳等数学直觉思维的方法,诱发学生的直觉思维,培养他们的直觉思维能力。

1. 利用数学直觉审美

法国数学家阿达玛指出:"数学事实内部的完美组合常常是借助审美直觉来完成的。"拉格朗日发现变分法,是在聆听音乐时突然间想到的。数学直觉审美是指从数学美的思想与方法出发,对思考的对象,依靠已有知识储备引发审美直觉,进而确定解决问题的总体思路。比如,复杂问题的背后往往隐含着简单的、奇特新颖的解法;对称的式子或条件可能得到对称的结论或可能借助对称变换的途径去解决问题;和谐统一的式子可能对应相应的图形;奇异的构思可能得到一个创造性的结论。

例1 已知 $a、b、c \in \mathbf{R}$,且 $a+b+c=abc$,求证:$\dfrac{2a}{1-a^2}+\dfrac{2b}{1-b^2}+\dfrac{2c}{1-c^2}=$

$$\frac{8abc}{(1-a^2)(1-b^2)(1-c^2)}。$$

分析 已知的式子和要证明的等式都是三项和等于三项积,结构上存在对称性。借助审美直觉产生直觉猜想,结合条件与结论,再利用等式 $\tan\alpha + \tan\beta + \tan\gamma = \tan\alpha\tan\beta\tan\gamma$(其中 $\alpha+\beta+\gamma=k\pi, k\in \mathbf{Z}$),发现只要设 $a=\tan\alpha$,$b=\tan\beta$,$c=\tan\gamma$,问题便可迎刃而解。

由 $a+b+c=abc$,设 $a=\tan\alpha$,$b=\tan\beta$,$c=\tan\gamma$,得 $\tan\alpha+\tan\beta+\tan\gamma=\tan\alpha\tan\beta\tan\gamma$,即 $\tan\alpha + \tan\beta = -\tan\gamma(1-\tan\alpha\tan\beta)$,$-\tan\gamma = \frac{\tan\alpha+\tan\beta}{1-\tan\alpha\tan\beta}=\tan(\alpha+\beta)$,即 $\alpha+\beta=k\pi-r$,即 $\alpha+\beta+\gamma=k\pi$,所以 $2\alpha+2\beta+2\gamma=2k\pi, k\in \mathbf{Z}$,即 $\tan 2\alpha + \tan 2\beta + \tan 2\gamma = \tan 2\alpha \tan 2\beta \tan 2\gamma$。$\frac{2\tan\alpha}{1-\tan^2\alpha} + \frac{2\tan\beta}{1-\tan^2\beta} + \frac{2\tan\gamma}{1-\tan^2\gamma} = \frac{2\tan\alpha}{1-\tan^2\alpha} \cdot \frac{2\tan\beta}{1-\tan^2\beta} \cdot \frac{2\tan\gamma}{1-\tan^2\gamma}$,即,$\frac{2a}{1-a^2} + \frac{2b}{1-b^2} + \frac{2c}{1-c^2} = \frac{8abc}{(1-a^2)(1-b^2)(1-c^2)}$。

例 2 已知 $\frac{1}{x}+\frac{1}{y}+\frac{1}{z}=\frac{1}{x+y+z}$,求证:$\frac{1}{x^{2n+1}}+\frac{1}{y^{2n+1}}+\frac{1}{z^{2n+1}}=\frac{1}{x^{2n+1}+y^{2n+1}+z^{2n+1}}$,$(n\in \mathbf{N})$。

分析 通过观察已知条件与结论后可能出现以下两个想法:一是,若 x、y、z 取任意值时,等式一般不成立;二是,考虑取特例,易知 x、y、z 这三个实数中有两个互为相反数时,条件和结论都正确,这表明条件式子必含有因式 $(x+y)$ 或 $(y+z)$ 或 $(x+z)$,由于条件和结论都具有轮换对称性,则一定含有 $(x+y) \cdot (y+z) \cdot (x+z)$ 因式。这样,产生数学直觉后,只要把条件化简到所确定的目标,就可得到结论。这个直觉思维源于以前的解题经验。

简证 因为 $\frac{1}{x}+\frac{1}{y}+\frac{1}{z}=\frac{1}{x+y+z}$,则 $(xy+xz+yz)(x+y+z)=xyz$,即 $(x+y)\cdot(x+z)\cdot(y+z)=0$,推出 $x=-y$ 或 $x=-z$ 或 $y=-z$,所以 $x=-y$ 或 $x=-z$ 或 $y=-z$ 且 $2n+1$ 为奇数,结论成立。

2. 利用数学直觉想象

数学直观想象主要表现在题目中的"数"有明显几何意义时,能直观想象出对应的图形;由题目中的"特征数",能直观想象出对应的式子;由题目中对称的式子,能直观想象出应构造的函数。

例3 已知 $x \in \mathbf{R}_+$,且 m、n、p、q 都小于 x 的正数,求证:

$$\sqrt{m^2+(x-n)^2}+\sqrt{n^2+(x-p)^2}+\sqrt{p^2+(x-q)^2}+\sqrt{q^2+(x-m)^2}<4x。$$

分析 结论的左边是一个较复杂的式子,显然,不易用代数方法证明。直观想象:左边的四个式子都符合勾股定理,每个式子都表示直角三角形的斜边,考虑到 $m+(x-m)=n+(x-n)=p+(x-p)=q+(x-q)=x$,这样,可构造边长为 x 的正方形 $ABCD$,如图所示,四边形 $A'B'C'D'$ 的周长为不等式左边的几何表示,利用几何直观,易知它小于正方形 $ABCD$ 的周长 $4x$。

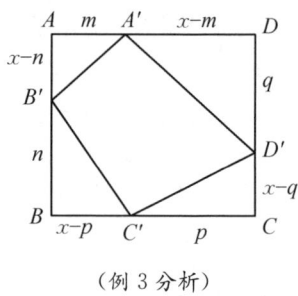

(例3分析)

例4 把复数 $z=\dfrac{1+\sin\alpha+\mathrm{i}\cos\alpha}{1+\sin\alpha-\mathrm{i}\cos\alpha}$ 化成三角形式。

分析 本题常规的解法是把分子分母同时乘以分母的共轭复数,显然,运算量较大。直觉想象:由 $1=(\sin\alpha+\mathrm{i}\cos\alpha)(\sin\alpha-\mathrm{i}\cos\alpha)$,这样,复数

$$z=\frac{(\sin\alpha+\mathrm{i}\cos\alpha)(\sin\alpha-\mathrm{i}\cos\alpha)+\sin\alpha+\mathrm{i}\cos\alpha}{1+\sin\alpha-\mathrm{i}\cos\alpha}$$

$$=\frac{(\sin\alpha+\mathrm{i}\cos\alpha)(\sin\alpha-\mathrm{i}\cos\alpha+1)}{1+\sin\alpha-\mathrm{i}\cos\alpha}$$

$$=\sin\alpha+\mathrm{i}\cos\alpha$$

$$=\cos\left(\frac{\pi}{2}-\alpha\right)+\mathrm{i}\sin\left(\frac{\pi}{2}-\alpha\right)。$$

本题使用了"1"的代换,这种解题的方法绝非是逻辑思维的产物,而是靠一种直觉洞察力,即"一下子就能看出来"的解题方式。

3. 利用数学直觉选择

希尔伯特富有远见地用 23 个数学问题，预测二十世纪数学发展的趋势。他当时提出的这 23 个数学问题，正是凭借直觉选择。庞加莱指出："数学发现与发明的根本之处就是在于作出合理的选择，我们的眼前有多条道路可供选择，逻辑可以为我们选择前进的方向，在前进的过程中不会遭受阻碍，但它不能回答我们哪一条道路能引导我们到成功的终点。为此，我们一定要从远处瞭望到达的终点，而启发我们瞭望的本领正是直觉。"

直觉选择是对问题解决所作出的判断，一旦发现了问题，就要做出抉择，尤其当解决问题的方法同时存在多种可能时，利用直觉选择往往可以帮助我们找到思路。

例 5 已知 a、b、c 分别为 $\triangle ABC$ 三边长，且 $a=10$，$b=24$，$c=26$，则它的内切圆半径 r 为 _____ 。

A. 8　　　　B. 4　　　　C. 10　　　　D. 8

分析 本题可借助计算作出选择。考虑到 $10^2+24^2=26^2$，所以 $\triangle ABC$ 为直角三角形，且直角三角形内切圆直径不大于它的任一条边长，即 $2r<10$，$r<5$，因此借助直觉选择答案 B。

例 6 已知数列 $\dfrac{1}{\sqrt{3}+\sqrt{2}}$，$\sqrt{3}$，$\dfrac{1}{\sqrt{3}-\sqrt{2}}$，…… 为等差数列，其前 n 项和为 $27\sqrt{2}+9\sqrt{3}$，则 n 的值是 _____ 。

A. 10　　　　B. 7　　　　C. 8　　　　D. 9

分析 考虑到把已知数列化简为 $\sqrt{3}-\sqrt{2}$，$\sqrt{3}$，$\sqrt{3}+\sqrt{2}$……，它的每一项都含有一个 $\sqrt{3}$，又前 n 项和中含有 $9\sqrt{3}$，故凭直觉选择答案 D。

例 7 已知抛物线 $y^2=4x$ 的焦点为 F，过点 F 的直线与抛物线交于 A、B 两点，则线段 AB 中点的轨迹方程为 _____ 。

A. $y^2=2x-2$　　　　　　　　B. $y^2=-2x+2$
C. $y^2=2x-1$　　　　　　　　D. $y^2=-2x+1$

分析 本题若是直接求解则显得小题大做。这时，可从这四个选项的特点考虑，因为这四个选项都是抛物线，所以结果划分为两类：一类是开口方向与已知抛物线相同，一类是开口方向与已知抛物线相反。显然，焦点弦的中点应在抛物线的内部,因此所求中点弦的轨迹的开口方向应与已知抛物线一致,说明选择 B、D 错误,进而作出直觉选择:由于抛物线的通径的中点恰好是原抛物线的焦点,把 $F(1,0)$,代入选项 A、C 进行检验,可知选项 A 正确。

4. 利用数学直觉猜想

直觉猜想能够对研究问题的途径做出预测。尤其是当研究的问题触及未知范畴时,直觉猜想有它的独特的功能,它能帮助人们打开通往未知领域的大门。在浩瀚的数学知识的海洋中,无数个数学偏题、难题、怪题、名题的解决,往往都是从问题的数据或图形的直接观察中产生直觉猜想,获得答案,然后再借助逻辑方法予以证明求解。被誉为"直觉天才"的德国数学家克莱因指出:"当你面临着最困难的时刻,也许直觉猜想能找到答案。"逻辑证明尽管严谨,但是它终究需要一些过程,更何况结果事先也不知晓时,也不知道从何处予以论证。而直觉猜想就像一个航灯,往往能快速地引领我们达到目标。尤其是当思维遇上思维定势的拦路虎时,就需要用直觉猜想这把手术刀去解决。正如牛顿指出:"如果没有大胆的猜想,那么就做不出伟大的发现、发明、创造。"虚数的引入就是缘于猜想的结果。直觉猜想与问题解决是密切联系的。直觉猜想能帮助我们快速做出选择。

例8 用计算器验算函数 $y=\dfrac{\lg x}{x}(x>1)$ 的若干个值,可以猜想下列结论中的真命题只能是_____。

A. $y=\dfrac{\lg x}{x}$,$x\in(1,+\infty)$ 有最小值

B. $y=\dfrac{\lg x}{x}$ 在 $(1,+\infty)$ 上是单调减函数

C. $\lim\limits_{n\to+\infty}\dfrac{\lg n}{n}=0$,$n\in\mathbf{N}_+$

D. $y=\dfrac{\lg x}{x}$,$x\in(1,+\infty)$ 的值域为 $\left(0,\dfrac{\lg 3}{3}\right]$

分析 本题正确的选项为 C。随机抽样了 100 份试卷,正确率仅为 30%。抽样结果表明:学生的正确率较低,同时也说明学生的直觉猜想能力欠缺,这就要求我们在教学中要重视对学生直觉思维能力的培养。

例9 在 $\triangle ABC$ 中，$\sin C = \dfrac{\sin A + \sin B}{\cos A + \cos B}$，则 $\triangle ABC$ 的形状是_____。

分析 本题的条件中 A、B 的地位相当。直角猜想：$\triangle ABC$ 是以 $\angle C$ 为直角的三角形。事实上，由 $\sin C = \dfrac{\sin A + \sin B}{\cos A + \cos B} = \dfrac{2\sin\dfrac{A+B}{2}\cos\dfrac{A-B}{2}}{2\cos\dfrac{A+B}{2}\cos\dfrac{A-B}{2}} = \dfrac{\sin\dfrac{A+B}{2}}{\cos\dfrac{A+B}{2}} = \dfrac{\cos\dfrac{C}{2}}{\sin\dfrac{C}{2}}$，所以 $2\sin\dfrac{C}{2}\cdot\cos\dfrac{C}{2} = \dfrac{\cos\dfrac{C}{2}}{\sin\dfrac{C}{2}}$，即 $2\sin^2\dfrac{C}{2}=1$，$\sin\dfrac{C}{2}=\dfrac{\sqrt{2}}{2}$，$\angle C = \dfrac{\pi}{2}$，因此，$\triangle ABC$ 为直角三角形。

这正如波利亚在怎样解题中指出："先猜后证，这是大多数的发现之道。"数学解题也是这样，在教学中，应鼓励学生大胆猜想，善于猜想。

例10 解关于 x 的方程 $x + \dfrac{1}{x} = c + \dfrac{1}{c}$。

分析 观察这个方程左右两边的特征，教师鼓励学生先不通过解方程，猜想方程的解。课堂上一部分学生猜想 $x=c$，另一部分学生猜想 $x=c$ 或 $x=\dfrac{1}{c}$。教师先不作分析，让学生通过解方程检验猜想的正确性。

在教学中，教师应及时发现学生猜想中的合理成分，对学生的大胆猜想应给予充分肯定和鼓励，以免打击学生直觉猜想的积极性。教师应循循善诱，指导学生多角度思考问题，学生的直觉思维能力也将在潜移默化中得到提高。

5. 利用数学直觉类比

类比是发明创造的源动力，数学中大量问题都是通过直觉类比解决的，它是数学发现、问题解决的过程中的路标。类比的前提是问题之间存在相似性，而正是这种相似性，有助于我们在解决问题时利用迁移这一推理方法。类比分为逻辑类比和直觉类比。逻辑类比是通过两个事物之间的相似或相同的特征来推测它们在其他属性上也存在相同或相似的性质。它是在两个事物表面看起来没有共同或相似属性之间所做的类比，是一种超越逻辑的高层次的类比，其思维过程具有间断性、发散性、跳跃性、非连续性等特点。直觉类比是指类比的两个对象在某些观念上存在相似性。这样的例子举不胜举,比如,牛顿把苹果比作行星,阿基米德把身体比作王冠,这一类比方式都是直觉类比。用直觉类比得到的结论并不是对事物的简单模仿与大致复制,而是建立在观察、联想的基础上的,是一种创造性的解决问题的方法。

例 11 定义在 **R** 上的函数 $f(x)$ 既是奇函数,又是周期函数,T 是它的一个正周期,若将方程 $f(x)=0$ 在闭区间 $[-T,T]$ 的根的个数记为 n,则 n 可能的值为_____。

A. 0　　　　　B. 1　　　　　C. 3　　　　　D. 5

分析 本题中 $f(x)$ 是抽象函数,可类比联想 $f(x)$ 的原始模型。直觉类比:正弦函数 $y=\sin x$ 在 $[-2\pi,2\pi]$ 上的图象与 x 轴有 5 个不同的交点,因此方程 $\sin x=0$ 在 $[-2\pi,2\pi]$ 上有 5 个不同的根。因此,本题正确的选项为 D。

例 12 已知 a、b、$c \in \mathbf{R}_+$,且 $\begin{cases} a^2+ab+\dfrac{1}{3}b^2=25, \\ c^2+\dfrac{1}{3}b^2=9, \\ a^2+ac+c^2=16, \end{cases}$ 求 $ab+2bc+3ac$ 的值。

分析 本题若直接求 a、b、c 的值,是比较困难的。换一个视角,把已知条件

变形为:
$$\begin{cases} a^2+\left(\dfrac{b}{\sqrt{3}}\right)^2-2a\cdot\dfrac{b}{\sqrt{3}}\cdot\cos 150°=5^2, & (1) \\ c^2+\left(\dfrac{b}{\sqrt{3}}\right)^2=3^2, & (2) \\ a^2-2ac\cos 120°+c^2=4^2 & (3) \end{cases}$$

后进行直觉类比:(1)(3)式符合余弦定理,(2)式符合勾股定理。这样,(1)式表示两边分别为 a、$\dfrac{b}{\sqrt{3}}$ 且夹角为 150°,第三条边长为 5 的三角形;(2)式表示以 $\dfrac{b}{\sqrt{3}}$、c 为直角边,斜边长为 3 的直角三角形;(3)式表示两

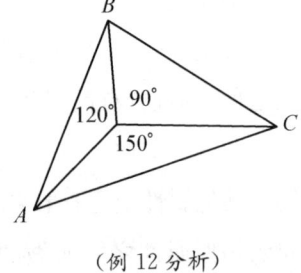

(例 12 分析)

边分别为 a、c 且夹角为 $120°$,第三条边长为 4 的三角形。根据以上三个三角形的边角关系的特点,构造如图所示的 $\triangle ABC$,又 $3^2+4^2=5^2$,所以 $\triangle ABC$ 是以 AC 为斜边的直角三角形,$S_{\triangle ABC}=\dfrac{1}{2}\times 3\times 4=6$。因此 $ab+2bc+3ac=6\cdot 4\sqrt{3}=24\sqrt{3}$。

例 13 求函数 $f(x)=\sqrt{5-4x-x^2}-\sqrt{4+4x+x^2}$ 的值域。

分析 本题若采用常规的方法,则不易求解。观察两个根号下式子的特征,不难发现 $(5-4x-x^2)+(4+4x+x^2)=9$,即 $(\sqrt{5-4x-x^2})^2+(\sqrt{4+4x+x^2})^2=9$。直觉类比可得 $\sin^2\theta+\cos^2\theta=1$,可实施三角换元。设 $\sqrt{5-4x-x^2}=3\cos\theta$,$\sqrt{4+4x+x^2}=3\sin\theta$,$\theta\in\left[0,\dfrac{\pi}{2}\right]$,这样,求原函数的值域化归为求 $3\cos\theta-3\sin\theta$ 在 $\theta\in\left[0,\dfrac{\pi}{2}\right]$ 上的取值范围,易知 $3\cos\theta-3\sin\theta=3\sqrt{2}\cos\left(\theta+\dfrac{\pi}{4}\right)$,所以 $\theta+\dfrac{\pi}{4}\in\left[\dfrac{\pi}{4},\dfrac{3\pi}{4}\right]$,所以 $\cos\left(\theta+\dfrac{\pi}{4}\right)\in\left[-\dfrac{\sqrt{2}}{2},\dfrac{\sqrt{2}}{2}\right]$,即 $3\cos\theta-3\sin\theta\in[-3,3]$,$f(x)\in[-3,3]$。

通过解决以上问题,我们可以发现在进行直觉类比中观察与联想也发挥着重要的作用。观察本身就是一种解决问题的方法,通过观察条件与结论的结构、图形的变化规律、条件的数量关系隐含的信息,进行发散性、跳跃性思维,减少某些推理环节,增加直觉思维的成分。联想是思维的基础,没有想象就没有创造。可通过联想一些解决问题时方法相似的、形式相同的、结构特征类似的常规问题,通过类比迁移发现解决问题的新思路。"联想是产生直觉的引路人",因此,在解题时要合理引导学生广泛联想,使直觉思维插上腾飞的翅膀。

6. 利用数学直觉归纳

归纳是解题教学中比较常用的方法,它是较高层次的心智活动,也是一种直觉思维。人们通过几个随机的问题抽象出它们具有的共同属性,或者从中直接顿悟出某种共同的关系和性质。高斯指出,他本人的许多结论和重大发现都是凭借直觉归纳产生的,逻辑证明只是后来再加上去的。波利亚认为,发现发明者处理经验的方法,通常称为归纳法。可见归纳或直觉归纳在解决问题中有着不可或缺的作用。

归纳是建立在观察和实验基础上的,传统的形式逻辑把归纳这个概念定义为"从特殊到一般的推理",显然是不完整的,具有片面性和狭隘性,比如,直觉归纳并非完全是逻辑推理或逻辑证明。因此,从广义上理解归纳,它应是指对经验所产生的结论进行概括、加工、提炼。直觉归纳是凭着经验、感觉获取事物本质的能力,是一种高层次的归纳,也是一种直觉洞察力。发明家爱因斯坦认为仅仅依靠归纳往往只能得到一些特殊的原理,而不能对事物进行一般化概括。因此,我们在解决问题时,不能仅凭借单一的归纳,而应在建立归纳的基础上进行直觉诱导。

例 14 已知实数 m、n 满足:$m^3-3m^2+5m=1$,$n^3-3n^2+5n=5$,则 $m+n$ 的值为_____。

分析 由于已知条件中的两个式子具有相似性,可引导学生构造函数,那么如何构造呢?多数学生想到构造函数 $f(x)=x^3-3x^2+5x$,进而 $f(m)=1$,$f(n)=5$,此时,教师可启发学生能否构造更为合适的函数,使得 $f(m)$ 与 $f(n)$ 联系更加紧密。课上,教师发现有学生构造出函数 $f(x)=x^3-3x^2+5x-3$,从而得到 $f(m)=-2$,$f(n)=2$,又有学生发现 $f(x)$ 不是奇函数,而函数值 $f(m)$ 与 $f(n)$ 互为相反数,教师启发学生继续找出解决问题的关键。最后归纳求出 $f(0)=-3$,$f(1)=0$,$f(2)=3$,$f(3)=12$,$f(4)=33$,$f(-1)=-12$,$f(-2)=-33$,因此,函数 $f(x)$ 的图象关于点 $(1,0)$ 成中心对称,这样 $m+n=2$。这里是如何发现函数 $f(x)=x^3-3x^2+5x-3$ 的性质的?是缘于直觉归纳。

此例是由直觉归纳发现了函数的性质。在教学中教师应充分重视直觉归纳的功能,让直觉归纳成为解决问题的先导。同时,教师还应培养学生数学归纳猜想的意识,掌握归纳猜想的方法。

第二节 发散性思维能力的培养

美国创造心理学家吉尔福特指出:"发散思维是人的创造力的动力,它是创新思维的源泉和动力,是创造性思维的不可或缺的组成部分。"吉尔福特的理论凸显了发散性思维在培养学生创造能力方面的重要性。发散思维的反面是聚合思维。要创造性地思考问题、解决问题,需要发散思维与聚合思维的共同参与,用发散思维多方面去寻求结果,用聚合思维验证各种结果的合理性和准确性。二者虽有区别,但在创造性思维活动中,它们相互补充,共同构成了创新思维的基础,是人类解决问题与寻求答案的一把双刃剑。

令人遗憾的是,在数学课堂教学中,教师对聚合思维的关注程度大大超过发散思维。课堂教学一般按照"给出一个例题,让学生沿着或期望学生按照事先已设计好的思路和运行轨道顺利走下去"的教学程序。教师的教学策略、教学设计一般只注重自己的思维过程,仅陶醉在自己的所想所思中,很少给学生的思维留有空间。加上时间紧,应试压力大等因素,教师不愿意让学生多思考,以求尽量在短时间内发现"由已知到结论的逻辑链条"。让学生少走弯路,少"发散",聚合思维成为教师教学和学生学习的主要思维方式。毫无疑问,这有助于学生掌握基本知识和基本技能,但不利于发展学生的发散思维,限制了学生思维的灵活性和广阔性及学生自身的思维能力的多样性,造成了学生思维单一化、模式化。因此,发散性思维的培养是培养创造性人才的需要,也是数学教育改革的大势所趋。

一、发散性思维综述

(一)发散性思维

发散性思维也称求异思维、辐射思维等,其要意在于"发散"。主要表现在对问题不停留在既定的认知,善于对已知信息展开多层次、多方向、多角度的思考探索,从而发现新思路,寻找多种结果的思维方式。其特点是思路宽广、求新、求异、求活,并以此对信息通过改造、派生、转换、扩散以形成多种新信息。发散思维在内容上具有开放性、变通性和交融性;在思维方向上具有可逆性、横向性、纵向性及多向性。

英国著名心理学家、大脑学家托尼·巴赞指出发散性思维有两个方面:一是从一个位置到另一个位置的迁移联想。二是思考与解决问题的途径多样,即"思想的爆发"。

我国的研究学者对发散性思维存在两种不同的认识。一是,在对思维形式分类时,发散思维作为思维的一种形式,根据思维活动方向分为发散思维和聚合思维(集中思维)。二是,将发散性思维看作是一种思维品质,指出发散性思维也叫做思维的灵活性。笔者偏向于认同前者。

发散性思维过程就像一个有多个支流的小河,它是一个流动的、多向的、交融的、开放的一个动态的过程。它要探索多样的,充满着特异性的结果。英国创造心理学家吉尔福特通过比较发散性思维和集中思维的特点,指出:"发散性思维是按照自己的记忆识别、改造、加工、存储,以精准无误的形式,产出数量众多的可供人们选择的信息,以满足相关的需要。"从中我们不难发现发散性思维也可以说是一种对记忆的广泛搜寻。

(二) 发散性思维与创新思维的关系

提升学生的数学学科核心素养是数学课程改革的集中体现,培养学生的创新思维是数学学科核心素养的出发点和归宿,而创新的源泉为发散性思维。

1. 发散性思维是创新思维的本质体现

创新思维是通过联想、类比、直觉等思维方式,探索多种思考问题的新途径,是多种思维方法的交融与创造性地运用。它具有灵活性、独创性、多样性等特征,无疑,它们与发散性思维的特征存在高度的相似和吻合。所以,发散性思维与创新思维二者心心相印、如出一辙,发散性思维最能代表、最能体现创新思维的本质。

2. 发散性思维涵盖了多种思维方式

发散性思维涵盖了横向思维、纵向思维、逆向思维、类比思维等多种思维方式,是一种高层次的、全方位的,多向的、综合的思维方式。

3. 发散性思维是联想、想象、类比等众多思维方式的基础

发散性思维的广阔性、开放性、灵活性为人们进行想象、直觉等思维活动营造了自由和谐的思维情境。充满好奇的想象力是创新思维源泉,它是创新思维的翅膀,丰富的想象力能使创新思维在思维的空间中自由飞翔。科学家爱因斯坦阐述

了想象力和知识的关系：想象力比知识更加宝贵，它更具有活力，因为知识的宝库是有限的，而想象力却是无限的，它没有边际，能囊括宇宙中的一切。有人曾提出这样的公式，即人的创造力＝知识量×发散思维，可见，人的创造能力与发散性思维之间的关联是多么密切。

（三）发散性思维的特征

1. 发散性思维充分运用多种感觉器官

一是，发散性思维运用了视觉思维，人们借助视觉思维来获取情感、概念，同时视觉思维又具有转化观念的功效；二是，借助听觉思维能够帮助人们把握整体感；三是，动作思维可以帮助人们提取、强化记忆；四是，嗅觉和味觉能够对相关特殊信息开展发散性改造、重组。另外，发散性思维还与人的情感、态度有关。如果人们对思维的对象有极大的兴趣和热情，那么就会将信息赋予情感色彩，将信息情感情绪化，这将提高思维发散的速度。

2. 发散性思维能对观念自由发挥，具有流畅性

发散性思维的流畅性主要表现为能在较短的时间内得到较多的思维观念，以及尽可能快地吸收新的思想观念。这一特征集中体现了发散性思维的速度。心理学家吉尔福特的研究表明，流畅性和收敛性思维的关联度极小，甚至没有丝毫相关。这也表明流畅性是发散性思维的一个独特的特征。

3. 发散性思维具有灵活性、变通性

思维的灵活性体现了发散性思维在不同领域之间的转换能力。通常根据从一类事物转换到另一类事物的数量大小，来判断发散性思维灵活性的程度，其反面是思维呆板、固化。在思维受到抑制时，发散性思维可以帮助人们灵活地调节分析问题的视角。事实表明一味地夸大现实性，不仅无助于思维的发散和变通，而且会使得思维的灵活性降低。

4. 发散性思维具有独创性

思维的独创性基于思维的流畅性与灵活性。思维的流畅性和灵活性是解决问题的手段，而独创性是最终目的。独创性的评价标准是构思新颖奇特。广泛联想和跨域类比等途径有助于帮助我们获得独创性的观念。研究表明，在思维越流

畅时，新想法越多，更有可能出现一个创造性的想法。

（四）发散性思维的影响因素

为了更好地揭示如何培养学生的发散性思维能力，下面，从社会环境、学生自身及教师三个方面剖析影响发散性思维的因素。

影响学生发散性思维的因素诸多，但并非杂乱无章、无章可循，而是一种有条理的、有结构的存在。脑思维科学认为："任何思维都是由脑的感觉、运动、联络三个机能系统共同作用的结果。"学生的发散性思维在一定程度上要借助具体的教育活动得以完成，而教育活动的基本要素是学生、教师及特定的教育环境。学生知识的获取是在一定的情境下，借助教师或同伴的帮助，利用必要的教育资源，通过有意义的建构完成的。

它体现了教师的主导作用、学生的主体作用及教育环境之间关联。和谐的家庭环境及良好的家庭教育，有助于发散性思维的发展。现代教育理论认为，儿童发散性思维的强弱和在家庭中享有的独立自由度与解决问题的机会多寡成正相关。

1. 社会环境的因素

和谐的社会环境也影响着发散性思维的发挥。社会环境受文化熏陶，文化决定了人类的文明程度，影响着人类的言行，操纵着人类的思维方式。个体处在不同的社会环境中，文化可以促进发散性思维的发展，也可以起到抑制作用。比如，我国的儒家文化，强调群体的一致化、和谐化，具体表现在思考问题的方法和行动上更多的是服从，缺乏自己的主见，不关注个性张扬，不敢自我表现，不敢展现自己的思维过程。这种封闭的文化环境只能使学生思维狭窄，严重阻碍了他们思维的主动性。

2. 学生本身的因素

（1）从大脑机能看发散性思维活动

发散性思维的产生是大脑两半球共同协作的产物。

大脑是人脑的高级部分，大脑是人类发散思维的发源地，是心理活动的生理基础。它具有感受、存储、判断、创造四种功能，在人类思维的过程中，主要运用感受、存储、判断这三种功能,差不多仅用了自己的创造功能的百分之五,这说明人类大脑的创造功能的潜力之大,开发人的大脑是现代脑科学的一个重要课题。

脑桥的神经纤维就像一座桥梁连通着大脑的左右半球。左半球是接收外部刺激的语言信号;右半球接收的是非语言信号。左右脑系统构成了大脑的完整系统,人类的创造性思维也是大脑两半球合作的结果。因此,大脑有无限的开发潜能,开发大脑也具有深远的意义。

另外,大脑的左右两半球在认识事物时有相应的机能分工。大脑的左半球与逻辑分析、抽象思维有关,具有计算的、分析的、语言的功能;右脑与形象思维、空间想象有关,具有空间的、整体的、音乐的功能。

由以上分析可知,大脑两半球的功能各有所长,各有其所。同时它们又是相互依存的、互补的,它们既各守其位,各负其责,又彼此配合。

(2) 从心理学看发散性思维活动

英国心理学家华莱士通过研究发散性思维,得出任何发散性思维活动的过程都包括准备、酝酿、明朗和验证四个阶段的结论。

在准备阶段,思维主体确定了研究的对象,然后围绕研究对象,收集整理资料,并逐步使它条理化、概括化,直至系统化,进而形成自己的观念,抓住了问题的实质,并试图找到初步的解决途径及方案。

在酝酿阶段,思维主体已经本能地参与进去,对思维主体来说,待研究的问题常常被搁置一边,思维主体并未有意识、有目标、有针对性地进行工作。思维只是在表面上的、暂时的弃置,而实质上主体在潜意识思考,因此,这一阶段也被称为解决问题的潜伏阶段。

在明朗阶段,问题的解决转瞬变得茅塞顿开、如梦初醒,创造主体一下子被某个启发唤醒,前面的疑惑立即化解,创造性的想法顿时出现,问题成功获解。这个阶段往往伴随着较强的情绪波动,也充满着瞬间的突发奇想,这一情绪波动是在问题解决的刹那间出现的,是不由自主的、突发的、激烈的。给思维主体以强烈的震撼。因此,这一阶段也被称为灵感阶段。

在验证阶段,思维主体对整个过程进行反思,检验结果是否正确,方法是否合理,也就是把新观念应用于具体问题中,如果问题顺利解决,那么验证是合理的,否则需重新考虑整个或部分创造过程。

(3) 从学习方式看发散性思维活动

由于学生所处的家庭背景、受教育程度、思维方式不同,学生在学习过程中的基本行为和认知方式也不尽相同,即学习方式有差异。然而,长期以来,课堂教学方式是以教师讲与学生学为主要特征,在接受知识的过程中,学生是被动的,其自主性、主观能动性及丰富多彩的个性得不到张扬,且探究性学习、大家合作学习以及独立思考获取知识的方式不多。

数学教育承载着培养学生的综合素养,尤其数学核心素养的任务。值得庆幸的是,在提升学生核心素养为背景下,把培养学生的创新意识、创新能力作为教育的首要任务,极大地激发了他们发现新问题、解决新问题的热情,同时也有助于发散性思维的培养。

3. 教师的因素

以核心素养为显著特征的《普通高中数学课程标准(2017年版2020年修订)》的出台,标志着教师的根本任务是"立德树人"。传统教师形象有"身正""学高"双重标准,强调"正己则后正人"。成为一名合格的数学教师,应具有较深的专业知识、先进的教学观念以及丰富的理论素养。

二、发散性思维能力培养的方法与策略

要培养学生的发散性思维能力,教师首先要更新教育观念,摒弃传统的教学模式,即通过反复训练与强化记忆去获取知识。现代教育理论认为,数学教学应使所有的学生都能学到在实际生活和问题解决中自己所需要的东西,教师应因材施教,注重个性化教学。在课堂上,教师应以学生的思维发展为本,通过研讨式、探索式、启发式等方式,激发学生实践创新,让数学课堂变成充满生机、产生发散性思维的乐园。

(一) 教师应更新教学观念,着力培养学生养成发散性思维的习惯

在当前的教育教学中,有许多深层次问题需要教师去思考,更新教育观念。

这些问题主要来自教育教学两个方面，主要表现在教师目前不能抓住教学的本质，对数学内容中的"数学育人"不能充分挖掘其潜在的价值。教学中往往过多关注无足轻重的细枝末节，忽略学生的认知特点，表现出以下问题：一是数学教学"目中无人"。重逻辑、轻认知，忽视学生的认识特点，强调典型做法。二是缺乏问题意识。教师不善于引导学生提出问题，偏向于解决"结构良好"的问题，对创造性问题往往不感兴趣。三是重结果轻过程。淡化概念的形成过程和数学思想方法的凝练和概括过程，强调对知识的识记，对知识的获取"掐头去尾烧中段"，会导致知识缺少系统性。四是重技能技巧，轻思想方法。缺少对普适性的思想方法的概括，学生以模仿为主，较少独立思考问题，数学思维层次较低，以题型教学代替一切。五是讲逻辑而不讲思想。教师在讲解问题时，抓不住问题的核心，眉毛胡子一把抓，过分强调细枝末节，不关注内容所体现的思想方法。常见的做法是按照公理化体系呈现教学内容，忽视学生的认知特点而过分强调逻辑的严密性，导致学生"上课听懂了不一定会应用，教师没讲过的一定不会"。

1. 教师的先进教学理念和教学模式是培养学生发散性思维的保证

教学理念是教师对教学本质的基本认识和观念，即教师教的方式与学生学的方式的观念总和。尽管创新教育观念已经得到足够的重视，但传统的教学观念仍然在部分教育工作者的思维中顽固的存在着。

法国教育家与启蒙思想家卢梭认为："教师在教学活动中，要创造条件，把学习与自然生活结合起来，使得学生尽情地、自由地遨游在他们的自然冲动和本能的纵情之中。"卢梭的观念对教育工作者提出了基本要求，即教学应与生活联系起来。

尽管把实施素质教育作为教育改革的重要任务，但长期以来，应试教育思想在人们的头脑中已根深蒂固。学生的考试成绩是走向"成功"的独木桥，教师认为教学的最终归宿是让学生进入理想的大学。这样，教学方式以学生最大化的获取知识而设计，教学内容按照《考试大纲》而决定。因此，在培养目标上看重技能技巧，注重知识的传授，不关心学生的兴趣、爱好及独立思考能力的养成。教师视学生为填灌的容器，不重视知识产生、发展、创新的过程，教师以灌输式教学方式为主，久而久之，会降低学生思维的活跃性，学生也将对新事物失去好奇心，缺乏深入思考问题的自觉性和能动性,这也直接影响了学生发散性思维的培养。

关于对教学模式的认识,国内外的学者都有论述。美国学者安德鲁斯和古德森认为:"一种教学模式就是一组综合性成分,这些成分能用来规定完成有效的教学任务中各种活动的功能的序列。"我国学者顾明远认为:"教学模式既是教学理论的具体化,又是教学经验的一种系统概括。"

在传统的数学课堂教学中,主要采用教师讲授学生接受的教学模式,其教学五环节是复习旧知、引入新知、强化新知、课堂小结、作业反馈。学生的课内课外作业一般都是由教师指定,由教师掌控着教学进度与学生的学习任务。这样的教学模式,教师尽管有复习、导入这些环节,但由于学生不明教学内容的来龙去脉,不易领会教师的教学目的和教学重难点,导致学生在听课时具有盲目性和随意性,不易把所学内容前后联系起来,就好比在大海中搜索失联的船只一样,在没有定位坐标的情况下根本无法寻找,但倘若给一个定位,有方向性地去搜寻,效果就会迥异。需要指出的是,在教学中教师盲目强化学生的思维定势的情况比较严峻。课堂上教师不厌其烦地把问题归类,整理不同问题的解题方法,让学生机械地模仿,这就助推了思维定势的负迁移而导致学习僵化,思维不灵活,因此,有学者认为:"不合理的训练会使人盲目。"这也是学生发散性思维发展中的枷锁。

在以核心素养为背景的教学改革的大潮中,培养学生的学科综合素养及创新思维能力已成为现代教育追求的价值认同,也冲击着学生的学习方式和教师的教学模式。传统的课堂教学模式,在学生的主观能动性及创新思维方面存在先天缺陷,无助于学生发散性思维的开发培养。因此,教师应更新教学理念和模式,着力培养学生的发散性思维。

2. 和谐的师生关系是培养学生发散性思维的前提

教师应尊重与关爱学生,应以平等的方式对待学生,为学生搭建安全的、彼此信任的心理环境。这种融洽的师生关系,可以克服畏师的心理,让学生从不敢发散思维到敢于发散思维,以至于乐于发散思维。

陶行知先生说:"真的教育是心照不宣的活动,只有从内心深处迸发出来的,才能达到心灵的深处。"要实现学生观点的转变,教师的爱心是前提,教师的爱心可以抚慰学生的心灵,可以转化为学生学习的动力,爱心可以转化为耐心,很多时候教育奇迹的出现都是由对学生的爱、理解和包容培育的。爱,是人类情感的交流与碰撞,爱孕育着真正的教育;爱,是不由自主的,而不是装模作样;爱,是无私的不求回报的。

教育心理学认为,在所有的需要中,人对安全的需要是最重要的。缺少安全感,人就不会积极主动与外界交流。中学生的心智还不够成熟健全,他们都有较强的自我保护意识且自尊心也比较强,他们很在意来自教师或同学们的评价。教师对学生的进步进行褒奖,对他们的正确言行予以肯定,会使他们获得荣誉感、成就感,同时也会产生积极向上的心态和乐观的情绪。而教师经常批评或讽刺学生,对他们的进步置之不理,会使他们产生消极的观念,甚至会产生厌学、沮丧悲观的情绪。所以,当学生心理上的安全感得到满足后,他们就会心情舒畅,思维活跃,才有可能萌芽发散性思维。

处在高中年龄阶段的学生,他们对教师的言行举止表现的更加敏感,教师一句鼓励的话语、一句热情的表扬、一个亲切的眼神、一个平易近人的态度都能拉近师生的距离,从而使他们心理上得到满足。只有用心对待学生,率先垂范,用自己的言行熏陶学生,用自己的爱心包容学生,用自己的人格魅力去感染学生,借"情"这个纽带联结教与学,才能做到以"情"教学,借"情"促学。师生间的这种真诚的情感交流,将促使学生敢说、敢问、敢疑、乐思、乐学。这种教与学互动的愉悦课堂,才会诱发学生的想象力,这是培养学生发散性思维的基础。

3. 教师要创设有利于学生发散性思维的外部环境

首先,教师要鼓励学生不墨守成规。由于学生的年龄特征和知识经验决定了他们在别出心裁、标新立异的解题过程中,难免会出现一些低级的错误,而学生在解决问题中不断出错的过程,也正是学生不断纠正错误、寻找合理方法改正错误的过程。因此教师要一分为二,辩证看待学生的"犯错",要给他们以积极地引导而不是一味地否定,要鼓励他们突破常规思维的定势,从多个角度分析和理解问题,吐故纳新而不随声附和。

其次,鼓励学生大胆想象、质疑问难。想象是发散性思维的引擎。爱因斯坦指出:"想象力是知识进化的源头,想象力比知识更加珍贵。"这是由于知识是有限的,而想象力是无限的,它可以触及宇宙中的一切,推动人类文明的进步。教师要创设一切有利于学生想象的条件,开拓其思维空间。明代学者陈献章在《论学书》中指出:"学起于思,思源于疑。"教师要鼓励学生质疑问难,要合理评价学生的质疑问难,要引导学生提出问题,只有多提问题,才能多角度、多方位地思考问题,才能真正有效地理解知识。青少年有对未知世界探求的欲望,有天然的好奇心、凡事好问,善于质疑,善于联想,教师应积极保护和尊重学生这一天性。

再次,教师要教会学生怎样思维。课堂教学中,教师要把讨论、争论、辩论这"三论"的学习方式融入平时的课堂教学中,这样可以活跃课堂气氛,启发学生深度思考,活跃思维。教师应注重设计有趣的、激发思维的、自主性较强的活动,给学生充分展示自己思维的舞台;注重创设具有认知冲突的情境,让学生在思考中发现新问题;注重新旧知识的同化,教会学生如何把未知转化为已知,如何实现方法的迁移,以通过思维的感知达到顿悟,实现认识上由量变到质变,思维由狭窄向发散,进而提升思维能力。

(二) 建构发散点,培养学生发散性思维

数学知识涵盖了概念、定理、法则、公式等,它们是数学的基本组成部分,也是进一步学习数学的基础,也是用好教材,把握教材的关键。要掌握它们,仅靠机械性的记忆甚至对它们倒背如流,远远不够,准确系统地理解它们才是关键。换句话说,要从概念的本质上理解它们,做到融合领会、横纵贯穿。基于此,在概念教学中,可以通过设置问题情境引入概念,从不同的角度理解概念,或通过设疑、设误、反例来辨析概念,这些都是加深理解概念,培养对概念发散性理解的一种途径。

1. 以概念变式为发散点

要发展学生的发散性思维能力。对高中学生来说,他们有较强的自我意识,在学习前人的间接经验的同时,也往往有自己的见解,甚至有一些"异想天开"的想法。尽管学生的想法是不成熟的,教师要引导他们多角度、多层次地思考,让他们自我"悔误"、自我反思、自我纠误,在这个自我感悟的过程中,学生将经历"正误两重天",但这往往是成功的先导。因此,在教学中,教师合理地设置以概念变式为发散点的发散性问题,让学生积极参与,自我辨析,提出自己的见解,培养他们的发散性思维能力。

2. 以知识为发散点

掌握足够的知识和占有丰富的材料是培养思维能力的前提,有"知"不一定有"能",但无"知"一定无"能"。因此,让学生获取知识的同时,也应发展能力,以此实现知识和能力的双丰收,要让学生体会知识的形成过程,并从中汲取数学思想方法。教材中的知识点一般是按照内容的先后顺序编写,这些知识一般是静态的,是自我相对独立的章节。在教学中,要打破章节之间的分割,理清前后章节知识间的内在关系,挖掘知识间的隐性关联,打通知识间的"最后一公里"。以主要知识点为发散点,使知识贯通化、立体化、动态化,打通知识间的脉络,激活学生的思维。

3. 以思想方法为发散点

如果说数学中的概念、定理、法则、公式等是知识的细胞,那么数学思想方法就是连接不同知识的脉络,知识就是这些脉络的节点。数学思想方法是数学知识的抽象,是人们分析、解决问题的手段与策略。基础知识一般是显性的,而数学思想方法往往是隐性的、隐含的。教学中要培养以思想方法为发散点的发散性思维,应结合学生的认知规律及思维发展的特点,进行有针对性的、有序的思维方法教学。通过启发引导、感悟,形成自觉运用数学思想方法的意识来指导思维活动。

4. 以反思为发散点

反思是思维的发动机,学生在反思的过程中可以引发多向思考、发散思考。在问题解决的过程中,学生难免会出现这样或那样的错误,教师应把它作为发散源,对问题的结论或解决的方法进行反思并以此作为发散点,引导他们分析在解决问题时因缺乏反思习惯、反思能力,而导致的学习的困境。

(三)克服思维定式,培养学生发散性思维

人们在思维活动中,几乎每个人都拥有自己程式化的、习惯用的思维模型,当面临问题的时候,往往会不由自主地按照一定的模型去思考和处理,这就是所谓的思维定势。它是一种思维模式,是人们在解决问题中惯用的思维方式,是固化在人脑中的认知架构,也就是人脑习惯使用的一系列程序、模式的总和,人们在加工处理信息时，必须使用这些程序。思维定势在解决问题时，表现突出的是它的趋向性和惯性，即用程式化的方法去思考解决问题，它有积极和消极两个方面。当思维定势的趋向和解决问题的手段相一致时，可以促进问题的解决；反之，会对所要解决的问题产生不利的、负面的、消极的干扰。

发散性思维的过程是一个发现新问题解决新问题的过程。思维定势有助于常规问题的解决，但面对新问题时，思维定势往往束手无策，有时还会产生负面效应。

思维定势依据多种不同的标准分类，比如，与创造性思维有关的定势有经验定势、书本定势等。

为更好地培养学生的发散性思维，有必要对思维定式做进一步地分析。

有些学生思维僵化，思维转向不够灵活，对知识的接受依赖于死记硬背和机械模仿，对知识的理解往往不求甚解，观察—分析—类比—联想能力比较欠缺，具体表现在以下六个方面。一是受已有知识和经验的定势影响。教师把相关知识以规律的形式总结出来，在解决具体问题时，让学生机械地去模仿，去套用。二是对新概念、新方法不能从数学的本质上领会和理解，在学习类似概念或形异质同的新概念时，还局限于思维定势，导致概念模糊不清，甚至混淆使用概念。三是受数学知识的"不变性"功能的负效应的影响。数学知识的"不变性"主要表现在某一方面的数学知识或数学思想方法往往只能解决某些特殊情境下的问题，受到知识或方法定势的影响，学生一般不能运用创造性思维去思考解决问题。四是受思维惯性的驱动。人们在解决问题时，都有一些自发的无意识的习惯性的"定势"，如"在平面上联结 A、B 两点"人们习惯于至左到右或至上到下，不习惯于反方向画；再如"椭圆的标准方程"，总习惯于说焦点在 x 轴上的椭圆标准方程 $\frac{x^2}{a^2}+\frac{y^2}{b^2}=1(a>b>0)$，而不习惯说焦点在 y 轴上的椭圆的标准方程等，这些思维习惯固然有它的合理之处，然而正是因为学生这些"定势"的思维习惯，在解决问题的时候往往会产生一些差错，比如，经常有学生说，这个问题我会解决，可惜当时把题目看错了，等等。五是受已有知识负向迁移的影响。人们在接受新知识的过程中，都要受到已有知识或方法的影响，在原有知识的基础上进行知识的同化，把原有的知识结构纳入到新知识体系中,实现知识的迁移,其中有积极的或消极的影响,称之为正向迁移或负向迁移。六是受学生心理品质的支配。学生的个性心理品质往往表现为在困难面前是畏难还是不惧。学生的个性心理品质与思维定势有直接的关联,如,当学生在困难面前时,原本思维中已有了大致的解决问题的思路,由于主观上缺少拼搏的数学精神,有畏惧不前的情绪;或因害怕纵横交错的曲折的思维过程或对运算能力要求较高而不愿把自己有效的思维过程进行下去,继而改变思考途径,再产生出新的但又不合理的方法,走进歪路,最终不了了之,长此以往,学生会形成思维惰性,遇难则退。

思维定势不良之处在于,当我们需要创造性解决问题的时候,它就会变成创新思维的拦路虎,阻碍人们创造性的想法,成为思维枷锁。法国生物学家贝尔纳指出:"妨碍人们获取新知识的障碍,不是未知的知识,而是已储存在人们大脑中的已有的知识、经验、方法。"由此,我们不难发现思维定势具有的顽固性、惯性、惰性与负向的迁移性,这将不利于学生的广泛发散联想和思维变通,无疑是学生进行发散性思维的一个枷锁。

(四)通过逆向思维,培养学生的发散性思维

逆向思维是发散性思维的一种形式。表现在从解决问题的思路反向探索问题的解决途径。比如,逆用公式、定理;逆行推理,即顺逆受阻时可借助逆求;反向证明,即直接解决受阻时可借助间接解决等。逆向思维体现了思维过程不连续性、突发性,它是突破思维僵化,打破陈旧条条框框,克服思维定势,找到解决问题的新途径,也是发现新问题的重要思维方式。

例1 已知焦点在 x 轴上的椭圆过点 $P\left(1, \dfrac{4}{3}\right)$,且与直线 $x+3y-5=0$ 相切,求此椭圆的标准方程。

分析 解决本题的关键在于如何处理椭圆与已知直线相切的这个条件。由于点 $P(x_0, y_0)$ 在椭圆上,可考虑以 $P(x_0, y_0)$ 为切点的切线方程:$\dfrac{x_0 x}{a^2}+\dfrac{y_0 y}{b^2}=1$。因此,可逆用结论进行分解。设椭圆的方程为:$\dfrac{x^2}{a^2}+\dfrac{y^2}{b^2}=1(a>b>0)$,因为

点 $P\left(1, \frac{4}{3}\right)$ 在椭圆上,即 $\frac{1}{a^2}+\frac{\frac{16}{9}}{b^2}=1$ （1），又切线方程可化为：$\frac{x}{5}+\frac{3y}{5}=1$，即 $\frac{\frac{a^2}{5}x}{a^2}+\frac{\frac{3}{5}b^2 y}{b^2}=1$，这样 $T\left(\frac{a^2}{5}, \frac{3b^2}{5}\right)$ 在椭圆上,得 $\frac{\left(\frac{a^2}{5}\right)^2}{a^2}+\frac{\left(\frac{3b^2}{5}\right)^2}{b^2}=1$，化简为 $\frac{a^2}{25}+\frac{9b^2}{25}=1$ （2），联立（1）、（2），得 $a^2=5$，$b^2=\frac{20}{9}$，因此,所求椭圆方程为：$\frac{x^2}{5}+\frac{9y^2}{20}=1$。

例 2 已知实数 m、n 适合 $m^3+n^3=2$，求 $m+n$ 的取值范围。

分析 本题可把条件 m^3+n^3 进行分解,实施顺推。也可按逆向运算,即考虑设 $m+n=t$ 进行逆求。因此,由 $t^3=(m+n)^3=m^3+n^3+3mn(m+n)=2+3mnt$，即 $mn=\frac{t^3-2}{3t}$，这样逆用韦达定理可知 m、n 是一元二次方程 $x^2-tx+\frac{t^3-2}{3t}=0$ 的两个实根,所以判别式 $\Delta=t^2-4\times\frac{t^3-2}{3t}\geqslant 0$，即 $\frac{8-t^3}{t}\geqslant 0$，求得 $t\in(0, 2]$。

（五）通过横向思维,培养学生的发散性思维

横向思维也是发散性思维的一种形式。主要表现在从知识间的横向相似联系入手,也就是从数学的不同分类,即代数、几何等角度去分析问题,或者跨学科,借助不同学科知识,如物理学、化学、生物学等相关原理出发去模仿。横向思维利用了事物之间的相似性原理,体现了把数学学科的不同分支或不同学科的知识方法交叉融合起来,借助其他领域的知识方法解决本领域中的问题,从横向的联系中受到启迪,得到暗示,从而找到解决问题的方法。因此,横向思维具有发散性、开放性与灵活性。

例 3 求方程 $8x(2x^2-1)(8x^4-8x^2+1)=1$ 在 $(0, 1)$ 内的实根。

分析 多数学生处理本题的方法是把方程的右边展开,得到一个七次方程,而一般的七次方程是不能通过初等数学的方法求解的,说明本题肯定能借助别的

方法求解。从这个方程的结构上看，$2x^2-1$ 与三角公式 $2\cos^2\alpha-1=\cos 2\alpha$ 相似，因此，通过三角代换对方程进行考查也许是一个合理的选择。这就是从横向思维出发找到解题的突破口。

设 $x=\cos\alpha$，$\alpha\in\left(0,\dfrac{\pi}{2}\right)$，原方程化为：$8\cos\alpha\cdot(2\cos^2\alpha-1)\cdot(8\cos^4\alpha-8\cos^2\alpha+1)=1$，即 $8\cos\alpha\cdot\cos 2\alpha\cdot\cos 4\alpha=1$，$\sin 8\alpha=\sin\alpha$，$\sin\alpha\neq 0$，于是 $8\alpha=2k\pi+\alpha$ 或 $8\alpha=2k\pi+\pi-\alpha$，$\alpha\in\left(0,\dfrac{\pi}{2}\right)$，$k\in\mathbf{Z}$，即 $\alpha=\dfrac{2k\pi}{7}$ 或 $\alpha=\dfrac{(2k+1)\pi}{9}$，结合 $\alpha\in\left(0,\dfrac{\pi}{2}\right)$，$k=0,1$，因此，原方程的实根为 $x_1=\cos\dfrac{2\pi}{7}$，$x_2=\cos\dfrac{\pi}{9}$，$x_3=\dfrac{1}{2}$。

（六）通过多向思维，培养学生的发散性思维

多向思维是发散思维的典型形式。主要表现为从多角度、多层次思考同一个问题，打破单一的思维模式，从而获得多种解答途径或多种结果的思维方式。多向思维在解决问题时主要有以下三种基本形式。

1. 一题多解

思维的流畅性是指在单位时间内产生新观念、新思路的数量或解决问题的数量，体现了发散性思维的效率和数量特征。思维理论把这个量称为思维的发散量，而发散量的多少往往和知识的积累程度成正相关，知识积累越丰富，解决问题的视角越开阔，发散思维的空间越宽广，新思路、新观念产生的概率也越大。在解题教学中，合理开展一题多解的教学，可以有效提升思维的发散量。

在教学中，教师要根据题目的特点，启发学生从不同的角度，广泛联想，沿着多种路径，进行一题多解。在这种情况下，学生会别具匠心、独出心裁，找到解决问题的最佳途径。经过一题多解的训练，可以提升学生思维的灵活性，增强应变能力，还能自觉养成善于多角度分析与思考问题的习惯。因此，利用一题多解培养学生的发散性思维是一种有效的方法。

在教学中，教师往往热衷于一题多解，培养学生的发散性思维，当然，养成发散性思维的习惯在解决问题中是非常重要的,倘若仅关注发散,不关注方法的归纳与整理,有时会走向另一个极端,即使学生走向题海战术,这样会产生学生思维定势不准,思维不易集中的弊端,也会降低学生的发散性思维程度和思维的敏捷性。

2. 一题多变

所谓"一题多变"是指从解法角度和命题角度两个方面同时发散,因此,"一题多变"的发散性更强。通过这种训练,帮助学生从问题的本质出发,去思考解决问题的不同方法,达到触类旁通的效果。在教学中适时地、有效地加以运用"一题多变",还能预防思维定势,培养学生的创造性思维。

例 4 在平面直角坐标系中,已知 $A(-5,0)$,$B(5,0)$,M 为平面上一个动点,且直线 AM 与 BM 的斜率之积为 $-\frac{4}{9}$,求动点 M 轨迹方程。

分析 设动点 $M(x,y)$,由 $k_{AM} \cdot k_{BM} = -\frac{4}{9}$,得 $\frac{y}{x+5} \cdot \frac{y}{x-5} = -\frac{4}{9} (x \neq \pm 5)$,化简得 $\frac{x^2}{25} + \frac{9y^2}{100} = 1 (x \neq \pm 5)$,因此,点 M 的轨迹方程为:$\frac{x^2}{25} + \frac{9y^2}{100} = 1 (x \neq \pm 5)$。

变式 1 在平面直角坐标系中,已知 $A(-5,0)$,$B(5,0)$,M 为平面上一个动点,且直线 AM 与直线 BM 的斜率之积为 $\frac{4}{9}$,求动点 M 的轨迹方程。$\Big($答案:$\frac{x^2}{25} - \frac{9y^2}{100} = 1 (x \neq \pm 5)\Big)$

变式 1 与原题比较,仅是一个符号不同,就得到了不同的曲线。原题和变式 1 都满足直线 AM 与 BM 的斜率乘积为定值。若把直线 AM 与 BM 的斜率由积运算改为加、减、除运算结果如何呢?这样会得到以下命题。

变式 2 在平面直角坐标系中,已知 $A(-5,0)$,$B(5,0)$,M 为平面上的一个动点,且直线 AM 与直线 BM 的斜率之商为 $-\frac{4}{9}$,求动点 M 的轨迹方程。$\Big($答案:$x = \frac{25}{13}$,表示直线 $x = \frac{25}{13}$,除去点 $\Big(\frac{25}{13}, 0\Big)\Big)$

变式 3 在平面直角坐标系中,已知 $A(-5,0)$,$B(5,0)$,M 为平面上的一个动点,且直线 AM 与直线 BM 的斜率之差为 $-\dfrac{4}{9}$,求动点 M 的轨迹方程。(答案:$4x^2=90y+100$,除去 $A(-5,0)$、$B(5,0)$ 两点)

变式 4 在平面直角坐标系中,已知 $A(-5,0)$,$B(5,0)$,M 为平面上一个动点,且直线 AM 与直线 BM 的斜率之和为 $-\dfrac{4}{9}$,求动点 M 的轨迹方程。(答案:$2x^2+9xy-50=0$,除去 $(-5,0)$、$(5,0)$ 两点)

由原题和变式得到的轨迹分别是椭圆、双曲线、直线、抛物线,如何改变条件,可以得到圆的轨迹呢。

变式 5 在平面直角坐标系中,已知 $A(-5,0)$,$B(5,0)$,M 为平面上一个动点,且直线 AM 与直线 BM 的斜率之积为 -1,求动点 M 的轨迹方程。(答案:$x^2+y^2=25$,除去 $(-5,0)$、$(5,0)$ 两点)

若把原题中的直线 AM 与直线 BM 的斜率之积改为 k,且 $A(-a,0)$,$B(a,0)$,则点 M 的轨迹是什么?

分析 设 $M(x,y)$,则 $\dfrac{y}{x+a} \cdot \dfrac{y}{x-a}=k$,化简,得 $\dfrac{x^2}{a^2}-\dfrac{y^2}{ka^2}=1(x\neq\pm a)$,显然:(1)当 $k>0$ 时,动点 M 的轨迹是双曲线,且除去 A、B 两点;(2)当 $k=-1$ 时,动点 M 的轨迹是圆,且除去 A、B 两点;(3)当 $k<0$ 且 $k\neq-1$ 时,动点 M 的轨迹是椭圆,且除去 A、B 两点。

通过一题多解、一题多变,能促使学生多方位多层次去分析、解决问题,开阔解题视野,拓宽解题思路,开发智力,启迪思维。强化了知识间的内在联系,优化了学生的知识结构,使学生的认知和审美心理得到双重满足。当然,一题多解并非解法多多益善,而是要根据学生的接受程度,结合教学内容、教学目标,优化解题方法,这样,既深化了学生对问题的理解,又增强了他们解决问题的能力,无疑也提升了发散性思维。另外,在用一题多解、一题多变的方法提升学生发散思维训练时,教师要把握好问题的度,要循序渐进地把学生的思维扩散开来,为他们提供自由发挥的空间,学生在这个自由的空间中不断探索解决问题的新思路、新方法。

3. 一题多议

所谓"一题多议"是指在一定的问题情境下,利用已有的知识和经验,充分调动学生思考问题的积极性，组织他们相互讨论，点燃思维的火花。这是从学生的认知角度入手，以拓展思路为目的，引导思维向纵深扩展。在教学中，借助一题多议，融入启发法、讨论法、头脑风暴法等多种教学方法，引导他们独立思考，并通过自主学习发现新问题，获得新知识。

（七）利用计算机辅助教学，培养学生发散性思维

计算机辅助教学，也就是多媒体教学，主要表现在用计算机作为辅助工具来进行教学活动。它融动画、图形、声音、文字、视频于一体，多角度、多侧面呈现教学内容，具有实效性、直观性、互补性等特点。

数学学科的特点决定了计算机辅助教学的必要性。数学具有高度抽象性、运动变化性、数学活动的探究性、数形结合性等特点，计算机辅助下可以化抽象为直观，化"静"为"动"，这些丰富多彩的声音、图象、文字、动画等直观形象将刺激学生的视觉、听觉等感觉器官，让学生产生自主探索的兴趣和分析解决问题的欲望。发散性思维在思维的方向上具有逆向性、横向性以及多向性特点。合理运用现代教育技术可以引导发散性思维的方向。

三、发散性思维能力培养的教学模式设计与实施

在教学中教师应采用适当的教学模式，进行恰当的教学设计，培养学生的发散性思维。发散性思维能力培养的教学模式主要有创造性教学模式、发现教学模式、探究教学模式。下面分别介绍这几种教学模式，并结合探究教学模式，以"不等式恒成立问题"为例，探讨发散性思维培养的实施。

（一）创造性教学模式

教学模式是依托相应的教育理论或教育理念，建立起来的比较稳定的教学活动结构架构和活动程序，一般有讲授式、启发式、讨论式等模式。创造性教学模式是教学模式之一。它的理论基点分布于哲学、教育心理学、运筹学、计算机科学等，这也是深入理解创造性教学模式的理论基础。首先，从哲学这个角度来说，近

代哲学强调对人的自身价值的思考以及对人的内部世界的探索。其次,主体教育论强调在教学活动中,在发挥教师的主导作用的同时要体现学生的主体地位,要最大限度地调动学生学习的主观能动性、自主性和创造性,尤其强调要把创造性教学活动贯穿于教学活动的始末,不断提升学生的创造能力。再次,就心理学而言,主要有行为主义、认知主义以及建构主义三种教学观。由心理学引发的教学观的变化,也影响着计算机科学在课堂教学中应用的变化。由于计算机科学已渗透到教育教学的方方面面,对教学手段及创造性教学模式也产生了积极的影响。

基于上述分析,下面呈现创造性教学模式的理论分析导图。

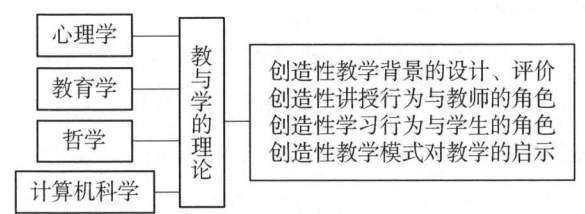

核心素养为背景下的创造性教学模式主要表现在使学生主动性得以发展,主体地位得以提升,实践能力和创造力得以提高,最终达到核心素养和思维能力的综合发展。创造性教学模式是基于学生的认知特点和最近发展区理论建立的,其图式分析如下。

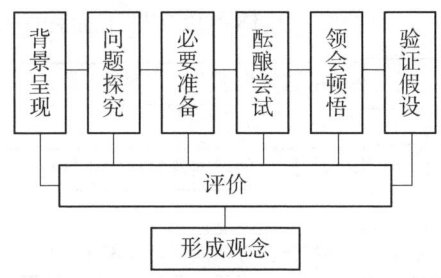

1. 创造性教学模式建立的四个假想基础

一是,学生的创造性学习是在一定的情境中展开的,其结构形式既非教师的"言传身教",也非学生的"内化于心",而是以"意会、评价、建构"等活动为目的。

二是，教师能了解学生的创造性思维的水平，通过学习，学生能够有效掌握和运用一些创造技能。

三是，通过运用这些技能，学生能成为有效的思考者和学习者。

四是，教师应具有创造性的人格特质。

2. 创造性教学模式的基本特点

一是探索性。创造性的问题具有探索性，创造性教学的探索性特点是寓于问题之中的。

二是自主性。在教师的引导下，学生能根据教师提供的教学背景，从不同的角度，按照不同的思维方式，自主地分析问题。

三是批判性。要培养创新人才，对批判性思维的培养将非常重要。认知心理学认为，知识的创新性是通过新颖的问题解决方法和创造性思维把已有的认知结构与其他图式结合起来，形成新的认知结构，产生新的意义和联结的过程。创造性教学模式没有现成的规则可循，也不能用传统的方法解决，它需要打破已有认知结构，对知识进行重组，以便产生新的、至少以前还没有思考过的东西。在如何运用已有的知识经验去实现创新的过程中，批判性思维是关键。

（二）发现教学模式

这种教学模式适用于概念教学，一般需要经历预习准备、问题呈现、广泛联想、新的问题、反思评价五个阶段。具体可以按照下面程序操作。

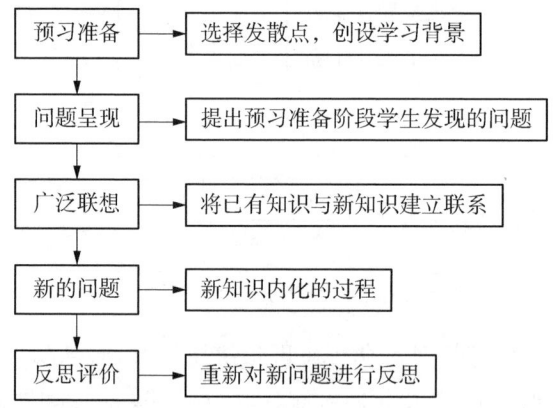

在这种教学模式中,"广泛联想"和"提出新问题"是主要的两个环节,在这两个环节中学生的发散性思维得到了训练。通过课前预习,为学生提出新问题提供了时间和空间。

(三)探究教学模式

这种教学模式的基本结构:

程序:创设情境——提出问题——自主探究——合作交流——迁移创新

　　　　↓↑　　　　↓↑　　　　↓↑　　　　↓↑　　　　↓↑

功能:激趣揭题——明确目的——发散思维——解决问题——发展能力

创设情境:课堂教学是培养学生能力的主要渠道。教师结合教学内容,创设问题情境,激发兴趣,增强发现问题、提出问题的欲望。

提出问题:合理的问题情境能激发学生的好奇心,在好奇心的驱使下促使他们广泛联想,同时也伴随着对问题的困惑、疑问等矛盾心理,而正是矛盾的心理驱使着他们产生提出问题与探究问题的欲望。

自主探究:在学生提出问题的基础上,教师应合理引导,启发他们独立思考,寻找解决问题的突破口,甚至解决问题。

合作交流:通过学生的自主探究,取得了一些探究结果,合作交流也水到渠成。由师生、生生之间交流讨论,发现解决问题的新方法。

迁移创新:学生通过探究、交流得到了相关的结论,再用这些结论解决实际问题,实现巩固提高,拓展迁移。另外,在教学中教师可通过变式教学,设计开放题,鼓励学生将思维拓展到更宽泛的领域,教师要及时给予指导和评价。

(四)教学案例

案例:不等式恒成立问题

不等式恒成立问题是高中数学的重要内容,它把函数、方程、不等式等知识融为一体。在解决此类问题时,往往要用到多种数学思想方法,比如,函数与方程思想、化归思想、分类讨论思想、数形结合思想。因此,掌握好此类问题,有助于学习其他相关内容,同时也是培养学生发散性思维的重要载体。

本案例的设计理念是基于探究模式体系。在课堂教学中,教师通过创设问题情境,引导学生积极思考,给他们充分发挥的自主空间,激发学生多角度想象,发现解决问题的方法。这一过程也培养了学生发散性思维能力。

教学目标:

(1) 掌握不等式恒成立问题的解题方法,在解决问题过程中,渗透数学思想方法;

(2) 培养学生的发散性思维能力;

(3) 体验函数、方程、不等式之间的相互转化,在问题解决过程中培养学生锲而不舍的科学精神。

教学重点:不等式恒成立问题的转化。

教学难点:不等式恒成立中涉及的数学思维的运用。

教学设计:

(1) 创设情境

多媒体展示两组苹果的大小,学生发现第一组最小的苹果也比第二组最大的苹果要大。受到启发教师便自然地提出了如下问题。

师:在班级中如何说明男生的身高都比女生高?

生1:只要最矮的男生比最高的女生高即可。

师:今天这节课我们就把这种比较大小的方法迁移到不等式恒成立问题之中。

(2) 提出问题

通过一题多变,诱导学生思维发散,培养发散性思维,在这一过程中也培养了学生思维的灵活性和敏捷性。

已知函数 $f(x) = x + \dfrac{m}{x} + 2, x \in [1, +\infty)$。

问题1　$m = \dfrac{1}{2}$ 时,求函数 $f(x)$ 在 $[1, +\infty)$ 上的最小值。

问题2　若函数 $f(x) > 0$ 在 $x \in [1, +\infty)$ 上恒成立,求实数 m 的范围。

问题 3　若函数 $f(x)>m$ 在 $x\in[1,+\infty)$ 上恒成立,求实数 m 的范围。

问题 4　若函数 $f(x)>4$ 在 $m\in[-1,1]$ 上恒成立,求实数 x 的范围。

(3) 自主探究

让学生自主探究、合作交流,在变化的情境中,发现问题的本质,达到触类旁通,预防思维定势,为培养学生发散性思维奠定基础。

问题 1　当 $m=\dfrac{1}{2}$ 时,求函数 $f(x)$ 在 $[1,+\infty)$ 上的最小值。

师:求函数最值的方法有多种,如何求 $f(x)$ 的最小值?

生 2:(迫不及待地说)利用基本不等式。

师:请生 2 到黑板板演。

由 $f(x)=x+\dfrac{\frac{1}{2}}{x}+2\geqslant 2\sqrt{\dfrac{1}{2}}+2=\sqrt{2}+2$,即 $f(x)_{\min}=\sqrt{2}+2$。

生 3:生 2 的解答不正确,此时,等号成立的条件 $x=\dfrac{\sqrt{2}}{2}\notin[1,+\infty)$。

师:生 3 说得很好! 在利用基本不等式求最值时,要注意等号成立的条件。如何解答呢? 请生 3 板演。

(板书:由于函数 $f(x)=x+\dfrac{1}{2x}+2$ 在 $[1,+\infty)$ 上为单调增函数,所以 $f(x)_{\min}=f(1)=\dfrac{7}{2}$)

问题 2　若 $f(x)>0$ 在 $[1,+\infty)$ 上恒成立,求实数 m 的取值范围。

师:问题 2 与问题 1 比较,有哪些变化?

生 4:$f(x)>0$ 在 $[1,+\infty)$ 上恒成立,只要 $f(x)$ 的最小值大于 0 即可,因此,问题 2 的本质是求 $f(x)$ 的最小值。

师:问题 2 中的字母 m 是作为变量形式出现的,请生 4 板演。

由 $f(x)=x+\dfrac{m}{x}+2$,当 $m\leqslant 0$ 时,$f(x)$ 在 $[1,+\infty)$ 上为增函数,$f(x)_{\min}=f(1)=3+m>0$,即 $m>-3$,此时 $-3<m\leqslant 0$;当 $m>0$ 时,由 $f(x)=x+$

$\frac{m}{x}+2 \geqslant 2\sqrt{m}+2$,等号成立的条件是 $x=\sqrt{m}(x \geqslant 1)$,即 $2\sqrt{m}+2>0$,此时 $m>0$。所以实数 m 的取值范围 $(-3,+\infty)$。

师:生 4 的解答合理吗?

此时,班级顿时安静下表,学生陷入沉思。没过多久,学生七嘴八舌,有的说结果没有问题,有的说解题过程不合理。

师:请生 5 说说你的答案。

生 5:当 $m \leqslant 0$ 时,我的结果和生 4 一样,是 $-3<m \leqslant 0$;当 $m>0$ 时,等号成立的条件是 $x=\sqrt{m}$,由于 $x \in [1,+\infty)$,要分 $m \geqslant 1$ 和 $0<m<1$ 两种情况讨论,我的解答是:若 $m \geqslant 1$ 时,则 $2\sqrt{m}+2>0$ 恒成立;若 $0<m<1$ 时,由于 $f(x)$ 在 $[1,+\infty)$ 上为增函数,$f(x)_{\min}=f(1)=3+m>0$,$m>-3$,此时 $0<m<1$,由 $m \geqslant 1$ 或 $0<m<1$ 得 $m>0$。综上所述 $m \in (-3,+\infty)$。

师:生 5 的解答很完整,问题 2 是分式不等式,能否把它转化为整式不等式呢?

生 6:只要将不等式的左边通分即可。$f(x)=\frac{x^2+2x+m}{x}>0$ 在 $x \in [1,+\infty)$ 上恒成立,等价于 $x(x^2+2x+m)>0$ 在 $x \in [1,+\infty)$ 上恒成立,即 $x^2+2x+m>0$ 在 $x \in [1,+\infty)$ 上恒成立。

师:请生 6 板演。

(板书:令 $g(x)=x^2+2x+m$,$g(x)$ 在 $[1,+\infty)$ 上为增函数,$g(x)_{\min}=g(1)=3+m>0$,即 $m \in (-3,+\infty)$)

师:生 6 的方法是利用了二次函数的单调性,避免了分类讨论。还可以怎么处理?

生 7:我受到前面的创设情境的启发,将 m 分离出来,只要 m 大于 $-(x^2+2x)$ 的最大值,易求 $-(x^2+2x)$ 在 $[1,+\infty)$ 上的最大值为 -3,因此,$m \in (-3,+\infty)$。

生 8:我认为生 6 和生 7 的方法没有什么区别,生 7 分离参数的方法多此一举。

教师出示了一个问题。

问题 3 若 $f(x) > m$ 在 $x \in [1, +\infty)$ 上恒成立,求实数 m 的取值范围。

师:不用多解释,同学们已经注意到问题 3 与问题 2 的关系,同样把 $f(x) = \dfrac{x^2 + 2x + m}{x} > m$ 化为整式不等式,则 $x^2 + (2-m)x + m > 0$ 在 $x \in [1, +\infty)$ 上恒成立,现在请同学们看看接下来如何解答。(经 4~5 分钟后)

师:请生 9 说说你的思路

生 9:令 $H(x) = x^2 + (2-m)x + m$,$x \in [1, +\infty)$,由于二次函数 $H(x)$ 的图像关于 $x = -\dfrac{2-m}{2}$ 对称,需分两种情况讨论。

师:生 9 的方法是利用求二次函数的最值问题,能否利用生 7 同学的分离参数法呢?

生 10:不等式 $x^2 + (2-m)x + m > 0$ 化为 $(x-1)m < x^2 + 2x$,在 $x \in [1, +\infty)$ 上恒成立,若 $x = 1$ 时,则 $0 < 3$ 恒成立;若 $x > 1$ 时,$m < \dfrac{x^2 + 2x}{x-1}$ 在 $x \in (1, +\infty)$ 上恒成立,问题化归为求函数 $F(x) = \dfrac{x^2 + 2x}{x - 1}$ 在 $x \in (1, +\infty)$ 上的最小值。令 $t = x - 1 \in (0, +\infty)$,则 $y = \dfrac{t^2 + 4t + 3}{t} = t + \dfrac{3}{t} + 4 \geqslant 2\sqrt{3} + 4$,当且仅当 $t = \sqrt{3}$,即 $x = \sqrt{3} + 1$ 时,$y_{\min} = 2\sqrt{3} + 4$,即 $m \in (-\infty, 4 + 2\sqrt{3})$。

师:生 10 同学的方法是利用了分离参数,问题再转化为问题 1 中的求最值问题。

问题 4 $f(x) > 4$ 在 $m \in [-1, 1]$ 上恒成立,求实数 x 的取值范围。

师:受到前面三个问题的启发,请同学们思考问题 4,要注意问题 4 中的 m 为主元,x 为参数。

生 11:问题 4 可化为 $\dfrac{x^2 + 2x + m}{x} > 4 \ (x \geqslant 1)$ 对 $m \in [-1, 1]$ 上恒成立,也就是 $x^2 - 2x + m > 0 \ (x \geqslant 1)$ 在 $m \in [-1, 1]$ 上恒成立,即 $x^2 - 2x > -m$ 在 $x \geqslant 1$ 上恒成立,$x^2 - 2x > (-m)_{\max} = 1$,由 $\begin{cases} x^2 - 2x - 1 > 0, \\ x \geqslant 1, \end{cases}$ 得 $x \in (1 +$

$\sqrt{2}$,$+\infty$)。

师：上述问题解法的共同之处是利用分离参数。同学们基本上是自主探索、独立完成的,在祝贺同学们的同时,也希望你们勤于动脑,发散思维。

(4) 迁移创新

在解决问题的过程中,激活了学生的思路,开阔了学生的视野,从而新方法、新思路产生的机会也会增多。可鼓励学生自己编拟题目,通过迁移提高思维的发散量。

(5) 课后作业

以本节课的发散性思维方法为主,请同学们自行设计题组,内容不限。

(6) 课堂小结

本节课设计了四个不同层次的问题,通过这四个问题,学生对不等式恒成立问题的本质有了更深层次的领会。可以发现学生对分类讨论思想的运用虽不够周全,但并不妨碍本节课的设计理念和设计意图,也就是在师生共同探究的过程中提升学生的思维品质及发散性思维能力。

第三节 逆向思维能力的培养

数学思维按照思考问题的方向可以分为正向思维和逆向思维。人们在思考问题时,总是有一定的顺序的,或是从条件到结论;或从结论到条件;或条件与结论互用;或按空间位置关系的先后。我们把按照事物发展的方向顺序思考问题叫正向思维;反之,按逆序即倒过来思考问题叫逆向思维。

正向思维受到挑战甚至山穷水尽时,逆向思维常常高人一筹,别具一格。人类历史长河中运用逆向思维做出的扣人心弦的事例不胜枚举。司马光砸缸的故事,体现的就是逆向思维解决问题的思想;法拉第、奥斯特的电磁感应定律,由电到磁,再由磁到电,都是逆向思维的产物。

然而在学生解题过程中,有些不言而喻的逆向问题,学生解决起来却很吃力。如初中学生知道 $(a^n+2^{n-1})^2=(a^n)^2+2 \cdot a^n \cdot 2^{n-1}+(2^{n-1})^2=(a^n)^2+a^n \cdot 2^n+$

$(2^{n-1})^2$。然而,将 $a^{2n}+(2a)^n+4^{n-1}$ 分解因式,学生却一筹莫展;对于这样的一道题:"关于 x 的三个方程 $x^2+4ax-4a+3=0$, $x^2+(a-1)x+a^2=0$, $x^2+2ax-2a=0$ 至少有一个方程有实根,求实数 a 的取值范围。",从正向思维出发的学生比比皆是,大部分学生却忽视了正难则反,即从反面出发,"至少有一个方程有实根"的反面是"这三个方程都没有实根"。事实上,在教学中,许多学生或多或少地表现出思维混乱、思路不畅,对公式死记硬背等现象,对公式大多只能正用,却不善于逆用,更谈不上灵活运用。至于运用公式发散联想,改变公式的形式,创造性地发现公式的其他等价形式,多数学生则更感迷惘,数学思维能力较差的学生尤甚。

一、逆向思维研究的意义

逆向思维是一种重要的思维方式,在解题教学和理论实践中都发挥着重要的作用。在解决具体问题时,如果学生多一点逆向思维,反其道而行之,往往会使复杂问题简单化,在思路不明时,逆向思维可以使你柳暗花明。因此,教师在教学时要自觉地、有意识地借助逆向思维培养学生解决问题的能力。

逆向思维也是一种创新思维。数学中的逆运算、逆定理,解题中的举反例、反证法、分析法等,都是逆向思维的具体体现,它已渗透到中学数学中每一个知识模块中,对中学数学的教学有着重要的意义。

在数学学习的过程中,学生由于受到思维定势的影响,习惯于顺向思维,在解决传统的常规问题时顺风顺水;对于复杂的问题,就会丈二和尚——摸不着头脑,这是由于缺乏独立思考能力。以逆向思维而言,许多学生在解题时没有逆向思维的习惯,只记解题套路,很难形成有效的逆向思维。所以教师应对逆向思维方法予以充分的重视,发挥它在解决问题中的功效。

二、逆向思维能力的特征和类型

逆向思维具有普遍性、批判性、新颖性三个特点。普遍性上,逆向思维已广泛运用到许多领域,比如,数学、物理、化学等自然科学的推理与证明中,在医学、设计等领域也有使用。批判性上,相对于正向思维,逆向思维是不守常规的,与事物发展方向相悖的,是对传统的解决问题方法的挑战,具有思维的批判性。新颖性上,常规性的思维方式尽管普遍、简单,但往往思维单一,缺乏灵活性。逆向思维可以使解决问题的方式多样化,可以得到许多新颖的方法和新颖的结果,给人一种全新的感觉。

逆向思维主要有三个类型:一是反转型逆向思维法。它表现在思考问题时从相反的角度出现,探寻新的解决问题的途径。比如数学中的分析法就是一种反转型逆向思维法。二是转换型逆向思维法。它表现在解决问题时思维受阻或按常规方法进行不下去时,换一种角度去思考。比如,判断函数 $f(x)=2\sin\left(2x-\dfrac{\pi}{4}\right)$ 的奇偶性。若根据函数奇偶性的定义判断 $f(-x)$ 与 $f(x)$ 的关系,则要根据两角和与差的正弦公式化简,其过程稍复杂且不易判断。换一个角度考虑,举反例,$f\left(\dfrac{\pi}{6}\right)=2\sin\dfrac{\pi}{12}$,$f\left(-\dfrac{\pi}{6}\right)=2\sin\left(-\dfrac{7\pi}{12}\right)$,则 $f\left(-\dfrac{\pi}{6}\right)\neq f\left(\dfrac{\pi}{6}\right)$,$f\left(-\dfrac{\pi}{6}\right)\neq -f\left(\dfrac{\pi}{6}\right)$,所以函数 $f(x)$ 为非奇非偶函数。三是缺点逆用思维法。它表现在我们在思考问题时,发现问题的缺点,从缺点或弱点出发,化被动为主动。比如,若 m、n 均为无理数,则 m^n 是否为无理数?借助缺点逆用思维法,若取 $m=\sqrt{2}^{\sqrt{2}}$,$n=\sqrt{2}$,则 $m^n=(\sqrt{2}^{\sqrt{2}})^{\sqrt{2}}=2$ 为有理数,问题便迎刃而解。

三、逆向思维能力培养的策略

逆向思维是一种创造性的思维,是人们在解决问题时的一个重要思维策略,是创造型人才必备的思维品质。教师应充分重视逆向思维在教学中的功能,把培养学生的逆向思维能力贯穿于平时的课堂教学之中。这不仅对培养学生的思维有利无害,而且也势在必行。下面结合逆向思维的特征,谈一谈如何在教学中培养学生的逆向思维能力。

(一)对概念的正逆联想,培养逆向思维能力

概念是对客观事物本质属性的反映。数学概念在形式上一般具有对称性,这

就为逆向使用概念提供了必要条件。教育心理学指出,每一个思维过程都存在着一个与之相反的思维过程,在这个互逆思维的过程中,我们可以借助正逆思维联想来解决问题。

例1 已知 $\frac{1}{m^2}+\frac{1}{m}-1=0$,$n^4+n^2-1=0$,且 $\frac{1}{m}\neq n^2$,求 $\frac{mn^2+1}{m}$ 的值。

分析 由于 $\frac{1}{m}\neq n^2$,由此联想 $\frac{1}{m}$ 和 n^2 是方程 $x^2+x-1=0$ 两个不等实根,所以 $\frac{1}{m}+n^2=-1$,即 $\frac{mn^2+1}{m}=-1$。

此例实质上是构造一元二次方程的逆向思维。

例2 已知实数 m、n 分别满足 $m^3-3m^2+5m=1$,$n^3-3n^2+5n=5$,求 $m+n$ 的值。

分析 对于条件中的两个等式进行变形得到 $(m-1)^3+2(m-1)+2=0$,$(1-n)^3+2(1-n)+2=0$,构造函数 $f(x)=x^3+2x+2$,所以 $f(m-1)=f(1-n)$,由于 $f(x)$ 是单调递增的,逆向使用函数的单调性得 $m-1=1-n$,即 $m+n=2$。

可以发现,逆用概念不仅能快速解决问题,而且还可以使学生的正逆向思维得到同步发展,克服正向思维对逆向思维的抑制。比如,常思考这样的形式的问题,也有殊途同归之效:(1)一次函数 $ax+by+c=0$ 的图象过一、二、三象限,确定 a、b、c 的关系;(2)一个数的倒数是它本身,这个数是什么? 等等。

(二)利用从正向到逆向思维序列的转换,培养逆向思维能力

数学中的运算,如加减法、乘除法、乘方与开方、指数与对数等,它们都互为可逆运算。对于每一种运算,它的逆运算都由它的正运算产生,如有理数的除法就是"已知两个数的积与其中的一个乘数,求另一个乘数的运算的逆运算"。一种运算的逆运算也常常通过正运算来实现——"除以一个数,等于乘上这个数的倒数。"这些互逆运算,它们相互关联,彼此相互依存,共同组成了一个运动变化着的运算系统。如方程 $x^2-3x+1=0$ 两个根为 $x_{1,2}=\frac{3\pm\sqrt{5}}{2}$,且 $x_1+x_2=3$,$x_1x_2=$

1. 由 $\sqrt{x_1 + 2\sqrt{x_1 x_2} + x_2} = \sqrt{(\sqrt{x_1} + \sqrt{x_2})^2} = \sqrt{x_1} + \sqrt{x_2} = \sqrt{\dfrac{3-\sqrt{5}}{2}} + \sqrt{\dfrac{3+\sqrt{5}}{2}}$，且 $\sqrt{x_1 + 2\sqrt{x_1 x_2} + x_2} = \sqrt{3 + 2\sqrt{1}} = \sqrt{5}$。由此，我们可以得到结论：$\sqrt{\dfrac{3-\sqrt{5}}{2}} + \sqrt{\dfrac{3+\sqrt{5}}{2}} = \sqrt{5}$，这个结论的获取是基于对可逆运算形式的倒推运算得到的。

由于多数学生的逆向思维能力较弱，所以他们对逆运算的认识往往显得不够敏感，教师应抓住学生的思维习惯，有效借助互逆运算的可逆思维，帮助学生掌握正逆运算。

教科书的编写一般是按照知识的系统性和学生的认知特点展开的，对有互逆结构的知识一般都集中安排，但有的是分散在教材中。教师要帮助学生总结，理顺并充分挖掘这方面的知识结构。如在三角函数中"和差化积公式"与"积化和差公式"之间的思维可逆性表现尤为突出；再如命题的四种形式，每两者之间都是互逆命题，因而可编拟"已知原命题，写出它的逆命题；已知否命题，写出它的逆否命题"的习题，加深学生对命题四种关系的理解。学生对思维的双向联结也有助于提升他们的应变能力及对公式、命题的恒等变形能力。

长期下去，学生自然而然地学会了分析、思考问题。如，有的同学为检验实系数的一元二次方程的两个根，借助韦达定理的逆定理简化对一元二次方程根的检验。例如，解方程 $2x^2 - 9x + 11 = 0$，得 $x_1 = \dfrac{9 - \sqrt{7}\,\mathrm{i}}{4}$，$x_2 = \dfrac{9 + \sqrt{7}\,\mathrm{i}}{4}$，若代入原方程检验，有点麻烦，而由逆定理检验 $x_1 + x_2 = \dfrac{9}{2}$，$x_1 x_2 = \dfrac{9^2 + 7}{16} = \dfrac{11}{2}$，则较简洁。

需要说明的是，由正向思维过渡到逆向思维的转变过程中，逆向思维往往不是按部就班以相反的步骤重复正向思维的过程，其中间过程和思维联结，多数是不同的，正如原命题并不是倒着读的逆命题。如求实系数一元二次方程 $ax^2 + bx + c = 0$ 的根，这是一种思维形式，相反，由已知方程的根来确定其系数，是另一种思维形式，从这个角度上讲，用一元二次方程根与系数的关系来确定其系数，实质上是求根的逆向思维的过程,以下以实系数的一元二次方程的判别式 $\Delta \geqslant 0$ 为例,呈现它们之间的逆向思维过程。

$ax^2+bx+c=0$　　　　$x=-\dfrac{b}{2a}\pm\dfrac{\sqrt{b^2-4ac}}{2a}$　　　　$x=x_1,\ x=x_2$

$$\longleftrightarrow$$

$a,b,c\in\mathbf{R},a\neq 0$　　　$x_1+x_2=-\dfrac{b}{a},x_1x_2=\dfrac{c}{a}$　　　$x=x_1,\ x=x_2$

说明:由系数 a、b、c 的值,可以唯一地求出 x_1、x_2 的值。反之,由 x_1、x_2 确定的 a、b、c 并非唯一。

在数学学习中,让学生有意识的对一些知识展开可逆联想。如 $\sqrt{3}=\tan 60°$,$1=(\sqrt{2}-1)(\sqrt{2}+1)=\cdots=(n+1)-n=\tan\alpha\cdot\cot\alpha=m\times\dfrac{1}{m}(m\neq 0)=\sin^2\theta+\cos^2\theta=\cdots$,解题时若能灵活应用,会产生心有灵犀一点通的效果。例如,已知 x、$y\in\mathbf{R}_+$,且 $x+y=2$,则 $\dfrac{1}{2x}+\dfrac{1}{y}$ 的最小值是_____。由 $x+y=2$,得 $\dfrac{1}{2}(x+y)=1$,原式 $=\dfrac{1}{2}(x+y)\left(\dfrac{1}{2x}+\dfrac{1}{y}\right)=\dfrac{1}{2}\left(\dfrac{3}{2}+\dfrac{y}{2x}+\dfrac{x}{y}\right)\geqslant\dfrac{1}{2}\left(\dfrac{3}{2}+\sqrt{2}\right)=\dfrac{3}{4}+\dfrac{\sqrt{2}}{2}$,当且仅当 $\begin{cases}x+y=2,\\ \dfrac{y}{2x}=\dfrac{x}{y},\end{cases}$ 即 $x=2(\sqrt{2}-1),y=4-2\sqrt{2}$ 时,取得等号。

(三) 重视对公式、法则、定理的逆向思考,培养逆向思维能力

数学中的正逆运算、正逆法则、正逆概念、正逆定理、正逆应用公式及综合法与分析法、反证法,都呈现出一种对称关系。要实现它们,正逆互用、正逆转换,需要调整思考方向,从正向过渡到逆向,再建立正逆的双向思维联结。这样正逆思维能力是思维创造性和灵活性的一种表现,学生在思考问题时所表现出的思维方向是不尽相同的,起初是单向的,没有逆向的思维,后来才逐步形成思维的逆向性。

对多数学生来说,在学习新知识,解决新问题的过程中,常常只考虑由此及彼而淡化了由彼及此,从而形成单向的、片面的认识,不习惯思维的"大逆不道"。只有为数不多的学生,在思考问题时表现出运用自如的可逆思维品质,而数学中的很多精彩之处恰在于逆用知识上。数学问题的解决往往要通过对公式的灵活应用,而逆向思维有助于加深学生对公式的理解,提高解题的灵活性。借助公式的逆向思考培养学生的逆向思维可以从以下两个方面出发:一是对公式的逆推。比如,教师在讲解正余弦互变的三角公式时,可以将正弦用余弦表示,也可将余弦用正弦表示。例如:$\sin^2\alpha = \dfrac{1-\cos 2\alpha}{2}$,$\cos^2\alpha = \dfrac{1+\cos 2\alpha}{2}$,$\sin\alpha = \pm\sqrt{1-\cos^2\alpha}$,$\cos\alpha = \pm\sqrt{1-\sin^2\alpha}$,等等。当然,原公式的逆推和灵活应用公式逆推是两种不同的层次,为了实现它们之间的转变,需要熟练应用公式,在平时的训练中要有意识地强化对公式的逆推。坚持下去,学生会在潜移默化中运用逆向思维。二是,对公式的逆用。逆向思维实质上也是一种发散性思维,对公式进行变形在一定程度上也刺激了学生的逆向思维。例如,已知 $\sin\alpha = \dfrac{\sqrt{7}}{3}$,求 $\sin 4\alpha + \cos 4\alpha$ 的值。此题可通过倍角公式,得出 $\sin 4\alpha + \cos 4\alpha = 2\sin 2\alpha\cos 2\alpha + 1 - 2\sin^2 2\alpha$,由于 $\sin\alpha = \dfrac{\sqrt{7}}{3}$,这样可以确定 $\sin 2\alpha$ 与 $\cos 2\alpha$ 的值。这是对三角公式的正用,此外,本题也可使用逆向思维,留给读者思考。

数学中的许多概念、定理、法则,从内容上看,往往都呈现双向、互通的趋势。在讲解的过程中,教师可结合教材,对它们从正反两个方面思考。例如,函数是奇函数或偶函数的前提条件是函数的定义域关于原点对称。对其进行逆向思考:若函数的定义域关于原点对称,则函数一定存在奇偶性吗?教师对概念正逆比较,加深了学生对概念的理解,培养了学生全面思考问题的习惯。

1. 重视公式的逆向思维

根式的运算性质包括 $\sqrt{m^2} = |m|$;$\sqrt{m+n\pm 2mn} = \sqrt{m}\pm\sqrt{n}$,$(m>n>0)$。从左向右看这两个性质,体现了去根号的方法;从右向左思考这两个性质,体现了在根式的计算过程中,把式子"移入"根号的方法。例如,求 $\sqrt{2-\sqrt{3}} + \sqrt{2+\sqrt{3}}$ 的值。此题可通过正向思维,把根号里面的数配方,得 $\sqrt{\dfrac{1}{2}(4-2\sqrt{3})} +$

$$\sqrt{\frac{1}{2}(4+2\sqrt{3})} = \frac{(\sqrt{3}-1)+(\sqrt{3}+1)}{\sqrt{2}} = \sqrt{6};$$ 借助逆向思维,得

$$[(2-\sqrt{3})+(2+\sqrt{3})+2\sqrt{(2-\sqrt{3})(2+\sqrt{3})}]^{\frac{1}{2}} = \sqrt{6}。$$

例3 化简:$\dfrac{m^2+1+m\sqrt{1+m^2}}{\sqrt{1+m^2}+m}$。

分析 此类问题一般是通过分母有理化来化无理为有理。现不按常规方法思考,反其道而行之,原式 $=\dfrac{\sqrt{m^2+1}(\sqrt{m^2+1}+m)}{\sqrt{1+m^2}+m}=\sqrt{m^2+1}$。

2. 重视法则的逆向思维

如在数列的求和及分子运算中,$\dfrac{1}{n}-\dfrac{1}{n+1}=\dfrac{1}{n(n+1)}$,$\dfrac{2}{m+1}+\dfrac{1}{m-3}=\dfrac{3m-5}{(m+1)(m-3)}$。由于 $1=(n+1)-n$,$3m-5=2(m-3)+(m+1)$,逆向思考得 $\dfrac{1}{n(n+1)}=\dfrac{1}{n}-\dfrac{1}{n+1}$,$\dfrac{3m-5}{(m+1)(m-3)}=\dfrac{2}{m+1}+\dfrac{1}{m-3}$。这些变形虽"其貌不扬",但化简后却使人眼睛一亮,解题过程也变得明快、简洁,更具流畅性、独特性、新颖性。

3. 重视定理的逆向思维

例4 已知关于 x 的一元二次不等式 $ax^2+bx+3>0$ 的解集为 $\{x\mid -3<x<1\}$,求实数 a、b 的值。

分析 由不等式的解集为 $\{x\mid -3<x<1\}$,将其进行"还原",得 $(x+3)(x-1)<0$,即 $-x^2-2x+3>0$,所以,$a=-1$,$b=-2$。

例5 求证:平行四边形对角线的平方和等于相邻两边平方和的2倍。

分析 本题可借助代数方法或几何方法进行证明。其逆命题为若一个四边形两对角线长的平方和等于四边的平方和,则这个四边形为平行四边形。促使学生思考,最后学生用反证法证明其为真(证明略)。

有些命题的逆命题虽然不真,但经过探索,学生增加了对命题的理解,开阔了思路,还能激发学生钻研教材,强化了对概念的理解。

（四）重视逆向思维的解题思想，培养逆向思维能力

我们所说的逆向思维，是指在问题解决的过程中自觉去进行与常规思维方向相悖的探索，即顺推受阻时运用逆推；直接解决受阻时运用间接解决；探索可能性遇到困难时，探索不可能性……由此，当你思考问题而陷入迷茫时，逆向思维往往能攻其不备，克敌制胜。

数学中的执果索因及证明中的分析法、反证法都体现了逆向思维；解方程的过程实质上是反复运用执因索果型的正向思维和执果索因型的逆向思维过程。

一般在下面的情况下，我们总可借助逆向思维去思考。

1. 从逆向思维的"起点"到解题的"终点"要比从正向思维的"起点"到解题的"终点"近时，可借助逆向思维思考，换句话说，借助逆向思维比借助正向思维能更快、更简洁地解决问题。

例6 已知关于 x 的方程 $mx^2-2(1-2m)x+4m-7=0$（m 为正整数）至少有一个整数根，求 m 的值。

分析 按正向思维，先求出方程的根，再对 m 进行讨论，找到适合条件的 m 的值，但此种解法较烦。若视 m 为主元，反客为主，用 x 表示 m，则原方程化为 $(x+2)^2m=2x+7$，此时，$x\neq-2$，$m=\dfrac{2x+7}{(x+2)^2}\geqslant 1$，即 $x^2+2x-3\leqslant 0$，这样 $-3\leqslant x\leqslant 1$，所以 x 可能的取值为 -3、-1、0、1。当 $x=-3$ 时，$m=1$；当 $x=-1$ 时，$m=5$；当 $x=0$ 时，$m=\dfrac{7}{4}$；当 $x=1$ 时，$m=1$，所以满足条件的正整数 $m=1$ 或 5。

由此可见，从起点（条件）到达终点（结论）的路途中，视 m 为"主元"的"距离"比以 x 为"主元"的"距离"要近。因此借助逆向思维解题，能舍远求近，避繁就简。

例7 解方程 $x^3+2\sqrt{5}x^2+5x+\sqrt{5}-1=0$。

分析 本题是 x 的三次方程，若变为以 $\sqrt{5}$ 主元的一元二次方程，则 $x(\sqrt{5})^2+(2x^2+1)\sqrt{5}+(x^3-1)=0$，得 $\sqrt{5}=1-x$ 或 $\sqrt{5}=-\dfrac{x^2+x+1}{x}$（$x\neq 0$），因此，$x=1-\sqrt{5}$ 或 $x=\dfrac{-(\sqrt{5}+1)\pm\sqrt{2\sqrt{5}+2}}{2}$。

2. 若从正向思维出发需要讨论多种情况,则可考虑其反面,也就是"正难则反"。

例 8 已知二次函数 $f(x)=kx^2+(k-3)x+1$ 的图象与 x 轴的交点至少有一个在原点的右侧,求实数 k 的取值范围。

分析 若从正面考虑,则需讨论。若从反面思考,则其图象与 x 轴的交点均在原点的左侧,得 $\begin{cases} \Delta=(k-3)^2-4k \geqslant 0, \\ \dfrac{3-k}{k} \leqslant 0, \\ \dfrac{1}{k} > 0, \end{cases}$ 即 $\begin{cases} k \geqslant 9 \text{ 或 } k \leqslant 1, \\ k \geqslant 3 \text{ 或 } k < 0, \\ k > 0, \end{cases}$ 得 $k \geqslant 9$。其反面为 $k < 9$,又 $k \geqslant 9$ 或 $k \leqslant 1$,因此满足条件 k 的取值范围是 $k \leqslant 1$ 且 $k \neq 0$。

3. 若问题从正面难以入手解决时,则可考虑用逆向思维解决,此类问题若用反证法便可迎刃而解。

例 9 已知 $x>0, y>0, z>0$,且 $x+y+z>3$,求证:$\dfrac{1+y}{x}$、$\dfrac{1+z}{y}$、$\dfrac{1+x}{z}$ 三式之中至少有一个小于 2。

分析 假设 $\dfrac{1+y}{x}$、$\dfrac{1+z}{y}$、$\dfrac{1+y}{z}$ 三式之中都不小于 2,即 $\dfrac{1+y}{x} \geqslant 2$,$\dfrac{1+z}{y} \geqslant 2$,$\dfrac{1+y}{z} \geqslant 2$,即 $1+y \geqslant 2x$,$1+z \geqslant 2y$,$1+x \geqslant 2z$,所以 $3+x+y+z \geqslant 2(x+y+z)$,于是 $x+y+z \leqslant 3$ 与 $x+y+z > 3$ 矛盾,所以 $\dfrac{1+y}{x}$、$\dfrac{1+z}{y}$、$\dfrac{1+x}{z}$ 三式之中至少有一个小于 2。

4. 在解题的过程中,我们常常会碰到这些命题,即从已知条件出发,往往可以推出较多结论,且命题的条件和结论之间的联系不明确。对于此类问题,我们不易从条件出发进行顺推。此时,可从结论出发,反其道而行之,一步一步倒推,这就是分析法。其实质是一种执果索因的推理方法,它是建立在逆向思维基础上的。

例 10 已知在 $\triangle ABC$ 中,三个内角 A、B、C 成等差数列,求证:三边 a、b、

c 满足 $\dfrac{1}{a+b}+\dfrac{1}{b+c}=\dfrac{3}{a+b+c}$。

分析 三个内角 A、B、C 成等差数列和求证的结论似乎没有直接的联系,若从它出发,则可得多个结论,比如,$\angle B=60°$,$b^2=a^2+c^2-ac$ 等。顺推无法进行,从结论入手,按部就班逐步向前逆推,即

$\dfrac{1}{a+b}+\dfrac{1}{b+c}=\dfrac{3}{a+b+c}$,则 $\dfrac{a+b+c}{a+b}+\dfrac{a+b+c}{b+c}=3$,即 $\dfrac{c}{a+b}+\dfrac{a}{b+c}=1$,

推得 $b^2=a^2+c^2-ac$,而 $b^2=a^2+c^2-ac$ 是成立的,所以结论为真。

数学解题中运用正向思维解决不了的问题举不胜举,但在"山穷水尽"时,若采用逆向思维,则往往则会"柳暗花明"。当然,也要因"题"而变,不能片面、单一地运用逆向思维,有时要多方位、多角度地整体考虑,解题时才能游刃有余,驾轻就熟。

需要说明的是,对学生的逆向思维训练要因"题"制宜与量力而为,对学生要差别对待。对于学习能力较差、思维惰性较强的学生还是先避让为好,让学生尽可能掌握好知识的正向迁移和知识的"由此及彼"。经过大量的正向思维训练,学生有了一定的基础,且具备一些常见的思维能力后,此时教师要因势利导,强化他们进行逆向思维训练,这样可以达到事半功倍的效果。

第四节 猜想思维能力的培养

数学猜想是在证明数学命题之前的一种构想或推测,这种构想或推测实质上是一种形象特征推理。猜想的形式是对研究的问题,联系已有知识经验实施形象的加工、重组、改造的过程。比如,哥德巴赫猜想就是考查偶数的分解,得到有规律的关系式,即 $4=2+2$,$6=3+3$,$8=5+3$,$12=7+5$,……进而猜想出这样的数学命题:"任何不小于 4 的偶数均可表示为两个素数之和。"再比如,费马关于方程 $x^n+y^n=z^n$,当 $n \geqslant 3$ 时不存在非零整数解的猜想;费马关于形如 $2^{2^n}+1$ 的数是素数的猜想,这个猜想被欧拉用 $n=5$ 的反例 $2^{32}+1=641 \times 6700417$ 所否定。

数学中的猜想不一定是正确的,有些猜想至今还未得到解决,而正是这些猜想的魅力吸引了无数数学爱好者去探索发现,推动数学学科的发展。

一、数学猜想的意义

所谓猜想是对研究的问题进行分析、类比、归纳等,结合已有的知识经验作出与事实相符合的推测性想象的思维方式。猜想是具有一定的直觉性的认识活动,它是一种合情推理。对于教学问题的解决来说,猜想方法是一种有效且常用的思维方法。波利亚指出:"当你证明数学定理之前,你应该猜想到这个定理,当你还没有搞清楚如何证明之前,你应该猜想出证明的大致思路。"由此可见,研究猜想的规律及如何猜想,对于发展思维、开发智力有特别的意义。

二、数学猜想的基本形式

从严格意义上说,数学猜想是数学新知识发现过程中的猜想。上面谈到的哥德巴赫猜想及费马猜想都属于这一类。但是对这些猜想进行证明往往需要一个漫长的时间。广义的数学猜想是指在解决问题时所进行的探索和尝试,是关于解题的途径、思想方法及结果的形式、范围、数值等的猜想。基于对教学猜想的这种认识,数学猜想主要有以下几种基本形式。

(一) 类比性猜想

类比性猜想是指借助类比方法,通过比较两个对象的部分或整体的相似性,得到数学新方法或新结论的猜想,它是建立在两个对象相似的基础上。这里的新方法、新命题或新结论是相对于思维主体来说的。比如,由三角形中的命题"若 h_a、h_b、h_c 为 $\triangle ABC$ 三边上的高,则 $h_a+h_b+h_c < a+b+c$",由类比性猜想得"若 t_a、t_b、t_c 为 $\triangle ABC$ 三个内角的平分线,则 $t_a+t_b+t_c < a+b+c$";由已知命题"三角形的内心是三角形三个内角平分线的交点",由类比性猜想得"四面体的内切球的球心是四面体六个二面角的平分面的交点"。反之,在解决某一数学

问题时,一般就可以借助它的类比问题而猜想出求解或求证的方向或方法。

例1 若点 p 分有向线段 AB 所成的比为 λ,即 $\overrightarrow{AP}=\lambda\overrightarrow{PB}$,设 $A(x_1, y_1)$, $B(x_2, y_2)$, $P(x, y)$,则 $\begin{cases} x = \dfrac{x_1 + \lambda x_2}{1+\lambda}, \\ y = \dfrac{y_1 + \lambda y_2}{1+\lambda}, \end{cases}$ ($\lambda \neq -1$),这就是线段的定比分点坐标公式,借助类比性思维,对定比分点公式进行逐次改进,可得以下正确的结论。

(1) 如图ⓐ,射线 OP 分 $\angle AOB$ 成 $\lambda = \dfrac{\angle AOP}{\angle BOP}$,则 $\angle MOP = \dfrac{\alpha + \lambda\beta}{1+\lambda}$,这里 $\angle MOA = \alpha$,$\angle MOB = \beta$。

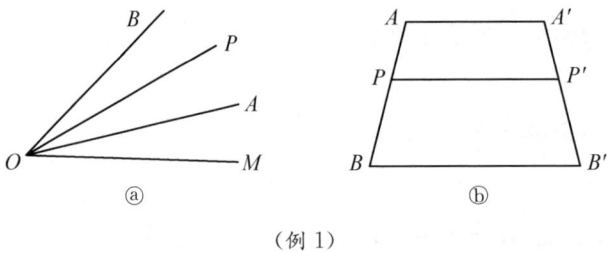

(例1)

(2) 如图ⓑ,若点 P 分 AB 所成的比 $\lambda = \dfrac{AP}{PB}$,$AA' \parallel BB' \parallel PP'$,且 AA' 与 BB' 在 AB 同侧时,有 $PP' = \dfrac{AA' + \lambda BB'}{1+\lambda}$。

(3) 已知棱台 $ABCD$-$A'B'C'D'$ 的上、下底面面积分别为 s_1、s_2,一个平行于棱台两底面的截面把它的高分成的上下两部分之比为 λ,则棱台的截面面积 $S = \dfrac{\sqrt{s_1} + \lambda\sqrt{s_2}}{1+\lambda}$。

值得我们关注的是类比猜想的思维方法丰富多彩,如相似类比、形式类比、方法类比、形象类比、特殊和一般的类比、有限与无限的类比、平面和空间的类比等,是一个取之不竭的思想圣地,是发现新事物的重要途径。它对于广大的数学工作者,都是永远值得进一步深入研究的。

（二）归纳性猜想

归纳性猜想是指借助不完全归纳法，用一些个例、特例对研究对象进行分析，从而得到有关结论或方法的猜想。比如，由 $t + \dfrac{1}{t} = 2\cos\theta$，可推出 $t^2 + \dfrac{1}{t^2} = 2\cos 2\theta$，于是可归纳猜想：$t^n + \dfrac{1}{t^n} = 2\cos n\theta$。

例2 求满足不等式 $|x|+|y|<k(k\in \mathbf{N})$ 的整数解 (x,y) 的个数。

分析 把此不等式整数解的组数记为 $f(k)$，则可依次求得 $f(1)=1$，$f(2)=5$，$f(3)=13$，$f(4)=25$，…… 由于 $f(1)=1=1^2+0^2$，$f(2)=5=2^2+1^2$，$f(3)=13=3^2+2^2$，$f(4)=25=4^2+3^2$，借助归纳猜想可得 $f(k)=k^2+(k-1)^2$。

（三）探索性猜想

探索性猜想是指根据已有的知识和方法，运用尝试探索法，对要解决的问题采取的逐步逼近结论的方向或部分接近结论的猜想。也可以对研究对象进行合理分解，或变换条件，展开逐级猜想，直到问题解决。探索性猜想的可靠性取决于探索分析的程度。增强探索性猜想可靠性的有效途径是"探索性演绎法"。这种方法不是直接对所得到的猜想 A 去展开验证，而是从 A 入手去演绎出相关的结论 B，C，D，……，若 B，C，D，……中有一个为假，则可确定猜想 A 为假；若 B，C，D，……皆为真，则 A 就有可能为真。探索性猜想与探索性演绎在猜想的过程中是交互作用的。对一个问题的结论有确定表达的猜想时，可用探索性演绎来判断它们的真假；若没有明确的表达猜想时，则仅给出探索性猜想，再借助探索性演绎来检验或改进。

例3 在实数范围内分解因式：x^3-7x-6。

分析 本题可借助分组或待定系数法进行因式分解。现在我们考虑用"赋10还原法"分解，其实质是一种探索性猜想与探索性演绎的交互作用。

猜想 x^3-7x-6 在实数范围内的分解式可能的表达式为三个一次式的乘积或一个一次式与一个二次式的乘积。首先取特例进行演绎以检验猜想是否合理有效。不妨取 $x=10$，此时，原式$=1000-70-6=924$，在这里，$924=3\times 2^2 \times 7 \times$

$11=12\times 7\times 11=(10+2)(10-3)(10+1)$;其次再猜想:原式$=(x+2)(x-3)(x+1)$,最后只要把$(x+2)(x-3)(x+1)$展开验证便知这个分解是正确的。

(四)仿造性猜想

仿造性猜想是指受到相关学科中有关的模型或方法的启发,根据它们与数学对象之间的相似性作出的有关数学方法或规律的猜想。模拟方法是形成仿造性猜想的有效途径。

例如,由化学学科中的光的反射定律猜想数学中有关最短距离的求解;从物理学科中的力的分解与合成猜想数学中有关几何图形的性质及从物体的表面张力实验猜想等周问题的极值。

(五)审美性猜想

审美性猜想是借助数学美——简捷美,对称美、相似美、和谐美、奇异美等,结合已有的知识与方法,对研究对象进行审美直觉所作出的猜想。比如,对称的条件往往能得到对称的结论,相似的对象往往也具有相似的性质。与其他数学猜想类似,数学审美性猜想可以依据问题的特点猜想出问题的结论或解决的方法。关于用数学美培养学生的思维,将在后续中内容中进行阐述。

三、数学猜想思维能力培养的策略

广义的数学猜想是存在于数学教育和数学研究中的一种探索性思维。下面从如何提出猜想,如何确定猜想的正误以及怎样教数学猜想这三个方面入手来进行数学猜想思维能力的培养。

(一)如何提出猜想

下面将再从五个方面分析如何提出猜想。

1. 借助不完全归纳提出猜想

它是建立在对数学实例的观察、分析、判断、归纳的基础上的。例如,$12=3\times$

4，1 122＝33×34，111 222＝333×334，…，由此猜想出 $\underbrace{11\cdots1}_{n个}\underbrace{22\cdots2}_{n个}=\underbrace{33\cdots3}_{n个}\times(\underbrace{33\cdots3}_{n个}+1)$。

2. 由相似类比提出猜想

客观事物本身之间存在着许多相似关系、相似因素、相似结果。数学思维中的猜想方法就是运用相似性探求数学问题。

例4 借助简单的相似类比可以提出一些形式相似的猜想或结论。例如可从下面中的命题1类比提出猜想2。命题1：若 $a\in \mathbf{R}$，$b\in \mathbf{R}$，则 $a^2+b^2\geqslant 2ab$。命题2：若 $a\geqslant 0$，$b\geqslant 0$，$c\geqslant 0$，则 $a^3+b^3+c^3\geqslant 3abc$；命题1：在平面内，若两条直线被三条平行线所截，则截得的线段对应成比例，命题2：在空间中，若两条直线被三个平行平面所截，则截得的线段对应成比例；命题1：若 $a>1$，$b>1$，则 $\log_a^b+\log_b^a\geqslant 2$，命题2：若 A、B 是直角三角形的两个锐角，则 $\tan A+\tan B\geqslant 2$。

3. 通过强化或弱化命题的条件提出猜想

例如"素数有无穷多个"的猜想是由欧几里得提出并证明的。后来有人把其条件改为孪生素数，提出"孪生素数有无穷多个"的猜想，也就是若 P 是素数，$P+2$ 也为素数时，称 $(P,P+2)$ 为一对孪生素数，如 $(3,5)$、$(5,7)$、$(11,13)$、$(17,19)$、$(101,103)$ 等，这个猜想至今还没有被证实。

4. 借助悖向思维提出猜想

所谓悖向思维是指和原来的认识背道而驰，从对立的侧面去探寻新的结论的可能性。例如数学史上虚数的引进在当时的数学发展水平下是一种极其大胆的猜想和狂言，曾饱受指责和质疑。

5. 通过概括、模拟、想象或直觉提出问题

例如"四色猜想"是由经验概括提出的；"第五公设"是由直观想象提出的。

（二）证明或否定数学猜想的方法

主要有以下三种方法。

1. 反例法

用反例否定数学命题或数学猜想的例子处处可见，这里就不再举例说明。

2. 逐次逼近法

例如，由匈牙利数学家埃尔德什与美国数学家斯特劳斯在 1948 年共同提出的欧德斯猜想：对于所有 $n>1$ 的正整数，方程 $\frac{4}{n}=\frac{1}{x}+\frac{1}{y}+\frac{1}{z}$ 均有正整数 (x, y, z) 满足条件。由我国数学家柯召等证明了当 $n<4\times10^4$ 时，猜想成立；数学家杨曼托把这个结果计算到了 $n<10^7$。

3. 反证法

数学史上有很多命题均是通过反证法确定真伪的。初等数学中也有很多问题须用反证法加以证明或证伪。

（三）如何教学生猜想

数学猜想在提高学生解决问题的能力及提升学生的数学素养方面具有潜在的价值，同时，数学猜想也是数学创造性思维的要素之一，在培养创新人才方面也发挥着重要的作用。在数学教学中，如何教学生猜想，下面给出几点思考。

(1) 由于数学教学中的数学猜想多数属于探索性方面的问题，因此，教师在平时的教学中要了解相关的教学理论，例如要熟悉探索性思维的模式、策略与方法，把教育心理学渗透到教学过程中。只有教师有自觉猜想的意识，才能培养学生积极主动猜想的意愿。

(2) 教师要教给学生数学猜想的常用方法。教师要结合学生的实际情况及教学内容合理加以引导，切忌生搬硬套。在这方面，本书的有关章节已经给出了不少例题。比如，定比分点公式的推广、数学审美的诱导等。下面，再举数例。

例 5 已知 $a_n=(n+4)\cdot 2^{n-1}$，问是否存在等差数列 $\{b_n\}$，使得对于一切 $n\in \mathbf{N}_+$，均有 $b_1C_n^0+b_2C_n^1+b_3C_n^2+\cdots+b_{n+1}C_n^n=a_n$ 成立？

分析 本题可借助逆用公式，也就是借由逆向思维来猜想解题思路。从组合数性质 $2^n=C_n^0+C_n^1+C_n^2+\cdots C_n^n$ 进行联想，对 a_n 加工改造，得：

$$a_n=\frac{n}{2}\times 2^n+2\times 2^n=\frac{1}{2}\{[0C_n^0+nC_n^n]+[C_n^1+(n-1)C_n^{n-1}]+\cdots+[(n-1)C_n^{n-1}+C_n^1]+[nC_n^n+0C_n^0]\}+2[C_n^0+C_n^1+\cdots+C_n^{n-1}+C_n^n]。$$

通过观察发现：$b_1=0+2$，$b_2=1+2$，$b_3=2+2$，……，猜想：$b_n=n+1$，$(n\in \mathbf{N}_+)$，当然，为了说明其正确性，还需要必要的证明。

例 6 已知凸四边形 $ABCD$ 的面积为 1，求证：其周长及两对角线长度的和不小于 $4+\sqrt{8}$。

分析 先考虑用以退求进的原则猜想长度之和为 $4+\sqrt{8}$ 时的特殊情形，弄清楚数量关系后再作出证明。

退到正方形时，易知周长与对角线长度之和等于 $4+\sqrt{8}$。

退到菱形时，设其对角线长分别为 m、n，则由 $S=\frac{1}{2}mn=1$，周长 $=4\sqrt{\left(\frac{1}{2}m\right)^2+\left(\frac{1}{2}n\right)^2}=2\sqrt{m^2+n^2}\geqslant 2\sqrt{2mn}=4$；而 $m+n\geqslant 2\sqrt{mn}=2\sqrt{2}=\sqrt{8}$。

于是将一般情形下的凸四边形 $ABCD$ 分为周长与对角线两部分分开证明。由 $1=S_{ABCD}=\frac{1}{2}mn\sin\theta\leqslant\frac{1}{2}mn\leqslant\frac{1}{2}\cdot\left(\frac{m+n}{2}\right)^2$，这样 $m+n\geqslant\sqrt{8}$；又 $2=2S_{ABCD}=\frac{1}{2}(ab\sin\angle BAD+bc\sin\angle ABC+cd\sin\angle BCD+da\sin\angle ADC)\leqslant\frac{1}{2}(ab+bc+cd+da)=\frac{1}{2}(a+c)(b+d)\leqslant\frac{1}{2}\left[\frac{a+b+c+d}{2}\right]^2$，得 $a+b+c+d\geqslant 4$。

（例 6 分析）

（3）根据教学内容合理地把前人进行的数学猜想的例子与教学内容相结合，体会前人如何进行数学猜想并发现问题的，有利于激发学生的学习兴趣，开拓解题思路，使学生体会到正确猜想的形成不是一蹴而就的，往往都要在失败中前进，循环往复，直至问题解决，当然教师也可用言传身教去启发学生。

（4）在问题解决过程中，从大处着眼，小处着手，登高望远，甚至多数情况下都可以展开直觉猜想。体会观察、估算、类比、归纳、反例、反证、直觉判断在数学猜想中的作用。

第五节　形象思维能力的培养

钱学森指出，人们对客观事物的认识，一般先用形象思维，即形象思维开始，而不是先用抽象思维。科学家的发现、发明及创造，也不是缜密的按照逻辑顺序进行推理，反而都离不开形象思维。例如，笛卡儿通过数学形象思维，创立了笛卡儿坐标系，为平面解析几何的产生奠定了基础。

数学形象思维在思考问题中有着不可替代的功能。它能帮助我们直观形象地理解、记忆数学概念、定理、公式等。例如在理解函数概念的对应关系时，可以形象地把它记忆为可以一箭一雕，多箭一雕，但不能一箭双雕。

然而，在数学教学中教师往往重视培养学生的逻辑思维能力，而淡化了形象思维能力的培养。主要表现在下面几个方面。

（1）在教学观念上，对数学形象思维能力的培养重视不够，具体表现在过度追求知识的严谨化、逻辑化，课堂教学以灌输为主，忽视了知识的产生过程和学生的认知特点，无法调动学生积极与主动思考。

（2）对直观性教学原则认识不够。直观性教学原则表现在"教师在进行教学时，在学生已有知识与经验的基础上，借助直观感知，使学生形成认识的表象，从而有助于学生对知识进行理解。"夸美纽斯提出了直观性教学原则，即应尽量做到把事物本身或替代它的事物或图形呈现在学生眼前，先让他们去观察、想象。

（3）用于培养学生形象思维能力方面的素材比较单一，且在用形象思维进行教学时，教师具有主观性、随意性，缺乏严谨和科学的态度。

一、数学形象思维及特点

数学形象思维是凭借形象材料所要表达的意思或意图理解概念、公式、定理等的思维。数学形象思维具有思维的特征，又有它自身的特点，主要体现在以下几个方面。

（一）数学形象思维具有形象性与直观性

数学形象思维是以数学形象为载体而进行的思维活动。数学形象的范围较广，可以为图形、图象、代数式、定义、公式等。数学形象思维就是对数学形象进行重组、加工、改造。借助联想与想象，不断在原数学形象的前提下加工整合出新的数学形象。

（二）数学形象思维具有逻辑性

数学形象思维的逻辑性主要表现在两个方面：一是作用的对象是具有逻辑性的材料，这是数学形象思维的先决条件；二是思维发生的过程具有逻辑性，这是发生形象思维的保证。数学形象思维活动是人脑与数学对象之间的交互作用，在进行思维活动时，要受到一些逻辑化的数学语言的制约和抽象思维的概括。因此，它是一种具有逻辑性的思维过程。

（三）数学形象思维与抽象思维是对立统一的

数学形象思维具有事物的形象性和抽象概括性，在数学思维活动中，往往是这两种思维互相协作，交替融合，数学形象思维活动的结果往往要用数学抽象思维去概括；要借助大脑对数学材料的形象化加工、重组，它和用抽象思维处理问题的不同之处在于，数学形象思维是借助于多种数学形象处理问题，它是一种混合型的思维过程，这种混合型的思维过程具有一定的不确定性与可变性。

所以，数学形象思维不足以准确全面地对数学对象进行概括。因此，基于这种认识，我们大体上认为数学形象思维具有意识形态，是人脑对数学形象的一种直观性的、形象化的认识，还不具备抽象概括的条件。但是，我们可借助于数学抽象思维活动，将形象思维迁移到抽象思维，再用抽象化的数学符号、图形等数学语言进行概括、描述，实现数学形象思维从具体形象到抽象概括表达的华丽转型。

二、数学形象思维的基本形式

根据数学形象思维与数学对象作用过程的复杂程度，可以将数学形象思维分为数学表象、数学直感及数学想象三种基本形式。

（一）表象是人脑对过去通过感觉器官感知过的事物的一种形象的、直观的反映

表象可分为个别表象和一般表象。个别表象是人脑对某个特定事物的形象再现，一般表象是人脑把某一类事物具有的共性，形象地、直观地再现出来。数学表象则是从事物的形体物象中通过概括而产生的观念性形象。例如，桌面、教室的地面、平静的湖面在我们的感觉器官中分别是不同的个别表象。它们在人脑中浮现出的"平面"就是它们的观念性形象，这就是一种数学表象。

数学形象思维是借助实物原型或模型、几何图形、代数图式等形象性的外部材料表达。通过人脑加工为表象时又可分为图形表象与图式表象。

图形表象是人脑浮现出来的与原几何图形相符的图形，如金字塔、圆柱形茶杯能引发一般的棱锥、圆锥形象的再现。图式表象是用数学符号、公式、图象及图表等组成的数学式子的模式形象。例如分式的图式表象是 $\frac{\times}{\times}$（"×"代表数字或字母等）。

（二）直感是借助表象对具体形象的直接感知与判断

数学直感是借助数学表象对数学形象的特征的感知与判断，它主要有下面几种形式。

（1）形象识别直感是从形象特征上的相似性来判断具体的数学对象属于哪一类数学表象。主要表现在对图形位置变换后或图形分解后的再认识及对数学式子变式后的再认识，它是数学思维活动中最常见的直感形式。在数学教学中，可以利用形象识别直感引导问题思路，可以通过变图、变式训练提高形象识别直感能力。

（2）模式补形直感是借助已有的数学表象，对形象特征结构不全的数学对象实施形象补全。它是由问题的部分形象去估计或推测整体形象，或由零碎的不完整的形象去补全形象的思维活动。模式补形直感的强弱取决于数学表象的丰富和完整程度,它们之间存在正相关。它和形象识别直感的区别在于形象识别直感是由个象到普通形象,而模式补形直感是由问题的局部到整体。在问题解决的过程中,一般要挖掘隐含的条件进行模式补形,也就是说,需要补充的"形"不是显而易见的,要通过观察、推理等思考问题的方式去补形。数学中的补形法、构造法、代换法等,都是使表象图式的结构模式得到呈现,从而在等价转化中使问题获解。比如,求 $\lg^3 2+\lg^3 5+3\lg 2 \cdot \lg 5$ 的值,可以借助 $\lg 2+\lg 5=1$,从结构上联想到"两数和的立方展开模式"补形,原式$=\lg^3 2+\lg^3 5+3\lg 2 \cdot \lg 5 \cdot (\lg 2+\lg 5)=(\lg 2+\lg 5)^3=1$。

（3）形象相似直感是上述两种直感的复合。当大脑对研究的对象无法进行形象的同质判断或模式补全时,这时大脑会联想、类比一些相似的数学表象对数学形象进行判断。

数学形象相似直感主要有几何图形相似直感和代数图式相似直感。它们是类比、联想等形象推理方法的基础。

（4）象质转换直感是指当数学表象发生变化时,通过数学形象特征的变化来判断数学对象本质的变化。在数学形象思维活动中常常通过数学表象的不同来判断数学本质的变化。质变往往会带来象变,象变是质变的表现形式。例如,在代数中,由幂函数图象形状的变化判别幂指数的变化;在解析几何中,由圆锥曲线形状的不同来判别离心率的变化。

（三）想象是把大脑中已有的表象经过加工、重组、改造获得新表象的思维过程

数学想象是以数学表象为基础,通过数学直感进行加工、重组、改造获得新的数学表象的思维过程。

数学想象有多种分类的方法,按照数学想象的内容分为图形想象与图式想象;按照思维深度分为联想与猜想,联想属于再造性思维活动,猜想属于创造性思维活动。本书在相关章节中已介绍了联想思维和猜想思维,下面主要介绍图形想象和图式想象。

（1）图形想象是以图形为载体,对数学图形表象进行加工、重组、改造的思维过程。图形想象是对几何图形的再认识,它分为四个层次,即数学图形的构想、表达、识别与推理。每个层次又包含着图形元素的位置关系及大小的度量关系的表达,以及对图形结构的整体把握。

例1 如图,已知在正三棱台 $ABC-A'B'C'$ 中,上、下底的棱长分别是 4 和 10,且侧面积等于两底面积之差,求其斜高。

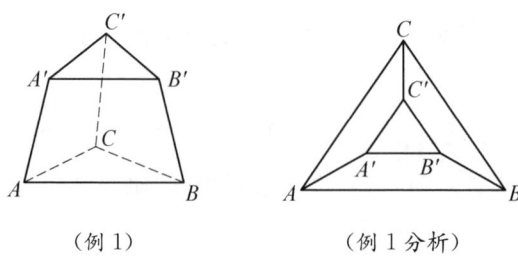

(例1)　　　　(例1分析)

分析 结果给出了斜高 $\sqrt{3}$,事实上这是一个错题。给出斜高为 $\sqrt{3}$ 的推理过程并没有问题,也就是由 $\dfrac{30+12}{2}h = \dfrac{\sqrt{3}}{4}(10^2-4^2)$,推得 $h=\sqrt{3}$ 。究其错因是符合条件的棱台是不存在的。这只要借助于其俯视图分析便可推知错因。由图形的投影面积公式: $S'=S\cos\alpha$,这时 $S_{台侧}=3S_{ABB'A'}$,而 $S_{下底}-S_{上底}=3S_{ABB'A'} \cdot \cos\alpha$,欲使 $S_{台侧}=S_{下底}-S_{上底}$ 成立,则必须 $\cos\alpha=1$,此时正三棱台的上、下底面重合,显然这样的正三棱台是不存在的。

(2) 图式想象是建立在数学直感基础之上,对数学图式表象的整合、加工。有学者把图式称为框架或数据结构。

例2 在 $\triangle ABC$ 中,求证: $\tan^2\dfrac{A}{2}+\tan^2\dfrac{B}{2}+\tan^2\dfrac{C}{2} \geqslant 1$ 。

分析 本题的左边是三个式子的平方和,与其图式相似的不等式是 $x^2+y^2+z^2 \geqslant xy+xz+yz$ 。由此可对图式进行迁移: $\tan^2\dfrac{A}{2}+\tan^2\dfrac{B}{2}+\tan^2\dfrac{C}{2} \geqslant \tan\dfrac{A}{2}\tan\dfrac{B}{2}+\tan\dfrac{B}{2}\tan\dfrac{C}{2}+\tan\dfrac{C}{2}\tan\dfrac{A}{2}$ 。

由 $A+B+C=\pi$，得 $\dfrac{A}{2}+\dfrac{B}{2}=\dfrac{\pi}{2}-\dfrac{C}{2}$，即 $\tan\left(\dfrac{A}{2}+\dfrac{B}{2}\right)=\cot\dfrac{C}{2}$，或 $\dfrac{\tan\dfrac{A}{2}+\tan\dfrac{B}{2}}{1-\tan\dfrac{A}{2}\tan\dfrac{B}{2}}=\dfrac{1}{\tan\dfrac{C}{2}}$，整理为 $\tan\dfrac{A}{2}\tan\dfrac{B}{2}+\tan\dfrac{B}{2}\tan\dfrac{C}{2}+\tan\dfrac{A}{2}\tan\dfrac{C}{2}=1$。

由图式迁移过程易知等号成立的条件是当且仅当 $A=B=C=\dfrac{\pi}{3}$ 时，结论成立。

三、数学形象思维能力培养的策略

数学形象思维能力可分为三个方面，即数学表象思维能力、直感思维能力及想象思维能力。下面从这三个方面进行阐述。

（一）数学表象能力的培养

1. 加强直观性教学，建立丰富的数学表象系统

我国古代教育家荀子提出"不闻不若闻之，闻之不若见之""闻之而不见，虽博必谬"，说明古代教育家对直观性教学的重视。直观性教学主要表现在在具体的实物、模型及形象化的形体语言等的直接作用下，学生借助感知、通过观察，建立起与具体的数学现象相关联的表象，进而抽象出数学概念、定理等。直观性教学可分为实物直观性教学、模像直观性教学、言语直观性教学，计算机辅助教学也为直观性教学提供了必要的手段。在教学中要加强直观性教学，这是由人类自身的生理和心理特点决定的。心理学家特瑞克勒指出，人类通过视觉获取了83.0%的知识。这是由于直观性的视觉事物、材料比用语言所呈现的概念、法则、定理等更方便被接受，其次是由人类认识客观事物的客观规律决定的。数学教学活动是人类认识事物、发现规律的一种方式，应按照人类认识事物的一般规律进行设计。

教师应揭示数学表象的概括与形成过程，丰富学生的数学表象。在课堂教学中，可以按照下面两个步骤进行数学表象的概括与形成：首先，通过展示几何实物、模型,让学生概括出几何要素及数学形象;其次,教师引导学生画出几何实物、模型的示意图;再次,让学生分析示意图内部结构与各要素的关系。

让学生用多种感官感知,丰富学生的数学表象。对数学对象的感知越充分,产生的表象就越丰富。因此,在教学中,不要仅凭借单一的视觉认知,应引导学生用多种感官有针对性地进行感知,即看一看、转一转、折一折、翻一翻以此来增强他们对问题的感知。

教师应借助计算机辅助教学,运用丰富的多媒体,深化直观性教学。由计算机设计平面的、立体的、动态的、多彩的图形,让学生对几何对象有更直观的体验,从而形成完整的数学表象。

2. 强化数学形象的加工、重组、改造过程,提升数学表象的概括与表达能力

首先,在数学教学中要注重概念形成过程的教学。数学概念是对事物的空间形式及数量关系的概括,它借助文字语言、符号语言及图形图表语言进行表达。可见,数学概念的形成过程也就是借助数学语言对具体事物进行抽象概括的过程。而数学表象也要通过概括来完成,这样一分析,我们不难发现数学概念的形成过程与数学表象的概括、表达过程是一致的。基于此,在数学教学中,教师应改变教学方式,充分揭示概念的形成过程,提升数学表象的概括与表达能力。

例如,在"棱柱"的概念学习中,教师先展示几个模型,学生可以得到棱柱概念的表象,即有一对互相平行的面,且它们是全等的平面多边形。通过模型,学生对知觉所获得的信息进行加工、重组等心理活动,将其图形直观与认知结构中有关联的概念联系起来,就能得到这些模型都有共同的特点,即有一对互相平行的面,且它们是全等的平面多边形;同时,不在这两个面上的棱都相互平行,这样的多面体叫做棱柱。

其次,要培养学生对问题中条件的识别能力。合理的数学问题是提升学生数学表象能力的基础。解决问题的实质是对问题的条件进行识别、分析、组合。数学问题中的条件不是数学表象简单的、无序的组合,也有别于数学概念,是对数学对象的有逻辑的表达。因此,在教学中,教师应自觉引导学生识别问题中的条件,对问题中的条件进行挖掘、分析,将问题的条件纳入到学生已有的数学表象系统中。

(二) 数学直感能力的培养

要培养学生的直感能力,就要丰富他们的知识结构。数学直感能力是以数学表象为基础的,数学表象越丰富,数学直感能力就越强。在上述我们分析了数学直感的四种形式,这四种形式对应着四种直感能力。这四种直感能力,其实质是对数学形象的判别与对照能力,知识越丰富,知识结构越完善,判别与对照能力就越强。因此,要培养学生的数学直感能力,构建丰富的知识网络是其必不可少的条件。具体可以从三个方面入手:一是,关注数学知识本身的内在逻辑关系,让学生建立相关知识网络;二是,教师应"螺旋式"地讲授知识,逐步把基本概念进行迁移,形成以基本概念为核心的知识网络;三是,强化数学思想方法的提炼,使数学思想方法成为知识网络的灵魂。

1. 强化形象识别直感训练,提升数学直感能力

数学直感能力说到底是对数学对象的判别、辨识能力。在教学中,教师应自觉地、有意识地进行各类图式与图形的变式训练,引导学生丰富外延表象,提升数学直感能力。

例如,$\tan(\alpha+\beta)(1-\tan\alpha\tan\beta) = \tan\alpha+\tan\beta$,$\tan\alpha\tan\beta = 1 - \dfrac{\tan\alpha+\tan\beta}{\tan(\alpha-\beta)}$ 都是 $\tan(\alpha+\beta) = \dfrac{\tan\alpha+\tan\beta}{1-\tan\alpha\tan\beta}$ 的变式。变式训练对于式子的等价转换提供形象识别直感,有助于增强思维的变通性。再如,对于式子的形象识别有助于提高数形转化能力,其中 $\tan\alpha = \dfrac{a}{b}$、$k = \dfrac{y_1-y_2}{x_1-x_2}$、$y = \dfrac{\sin\theta-1}{\cos\theta-2}$ 等都是直线的斜率结构。

2. 强化模式补形直感训练,提升数学直感能力

在问题解决的过程中,抓住问题的结构特征,对"缺失"的部分进行补全。

例3 求函数 $y = \sin^2 x \cdot \cos^2 x + \dfrac{1}{\sin^2 x \cdot \cos^2 x}$ $\left(x \neq \dfrac{k\pi}{2}, k \in \mathbf{Z}\right)$ 的最小值。

分析 原函数即是 $y = \left(\dfrac{\sin 2x}{2}\right)^2 + \left(\dfrac{2}{\sin 2x}\right)^2$,从结构上联想到完全平方公式,因此,按照"完全平方模式"补形。

$$y=\left(\frac{\sin 2x}{2}\right)^2-2\cdot\frac{\sin 2x}{2}\cdot\frac{2}{\sin 2x}+\left(\frac{2}{\sin 2x}\right)^2+2=\left(\frac{\sin 2x}{2}-\frac{2}{\sin 2x}\right)^2+2\geqslant$$
$$\left(2-\frac{1}{2}\right)^2+2=\frac{17}{4},\text{即当 }x=k\pi+\frac{\pi}{4},k\in\mathbf{Z}\text{ 时},y_{\min}=\frac{17}{4}。$$

3. 强化形象相似直感训练，提升数学直感能力

数学形象相似直感的强弱与头脑中的图形或图式表象的丰富程度成正相关。在问题解决的过程中对形象相似直感进行合理训练，可以提升数学直感能力，同时也提高了解决问题的能力。

例 4 如图，已知 $ABCD$ 是圆内接四边形，求证：$\dfrac{AC}{BD}=\dfrac{DA\cdot AB+BC\cdot CD}{AB\cdot BC+CD\cdot DA}$。

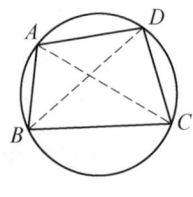

(例 4)

分析 本题的结论的形式不能用已有表象或模式直接判断，可将结论进行变形，得 $AC\cdot AB\cdot BC+AC\cdot CD\cdot DA=BD\cdot DA\cdot AB+BD\cdot BC\cdot CD$。由式子中的每一项都是三条线段长的乘积，联想到三角形面积公式 $S=\dfrac{abc}{4R}$，这种联想就是利用了图式结构相似直感。此时，只须将上式两边同除以 $4R$，即得 $S_{\triangle ABC}+S_{\triangle ACD}=S_{\triangle ABD}+S_{\triangle BCD}$，这样原命题便可获证。

4. 强化象质转换直感训练，提升数学直感能力

在数学形象思维中一般可以借助图形、图象、图式的变化来反映它们研究对象性质的变化，使得数学表象与对象的性质形成一个动态的平衡关系。

例 5 若函数 $y=\sin^4 x-2m\cos^2 x+m^2$ 的最小值为 1，试求 m 的值。

分析 考虑到设 $t=\sin^2 x$，则 $0\leqslant t\leqslant 1$。由 $y=f(t)=t^2+2mt+m^2-2m=(t+m)^2-2m$。借助图象的象质转换动态直感得，最小值 1 可能在端点 $t=0$ 或 $t=1$ 或 $0<t<1$ 时取得。

(1) 若 $-m\geqslant 1$ 时，则 $f(1)=1$，即 $1+m^2=1$，$m=0$，舍去；

(2) 若 $-m\leqslant 0$ 时，则 $f(0)=1$，即 $m^2-2m=1$，$m=1\pm\sqrt{2}$，而 $m=1-\sqrt{2}<0$，舍去；

(3) 若 $0 \leqslant -m \leqslant 1$ 时，即 $f(-m)=1$，即 $-2m=1$，$m=-\dfrac{1}{2}$。于是，综合以上可知 $m=1+\sqrt{2}$ 或 $m=-\dfrac{1}{2}$。

5. 数学想象能力的培养

爱因斯坦说："比知识更重要的是想象力。"想象是数学想象思维的形式之一，想象力的大小取决于表象和对问题的广泛联想。它作为一种特殊的思维形式，是大脑摆脱固有模式的束缚，将原有表象进行加工处理，得到新表象的动态思维过程。表象是想象的前提，是想象的主要原材料；直感是想象的主要手段，一旦表象在人脑中有机融合在一起，就会产生共振效应，会产生新的表象。下面就如何培养空间想象能力，谈一点体会。

空间想象能力是借助空间图形反映客体的空间特征，如空间图形的结构、数量、位置等关系的能力。它主要表现在：一是由具体的概念能想象出其真实的模型，即在头脑中能正确把图形反映出来；二是能分解、重组图形各元素的位置关系。

(1) 训练学生实物与直观图的相互转化能力

学生刚接触空间图形的时候，由于空间想象能力欠缺，再加上平面几何思维定式产生的负面影响，往往不习惯于画直观图。教师应做好示范，把实物与直观图对照起来分析，学生具备一定的空间想象能力后，可以引导学生直观想象空间图形的具体模型或实物，教师可以用三视图的教学来提升学生这方面的能力。

(2) 引导学生将直观图进行分解与组合

有些直观图比较复杂，学生很容易看错图形的位置关系，教师可以引导学生把图形中一些元素分离出来，用平面几何的方法研究。正如英国科学家贝弗里奇说："在如此思考的时候，很多人发现，把思想具体化、形象化，可以在脑海中形成数学表象，以激发想象力。"因此，将空间图形分解，使其具体化、平面化，以激发形象，这是培养想象力的一种途径。

当然，培养学生的形象思维能力不应仅局限于上述三个方面，在教学的过程中，应鼓励学生大胆猜想，广泛联想。同时，把培养学生的形象思维能力纳入到日常的教学中，日积月累，常抓不懈。

第六节　创造性思维能力的培养

创造性是人类发展和社会文明进步的动力。

创造力不是天生的，后天的培养尤为重要。影响学生创造能力的因素有很多，其中学校教育是培养创新人才的主渠道。创造性思维是创造发明的基础，创新性人才的培养归根到底是创造性思维的培养。正如华罗庚所说："人之可贵在于创造性思维。"

创造性思维是人类思维的高级形态。它分为狭义和广义两种形式。狭义的创造性思维是指在人类认识史上首次出现，具有重大影响的、前所未有的思维活动，主要体现为发现新事物、创造新方法、解决新问题的思维过程。它较少依赖于已有成果，对科学技术的发展和人类文明进步有着十分重要的加速作用。

广义创造性思维是指对每个个体而言的新颖独特的思维活动，自己打破自己的思维框架，用新的思维模式思考问题，发现新问题、新方法，解决自己以前尚未解决的问题。在数学学习的过程中，通过学生的自主探究，再创造、再发现，培养他们的创造性思维。广义的创造性思维虽不如狭义的创造性思维那样具有重要的社会意义和社会价值，但广义的创造性思维在每个人身上都有可能发生。

一、创造性思维的基本类型

创造性思维与常规思维相比较，常规思维都是逻辑思维，而创造性思维是逻辑思维与非逻辑思维的交融。从创造性思维的表现形式看，主要有以下几种基本形式。

（一）创造性思维是发散思维和聚合思维的统一

发散性思维是从不同角度分析、思考，得到多种可能结果的思维形式。聚合思维是借助已有的知识经验,对问题进行分析,从中发现一个最佳思考途径或最佳答案的思维方式。发散性思维在创造性思维活动中有助于吐故纳新,是创造性思维的核心成分,但聚合思维在创造性思维活动中也承担着重要的角色,我们只有借助聚合思维才能对发散思维的结果进行分析整合,才能得到最佳判断,做出合理选择。实践表明,在创造性思维活动中,在提出问题的假设阶段,需要考虑问题的方方面面,往往要借助发散思维,而对假设作出判断时,往往要借助聚合思维。

(二)创造性思维是形象思维和抽象思维的互补

形象思维是指人们在认识事物的过程中,借助直观形象解决问题的思维形式。抽象思维是抽取同类或相似事物的本质特征,舍弃非本质属性的思维形式。在这个思维的过程中,形象思维不可或缺,可以帮助人们直观想象、线索诱导、启发灵感。尽管形象思维具有直观性,但在思考问题时往往不够深入,这就需要抽象思维对形象思维进行补充完善。在创造性思维活动中,要真正实现问题的解决还要借助抽象思维。

(三)创造性思维是直觉思维和逻辑思维的交融

直觉思维是借助已有的知识直接达到事物本质,它不需要循序渐进的逻辑推理,是一种跳跃式的对问题迅速作出理解和判断的思维形式,它是思维对信息处理加工的高度浓缩化、简约化,是一种事先没有预见的突发的灵感、顿悟,是创造性思维的重要组成部分。逻辑思维是按照事物自身发展的规律,以一定的逻辑规则认识事物,其基本形式是概念、判断、推理和证明。在数学思维中,逻辑思维起着主导地位,直觉思维在数学发现中也有着不可或缺的作用。正如庞加莱所说:"逻辑是证明的工具,直觉是发明创造的载体。"

(四)猜想思维和灵感思维是创造性思维的重要组成部分

猜想思维是借助已有的知识经验对事物作出推测性想象的思维。它是建立在对事物的观察、类比、归纳等基础上的。数学猜想思维,是在解决数学问题中进行的尝试。数学猜想的基本形式有探索性猜想、类比性猜想、归纳性猜想等。

波利亚指出，在数学问题解决的过程中，要让学生掌握论证推理，也要让学生学会猜想。

灵感思维是对过去没有解决的问题的突然领悟，它是显意识与潜意识的"忽然连通"。

灵感思维是直觉思维的一种形式，它们都是创造性思维的有机组成部分。

二、创造性思维能力培养的教学原则

教学原则是指在教学过程中应遵循的基本教学行为规范，它是教育思想与教育观念的具体体现。培养学生创造性思维能力的教学原则须考虑如下几个方面。

（一）问题化原则

俗话说，巧妇难为无米之炊。没有问题，谈何创造，创造始于问题。提出问题、解决问题是数学思维的核心，是思维发展的动力。在数学课堂教学中，教师要合理创设问题，用问题激发他们积极思考，并对问题进行一系列的思维加工处理，提升创造性思维能力。

（二）自主活动原则

由于学生学习的数学知识是前人的间接经验，为使他们牢固地掌握数学知识，应培养他们自主获取知识的习惯，让他们在实践中去分析问题、解决问题。教师应营造民主、和谐的课堂氛围，激励他们大胆猜想，善于质疑。

（三）启迪思维原则

创造性思维是多种思维的统一体。数学发现往往是先进行猜想，再进行逻辑证明。数学教学应重在启迪学生思维，加强对发散思维、猜想思维等的培养，并与逻辑思维、抽象思维有机融合，进而产生创造性思维能力。

三、创造性思维能力培养的策略

创造性思维是人类智慧高原上一朵最美丽的花朵。

创造性思维是人类思维活动中最高层次的思维,它的实质就是和谐运用逻辑思维、形象思维以及直觉思维等多种思维方式,使得相关知识与经验合理化、有序化,以产生有效的结果。

(一) 激发学生创造性思维的产生机制

创造性思维的产生是多变量、多层次共同作用的结果。从它产生过程的结构来说,一般可分为 4 个环节,即创造诱因、信息储备、序化方式和创造结果。

创造诱因是指诱发学习主体能产生创新意识的相关条件,它能使思维主体产生明确的思维活动方向,从而探求分析解决问题的方法。这些诱因从主观上看包括个人兴趣特长、创造欲望及情感态度等,从客观上看包括原有理论或方法的缺陷、社会或个人的需要。由创造诱因诱发的问题在思维主体的知识序列中必须是新颖的且有可能形成的创造性思维。

信息储备是指思维主体的认知结构中的信息的质与量,这些信息的价值在于是否能有效促使问题解决。如果思维主体已拥有了相关信息,那么就可以运用这些信息进行富有成效的思维活动,就能有序地实现问题的解决。如果思维主体尚无足够的信息储备,那么主体就需要通过实验、查阅资料等方式获得足够的有价值的信息,以形成有效的解决问题的知识结构。

序化方式是指思维主体把认知结构中的信息进行有效使用所采取的思维方式。它整合各种思维形式并加以灵活运用,尤其是发散思维、直觉思维、猜想思维、形象思维等。另外,类比、猜想、想象、直觉等在数学创造性思维产生的机制方面起着主导作用。

由以上对创造性思维产生的机制分析可以看到,如果思维主体在认知结构中存在待解决的问题,且又具备了解决这个问题的相关信息,并掌握了有效的思维方式与方法,那么就能实现问题的最终解决。在问题解决的过程中,待解决的问题可以是新问题，也可以是旧有的问题。对于旧有的问题，如果思维主体发现了解决它的新途径，或得到了某种新结果，对于主体来说，尽管解决的是旧有的老问题，但其方法途径独特新颖，也具有创造性思维的成分。而在数学学习中，所谓创造性思维应是指学生通过自主探究、独立思考解决问题的过程。基于对创造性思维的认识，培养数学创造性思维，首先要激发学生创造性思维的产生，主要从以下几个方面入手。

(1) 在创造诱因方面，教师要选择一些能有效拓展学生思维且发散性较强的典型案例，通过学生自主探索，形成创造氛围，引导学生的思维向纵深发展。在数学学习中，教师要结合学生的认知水平，采取合理的教学策略引导他们主动思考，启发他们积极地去探究数学的真善美，培养他们努力学习数学的兴趣和刻苦钻研的数学精神。要通过不同层次的数学学习兴趣小组，张扬他们的个性，保护、爱护学生一切含有创造因素的想法和结果。

(2) 在知识储备方面，首先要让学生落实基础知识和基本技能，并使知识结构逐渐完整，知识和方法有序化、条理化，直至达到知识的完整化、系统化；其次要通过数学专题讲座等活动，开阔学生的视野，把他们的知识面向更广阔的领域延伸，向更深的领域拓展。

(3) 在数学思维方面，由于创造性思维不是孤军奋战，它是形象思维、发散思维、直觉思维、审美思维等相互协作的结果。通过多种思维的辩证运用，掌握数学思维的特征和思维方法，提高学生广阔的想象力和深邃的洞察力，发展数学思维品质，达到对知识和方法的触类旁通、举一反三、灵活运用的效果。要引导他们多讨论、多交流，提倡他们开展数学小论文写作等活动。在数学问题解决的过程中，尤其要把分析思维和直觉思维结合起来。直觉往往隐藏在逻辑推理之中。在解决问题的过程中，首先要借助直觉选择，确定思维策略，制定问题解决计划，然后通过分析思维进行集中思维以使认识得到深化。在这个动态的思维过程中，直觉思维是发现问题的前奏，而分析思维则是解决问题的保证。因此，应强化自觉运用这两种思维方式的意识，尤其是要关注直觉思维在解决问题时的导向和在调整思维途径时的有效作用。

（二）通过多种思维培养创造性思维

在数学教学中，教师可从培养联想思维、直觉思维、发散思维、审美思维等几个方面入手，进行创造性思维的培养。

1. 通过类比引发想象，培养联想思维

类比是解决问题的一种常用方法。其本质是根据两个事物之间的相似性，把其中一个事物的性质迁移到另一个事物中去。

例 1 已知 $\alpha、\beta、\gamma \in \left(0, \dfrac{\pi}{2}\right)$，且 $\cos^2\alpha + \cos^2\beta + \cos^2\gamma = 2$，求证：$\tan\alpha\tan\beta\tan\gamma \leqslant \dfrac{\sqrt{2}}{4}$。

分析 注意到 $\alpha、\beta、\gamma$ 为锐角，且 $\cos^2\alpha + \cos^2\beta + \cos^2\gamma = 2$，自然会类比联想到长方体的一个性质：长方体的一条体对角线与它共顶点的三个面的夹角分别为 $\alpha、\beta、\gamma$，则 $\cos^2\alpha + \cos^2\beta + \cos^2\gamma = 2$，因此就会得到如下解法。

设长方体相邻的三条棱长分别为 $a、b、c$，则 $\tan\alpha\tan\beta\tan\gamma = \dfrac{a}{\sqrt{b^2+c^2}} \cdot \dfrac{b}{\sqrt{c^2+a^2}} \cdot \dfrac{c}{\sqrt{a^2+b^2}} \leqslant \dfrac{a}{\sqrt{2bc}} \cdot \dfrac{b}{\sqrt{2ac}} \cdot \dfrac{c}{\sqrt{2ab}} = \dfrac{\sqrt{2}}{4}$，当且仅当 $a=b=c$ 时，等号成立。

例 2 解不等式 $\dfrac{1}{2} < \dfrac{x^3+2x+3}{2x^3+x+1} < 3$。

分析 可以运用定比分点公式进行类比。若点 M 分有向线段 AB 所成的 $\lambda = \dfrac{AM}{MB}$，当 $\lambda > 0$ 时，则点 M 在 $A、B$ 两点之间；当 $\lambda < -1$ 时，点 M 在 AB 的延长线上，当 $-1 < \lambda < 0$ 时，点 P 在 BA 的延长线上。反之也成立。

因此，可把 $\dfrac{1}{2}$、$\dfrac{x^3+2x+3}{2x^3+x+1}$、$3$ 视为数轴上三个点，且由定比分点公式知：

$$\lambda = \dfrac{\dfrac{x^3+2x+3}{2x^3+x+1} - \dfrac{1}{2}}{3 - \dfrac{x^3+2x+3}{2x^3+x+1}} = \dfrac{3x+5}{2x(5x^2+1)} > 0$$，因此，原不等式的解为 $x \in$

$\left(-\infty, -\dfrac{5}{3}\right) \cup (0, +\infty)$。

在运用类比解决问题的过程中,常借助于联想用作诱导以寻求思维的发散。在归纳总结知识时,运用类比可以把不同层次的内容串联起来,可以帮助学生系统地掌握知识,也便于理解和记忆。解决数学问题是产生猜想与获得问题解决的原动力。

2. 借助数形结合,培养直觉思维能力

布鲁纳指出,人们在学习和生活中,对直觉思维和预感的训练是培养创造性思维的一个重要途径,然而它往往被忽视,应该通过多种方法去发展学生的直觉思维。比如,我们可以引导学生进行整体、发散、跳跃性的思考;通过数形联想、数学美感诱导等方式预见和估计。在数学学习中只要自觉地、有针对性地训练直觉思维,就有可能进入创造性思维的殿堂。

数形结合是培养学生直觉思维能力的有效途径。

例 3 已知 m 为实数,$n > 0$,试求式子 $(m-n)^2 + \left(\sqrt{2-m^2} - \dfrac{9}{n}\right)^2$ 的最小值。

分析 从式子的结构出发,进行直觉类比:平面上任意两点的距离公式。因此 $(m-n)^2 + \left(\sqrt{2-m^2} - \dfrac{9}{n}\right)^2$ 表示 $A(m, \sqrt{2-m^2})$ 与 $B\left(n, \dfrac{9}{n}\right)$ 两点距离的平方,也就是圆 $x^2 + y^2 = 2$ 上一点 $(m, \sqrt{2-m^2})$ 与双曲线 $xy = 9$ 上一点 $\left(n, \dfrac{9}{n}\right)$ 距离的平方。问题化归为求圆 $x^2 + y^2 = 2$ 和双曲线 $xy = 9(x > 0)$ 之间的最近距离,如图所示,其最短距离 $|AB| = \sqrt{8}$,因此,原式的最小值为 8。

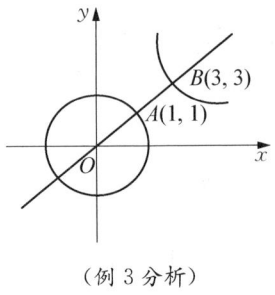

(例 3 分析)

3. 通过多向思维,培养发散性思维

多向思维,是用不同的方法,沿着不同的方向,从不同的角度对同一个问题进行分析。对建立不同知识之间的联系,拓展思路,培养发散性思维及训练学生思维的广阔性、灵活性等思维品质颇为有益。

4. 通过数学美,培养审美思维

《普通高中数学课程标准(2017 年版 2020 年修订)》指出:要让学生领会数学的美学价值,即让学生接受优秀文化熏陶,使学生了解数学的美,认识数学美。由此可见,在教学中,教师在传授知识的同时,不能忽视学生文化精神层面的培养,在获取知识的同时,要关注文化育人。教师要善于发现、挖掘教材中美的素材,用数学美营造课堂教学氛围,陶冶学生情操,激发学生的学习热情和学习兴趣,增强学生的审美能力与审美情趣,塑造学生高尚人格,用数学审美激发学生创造性思维。

(1) 数学美的主要内容

数学发展史处处闪烁着数学美的光辉。人们对数学美的探究可以追溯到数千年之前。普罗克洛斯(Proclus,410—483)认为,哪里有数,哪里就有美。英国数学家哈代(Hardy,1877—1947)认为,你一定不会找到一个受过教育的人,对于数学美的魔力全然漠不关心。我们不好给数学美下一个准确的定义,但它的确是一种客观存在且真实的美,和任何其他的美一样。什么是一首优美的诗,我们可能不是太清楚,但这并不阻挡我们去欣赏它。

美学是以合乎情理的形式使得人们产生思维,与此同时,也呈现出了艺术的感染力,也就是所谓的熏陶。在耳濡目染的课堂教学氛围中,学生会不由自主地养成主动发现数学美的习惯和欣赏美的情操。学生在学习数学的时候不再感到枯燥无味,而将富有灵感,且时刻会萌发创造性思维。比如,学生在一题多解中,寻找更简洁的解决问题的途径,就是数学简洁美的具体体现。数学美还表现在数学问题解决中对数学概念、定理、公式发现和理解时产生的兴奋、心情愉悦等情感体验。它是对科学本质的感性与理性认识的外露,是发现真理,反映客观现实、能动地改造现实世界的一种自然的科学美。另外,数学美反映了客观世界的空间形式和数量关系,体现在数学内在理性上的和谐性以及外在形式上的简单、对称、统一的美。把上面的分析归结起来,我们认为数学美的主要内容有以下五个方面,即简洁美、对称美、和谐美(统一美)、奇异美、相似美。

简洁性是简洁美的基本特征。简洁美首先表现为数学语言的简洁,数学语言力求在文字表述上正确无误,在条件完备的基础上,还要求在表达形式上简洁,这种形式上的简洁突出表现在数学符号语言上,符号语言比文字语言具有更强的简洁性、准确性。数学的符号、公式处处闪耀着数学的简洁美。比如,用符号"⊥"表示垂直、用符号"∥"表示平行,用符号"$l \subseteq \alpha$"表示直线l在平面α内等。正是用了这些简洁的符号,才使得数学在语言上更为精炼,在形式上更为简洁。其次,简洁美还表现为数学中的最简形式。比如,圆的标准方程为$(x-a)^2+(y-b)^2=r^2$,表示以(a,b)为圆心,r为半径的圆的方程;焦点在x轴上椭圆的标准方程为$\frac{x^2}{a^2}+\frac{y^2}{b^2}=1$ $(a>b>0)$;焦点在x轴上的双曲线的标准方程为$\frac{x^2}{a^2}-\frac{y^2}{b^2}=1$ $(a>0,b>0)$,这些"最简形式"实际给出了一个统一的标准。反之,如果没有规定最简形式与二项展开式,我们可以写出无穷多个形式,人们就不会从中发现如此美妙的二项式系数性质。再次,简洁美还表现在追求问题解决的简洁性。法国哲学家狄德罗(Diderot,1713—1784)认为:对于算学中一个困难复杂的问题,所谓美的解决方式,是指对这个复杂问题的简易解答。马丁·加德纳(Martin Gardner,1914—2010)认为,数学的真谛就在于不断寻找用越来越简洁的方法去解决问题。比如,数学中的转化与化归方法,整体代换、设元消元等都是数学简洁美的具体体现。

  数学的对称美主要表现在几何对称与代数对称上。对称性是对称美的表现形式,它给我们带来的感受是匀称的美与圆满的体验。数学的对称美就本质上来说,是数学中的定理、公式、命题、几何图形在结构上和形式上的对立统一。比如,几何图形中轴对称、中心对称,从视觉上给我们美的享受;数学中的加法与减法、乘法与除法、乘方与开方、指数与对数运算,都是互为逆运算,也可以把它们看作"对称运算"。从函数方面来看,指数函数与对数函数、三角函数与反三角函数也都是对称的。从命题方面来看,逆命题与原命题、否命题与逆否命题都是等价命题。从概念方面来看,偶函数的图象关于y轴对称,奇函数的图象关于原点对称。这些对称美引导我们在学习的道路上一方面欣赏知识的美,另一方面有助于更好地把握数学概念、定理、公式的本质。

  统一性是统一美的基本特征,统一美主要表现为表面看起来互不相同的数学定理、法则,在一定的情境中,可以找到它们的共性,统一到一个家族中进行研究,进而展示出数学体系中各部分之间、部分与体系之间的和谐统一的美。比如,用勾股定理揭示直角三角形的三边关系,用正弦定理、余弦定理揭示三角形的边角关系。用一个定理就能解决这一类问题,折射出数学的和谐统一,在千变万化的数学问题中体现出数学的和谐之美。统一性不仅存在于数学定理、法则之中,还体现在数学思想方法上。比如,数形结合思想是将抽象的数量关系与具体的图形统一起来,进而把"数"与"形"有机结合。转化与化归思想指在陌生的问题情境中,按照数学问题的内在联系,把它们纳入到同一个体系中研究。化难为易,化抽象为具体,一般化和特殊化都是转化与化归思想的具体体现。

奇异性是奇异美的基本特征。奇异美主要表现为克服思维定势的影响,打破原有的认知或规则,得到独特、新颖的新结论、新方法。数学家徐利治认为,"奇异"是一种美,奇异到极致的程度更是一种美。数学的奇异美包括数学方法的奇异美、数学理论的奇异美、数学结果的奇异美。数学奇异美往往和数学方法同步。比如,取等边三角形三边中点,可以得到四个全等的等边三角形,挖去中间的等边三角形,这样一直进行下去,就可以得到一个美丽的图案,这就是分形几何。在数学教学中,要善于发现数学奇异之美,大胆创新,善于从反向思考、分析,有可能发现数学问题的最佳新奇的方法或奇异的结果。

相似性是相似美的基本特征。主要表现在数学的内容或表现形式有类似或相似的现象,有数学规律与方法的相似,数学图形与表达式子的相似,数学关系式与结构的相似等。而正是由于这些相似,人们才能运用相应的数学模式,通过归纳、猜想、类比等手段发现新知识、解决新问题。比如,平面几何中直线与直线的平行与垂直,勾股定理、射影定理都可以通过类比推广到立体几何的相应定理。三角形面积公式 $S=\frac{1}{2}ah$ 类比到立体几何三棱锥体积公式 $V=\frac{1}{3}sh$,它们是形式上的相似。

当然,数学美的这五个方面的内容是相互渗透的辩证关系。统一性寓于简单性、对称性、相似性、奇异性之中;简单性、对称性、相似性是统一性的具体表现,数学美就是事物的和谐性与多样性的概括与抽象的反映。

(2)审美思维是培养数学创造性思维的有效方法

审美思维就是用数学美的思想方法去发现问题、解决问题。一旦美学观点和问题的条件或结论相结合,思维主体就会凭着已有的知识经验产生审美直觉思维，进而从宏观上确定解决问题的思路或找到问题的切入点，这也是产生创造性思维的重要诱因。首先，要合理利用数学知识中典型美的成分，形成数学美感。教师可借助数学中美丽的图表，对称简洁的式子，和谐统一的命题引发学生美的意识，使学生获得数学美的体验，逐步形成数学美的理念，让美感化为学生获取知识的内在动力。其次，丰富数学美的内容，加强数学美的认识，提升数学审美意识。这是对前面数学的显性美在认识上的深化和拓展。数学的抽象性决定了数学不是处处存在显性美，但在抽象的形式中往往蕴含着大量的感性材料。因此，教师讲授数学内容时，应把教学内容和现实生活中的具体事例联系起来，合理创设问题情境，运用现实生活中的感性材料加以阐述。哪怕是抽象程度比较高的知识点也要通过思维过程的美来实现对数学内容的深刻领会，只有这样方能达到以美启思，进而形成创造性思维。再次，运用数学美的思想方法指导解题教学。在提升学生逻辑思维的基础上，培养数学的直觉与形象思维。学生对数学美的理解已进入到观念策略水平的高度，学生在解题时不仅仅满足对解题方法与技巧的欣赏，而是在数学问题的不断解决之中进一步体会到数学美带来的愉悦与享受。解决问题不再模仿固定的题型与解题模式，而是能巧妙灵活地运用数学思维的辩证方法，能运用审美直觉整合已有的知识来寻找解题途径，简化思维过程。并能在原问题解决的基础上，通过解题后的反思，对原问题进行推广、引申，进而发现新知识，提出新问题，进而形成创造性思维。

下面就如何通过审美思维培养学生创造性思维能力，谈一点具体做法。

① 利用简单性，寻找解题捷径

有些数学问题，表面看起来比较复杂，但若从不同的角度分析，总会发现其本质存在简单的一面。因此，若从简单的观点、简化的方法入手，对问题实施整体加工处理或进行分解、变换、降维、减元等化归的方法，往往能发现解决问题的最佳途径，对学生来说也是一种创造性思维的体现。

例 4 已知关于 x 的二次方程 $(a^2-2b^2)x^2+(2b^2-2c^2)x+2c^2-a^2=0$ 有两个相等的实根，求证：$a^2=b^2+c^2$。

分析 所给方程是一个含有参数的二次方程，若用判别式法，则运算量较大。但若注意到 x^2、x 的系数及常数项之和为 0，则方程必有一个根为 1，因此，由韦达定理,得 $1 \times 1 = \dfrac{2c^2 - a^2}{a^2 - 2b^2}$,即 $a^2 - 2b^2 = 2c^2 - a^2$,$a^2 = b^2 + c^2$。

本题的证法抓住了问题的本质,解法达到"四两拨千斤"的效果,证题过程自然、流畅,如行云流水,给人一种美的愉悦。

例5 已知关于 x 的方程 $mx^2 + 2(2m-1)x + 4m - 7 = 0 (m \in \mathbf{N})$,若方程至少有一个整数根,求 m 的值。

分析 本题若用一元二次方程的求根公式解出 x,再结合 m 的取值来讨论根的情况,显然运算量较大。注意到 m 的最高次数为 1 次,若把 m 分离出来,视 m 为主元,把原方程视为关于 m 的方程,此时,再讨论整数根 x 的存在就比较简单了。由 $m = \dfrac{2x+7}{(x+2)^2}(x \neq -2)$ 和 $2x + 7 \geqslant (x+2)^2 (x \in \mathbf{Z})$,得符合题设的 m 值。

② 利用对称性,优化解题过程

数学中的对偶式、对称式、对称图形等都给我们以的美的视觉。用对称的方法去处理问题,可以达到化难为易,化繁为简的效果。

例6 已知椭圆 $C: \dfrac{x^2}{a^2} + \dfrac{y^2}{b^2} = 1 (a > b > 0)$,给定四点 $P_1(1, 1)$、$P_2(0, 1)$、$P_3\left(-1, \dfrac{\sqrt{3}}{2}\right)$、$P_4\left(1, \dfrac{\sqrt{3}}{2}\right)$ 中恰有三个点在椭圆 C 上,求椭圆 C 的方程。

分析 本题是考查椭圆的对称性,由 P_3、P_4 两点关于 y 轴对称,知 P_3、P_4 两点必都在椭圆 C 上,将 $P_2(0, 1)$、$P_3\left(-1, \dfrac{\sqrt{3}}{2}\right)$ 代入椭圆 C 的方程,得 $b^2 = 1$,$a^2 = 4$,即所求椭圆 C 的方程为 $\dfrac{x^2}{4} + y^2 = 1$。

例7 已知函数 $f(x) = \dfrac{x^2}{1+x^2}$,求 $f(1) + f(2) + f(3) + \cdots + f(2\,020) + f\left(\dfrac{1}{2}\right) + f\left(\dfrac{1}{3}\right) + \cdots + f\left(\dfrac{1}{2\,020}\right)$ 的值。

分析 本题含有 $4\,039$ 个项的和,不可能逐项求解,注意到除了首项 $f(1)$ 外,别的项都是成对出现的，$f(2)+f\left(\dfrac{1}{2}\right)$，$f(3)+f\left(\dfrac{1}{3}\right)$，…，$f(2\,020)+f\left(\dfrac{1}{2\,020}\right)$，它们在形式上都是对称的。我们希望 $f(x)+f\left(\dfrac{1}{x}\right)$ 为定值，问题就好处理了。经过计算 $f(x)+f\left(\dfrac{1}{x}\right)=1$。这样，原式 $=f(1)+2\,019\times 1=\dfrac{1}{2}+2\,019=2\,019.5$。

本题形式上的对称性引导我们找到了解题思路。从美的角度去审视题目的结构，找到了隐藏在题目中的对称美。

③ 利用统一性，寻找解题突破口

数字是内容和形式的统一。若从和谐统一的视角入手，则可找到解题的突破口。通过观察条件的结构特征，运用"补美"的方法，构造和已知条件相统一的式子，把构造的项和已知的条件纳入到统一的体系中思考，找到解题思路，实现问题的解决。

例 8 求 $\cos\dfrac{\pi}{7}+\cos\dfrac{3\pi}{7}+\cos\dfrac{5\pi}{7}$ 的值。

分析 本题所给的三角式的角 $\dfrac{\pi}{7}$、$\dfrac{3\pi}{7}$、$\dfrac{5\pi}{7}$ 均匀增加，可把原式的分母视为 1，再把分子分母同乘以 $\sin\dfrac{\pi}{7}$，进行积化和差。若将其形式化为另一种和谐的形式，得 $\cos\dfrac{\pi}{7}-\cos\dfrac{2\pi}{7}+\cos\dfrac{3\pi}{7}$，则可借助于构造法。

如图，在等腰 $\triangle ABC$ 中，$\angle A=\dfrac{\pi}{7}$，$AB=AC=1$，$BC=x$，$\angle CBD=\dfrac{2\pi}{7}$，则 $AD=BD=1-x$。在 $\triangle ABC$ 中，由余弦定理得 $\cos\dfrac{\pi}{7}=\dfrac{2-x^2}{2}$，$\cos\dfrac{3\pi}{7}=\dfrac{x}{2}$。在 $\triangle BDC$ 中，有 $\cos\dfrac{2\pi}{7}=\dfrac{1-x}{2x}$，又 $\cos\angle BDA=-\cos\angle BDC$，知 $x^3=x^2+2x-1$，所以，原式 $=\dfrac{2-x^2}{2}-\dfrac{1-x}{2x}+\dfrac{x}{2}=\dfrac{1}{2}$。

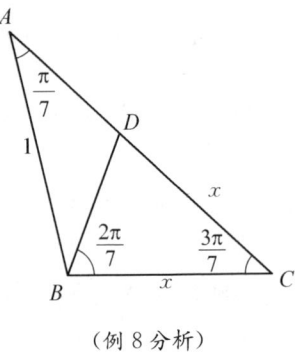

(例 8 分析)

例9 比较 $\frac{1}{2} \times \frac{3}{4} \times \frac{5}{6} \times \frac{7}{8} \times \cdots \times \frac{99}{100}$ 与 $\frac{1}{10}$ 的大小。

分析 令 $A = \frac{1}{2} \times \frac{3}{4} \times \frac{5}{6} \times \frac{7}{8} \times \cdots \times \frac{99}{100}$，分子分母似乎有一定的规律，通过观察得知，相邻的两个数的分子和分母又似乎少了某些数字，审美直觉发现有缺失的式子，即式子不够完美，进而构造 $B = \frac{2}{3} \times \frac{4}{5} \times \frac{6}{7} \times \frac{8}{9} \times \cdots \times \frac{98}{99} \times \frac{100}{101}$，使得 A 与 B 相互渗透，寻求结构上的统一性。因此，由 $A \times B = \frac{1}{2} \times \frac{2}{3} \times \frac{3}{4} \times \frac{4}{5} \times \cdots \times \frac{99}{100} \times \frac{100}{101} = \frac{1}{101}$，又 $A < B$，所以 $A^2 < \frac{1}{101} < \frac{1}{100}$，即 $A < \frac{1}{10}$。

④ 利用奇异性，启迪解题思路

在解决某些问题时，构造反例，其中反证递推、极端化方法等都能发挥意想不到的效果。在解题中逆向思维与巧妙构造的运用就是对奇异性的一般理解。在教学中要引导学生打破常规，找到出其不意的解法。事实上，凸显奇异美的教学，也是一次对提升学生创新思维能力的尝试。

例10 如图，已知 $ABCD$ 是内接于圆 O 的四边形，求证：$AB \cdot CD + BC \cdot AD = AC \cdot BD$。

分析 本题可通过添加辅助线，用几何方法证明。有没有避开作辅助线的新方法？于是有了借助余弦定理的代数证法。设 $AB = m$，$BC = n$，$CD = p$，$AD = k$，$AC = e$，$BD = f$，即证：$mp + nk = ef$。由 $\cos \angle DAB + \cos \angle BCD = 0$，得 $\frac{m^2 + k^2 - f^2}{2mk} + \frac{n^2 + p^2 - f^2}{2np} = 0$，得 $f^2 = \frac{mn + pk}{mk + np}(mp + nk)$。

（例10）

同理由 $\cos \angle ABC + \cos \angle ADC = 0$，得 $e^2 = \frac{mk + np}{mn + pk}(mp + nk)$，

因此，$(fe)^2 = (mp + nk)^2$，即 $mp + nk = fe$。

例11 已知 a、b、$c \in \mathbf{R}_+$，求证：$\sqrt{a^2 + ab + b^2} + \sqrt{b^2 + bc + c^2} > \sqrt{a^2 + ac + c^2}$。

分析 构造 $\triangle ABC$，设其三边长分别为 x、y、z，O 为 $\triangle ABC$ 内一点，使得 $\angle AOB = \angle BOC = \angle AOC = 120°$，$OB=a$，$OA=b$，$OC=c$，则

$$z = \sqrt{a^2+ab+b^2} = \sqrt{a^2+b^2-2ab\cos 120°},$$
$$y = \sqrt{b^2+bc+c^2} = \sqrt{b^2+c^2-abc\cos 120°},$$
$$x = \sqrt{a^2+ac+c^2} = \sqrt{a^2+c^2-2ac\cos 120°}.$$

（例 11 分析）

因为在 $\triangle ABC$ 中，$z+y>x$，即原不等式成立。

本题的解法打破了思维定势和解题常规，赋予了字母 a、b、c 相应的几何意义，转化为在三角形中，利用余弦定理，将每一个根式转化为三角形的对应边，通过几何方法找到解题途径，解法显得新颖。

⑤ 利用相似性，引申发散问题

题目的相似性是指条件相似或结论相似或解法相似，正是由于相似的条件、相似的因素能够产生相似的关系与相似的结论，所以在解题教学中，可利用相似性的启示，发现解题途径，并能运用联想、类比、猜想等方法推广命题，发现新问题，形成问题串。

例 12 设 $-1<a_0<1$，$a_n = \left(\dfrac{1+a_{n-1}}{2}\right)^{\frac{1}{2}}$，$(n \in \mathbf{N}_+)$，若 $A_n = 4^n(1-a_n)$，求 $\lim\limits_{n \to \infty} A_n$ 的值。

分析 若直接用 a_0 表示 a_n，则比较困难。但是给出的递推式与半角的余弦相似，因此，存在唯一的角 θ，$0<\theta<\pi$，有 $a_0 = \cos\theta$，即 $a_1 = \left(\dfrac{1+\cos\theta}{2}\right)^{\frac{1}{2}} = \cos\dfrac{\theta}{2}$，$a_2 = \left(\dfrac{1+\cos\dfrac{\theta}{2}}{2}\right)^{\frac{1}{2}} = \cos\dfrac{\theta}{4}$，$\cdots$，$a_n = \cos\dfrac{\theta}{2^n}$，而 $A_n = 4^n\left(1-\cos\dfrac{\theta}{2^n}\right) = \dfrac{4^n\sin^2\dfrac{\theta}{2^n}}{1+\cos\dfrac{\theta}{2^n}} = \dfrac{\theta^2}{1+\cos\dfrac{\theta}{2^n}} \cdot \dfrac{\sin^2\dfrac{\theta}{2^n}}{\left(\dfrac{\theta}{2^n}\right)^2}$，$\lim\limits_{n \to \infty} A_n = \lim\limits_{n \to \infty}\dfrac{\theta^2}{1+\cos\dfrac{\theta}{2^n}} \cdot \lim\limits_{n \to \infty}\dfrac{\sin^2\dfrac{\theta}{2^n}}{\left(\dfrac{\theta}{2^n}\right)^2} = \dfrac{\theta^2}{2}\times 1^2 =$

$\dfrac{\theta^2}{2}$,即 $\lim\limits_{n\to\infty} A_n = \dfrac{\theta^2}{2}$。

上述介绍了培养创造性思维的几种策略。在课堂教学中还可采用变式教学、一法多用、引入开放性问题等方法,这些方法在本书中其他章节也有详细的论述。总之,要培养学生创造性思维,教师要转变教学观念,建构以学生为主体的新型教学模式;尊重个体差异,促进学生个性健康发展;注重学生探究精神的培养;训练学生的多种思维,特别是对直觉思维、发散思维、分析思维的培养;注意培养学生良好的思考问题的学习习惯,为学生的终身学习打好基础。

第四章 ‖ 在数学开放题探究性学习中培养思维

> 数学开放题在各级考试中备受命题者的青睐,是由于它在培养学生的思维方面具有独到的价值。探究性学习是从习得知识的方式上变教师讲授为学生自主探究,并在这一过程中培养学生思维。本章基于在数学开放题探究性学习中培养思维,把变式教学也融为本章,对培养学生思维的方法做一些实践探讨。

第一节 在开放题教学中培养思维

数学开放题即数学开放性问题。在以核心素养为背景的课堂教学中,以开放题为载体来提升学生的数学思维,越来越为一线教师所重视。在教学中引入开放题,可加强学生对基础知识的理解,进一步巩固和深化所学知识,对培养学生的发散性思维、创造性思维、批判性思维都有极大的帮助。

所谓数学开放题是指已知条件不完整,即要么给的条件不足,需要进行补充或对条件进行探究性研究,要么给的条件多余需要进行选择性取舍。结论开放时,要么所给结论不够明确,要么所给结论过多。数学开放题主要有条件开放、结论开放,条件和结论之间往往不一定存在充分必然的联系。这就给师生创设了自由、和谐、宽松的教学情境,为学生的发散性思维提供了条件。在教师的启发下,学生利用已有的知识储备,积极联想、探索,并利用直觉来猜测与解决问题,在这一过程中也提升了学生数学思维品质,增强了学生的求知欲,学生也将养成独立思考、善于思考、勇于探索的好习惯。

一、数学开放题的类型

（一）条件开放型

数学命题一般是由条件和结论构成，若结论是确定的，寻找结论成立的条件，即执果索因，若满足结论的条件不唯一，就叫作条件开放型。

例1 有一个解三角形的题因纸张破损有一个条件不清，具体如下："在 $\triangle ABC$ 中，角 A、B、C 所对的边分别为 a、b、c，已知 $a = \sqrt{3}$，$B = 45°$，＿＿＿＿＿，求角 A"。经推断破损处的条件为三角形一边的长度，且答案提示 $A = 60°$，请将条件补充完整。

分析 由已知条件得 $\dfrac{\sqrt{3}}{\sin 60°} = \dfrac{b}{\sin 45°} = \dfrac{c}{\sin 75°}$，$b = \sqrt{2}$，$c = \dfrac{\sqrt{6}+\sqrt{2}}{2}$，当 $b = \sqrt{2}$ 时，由 $\dfrac{\sqrt{3}}{\sin A} = \dfrac{\sqrt{2}}{\sin 45°}$，得 $\sin A = \dfrac{\sqrt{3}}{2}$，$A = 60°$ 或 $A = 120°$（与已知条件 $A = 60°$ 矛盾），所以 $c = \dfrac{\sqrt{6}+\sqrt{2}}{2}$，即在缺失的位置填写 $c = \dfrac{\sqrt{6}+\sqrt{2}}{2}$。

（二）策略开放型

在由多个条件组成的数学命题中，从这些条件入手，通过推理得到预想的结果，称为策略开放题。解决此类问题往往要通过假设、猜想、验证等多种手段，寻找符合要求的最优方案设计等。

例2 在幅员辽阔的中原大地上，有四个小村位于相距为2千米的正方形顶点上，为实行村村通，现要修建连结任何两个村庄的道路，请你设计一个方案，使得道路的总长度不超过5.5千米。

分析 学生对于此类情境性问题比较熟悉，并可以通过列举、验算、取舍，逐步逼近问题的最优设计方案，这类问题没有现成的套路可套用，开放性较强。设正方形 $ABCD$ 的四个

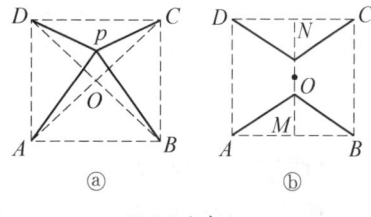

（例2分析）

顶点分别为 A、B、C、D，显然沿四条边或正方形的对角线修建道路，都不符合题意。我们注意到正方形既是中心对称图形又是轴对称图形，因此可以过中心 O 修建一条平行于正方形边的道路 MN，且 $OM=ON=x(0\leqslant x\leqslant 1)$，由 $y=2x+4\sqrt{1+(1-x)^2}$，$y\leqslant 5.5$，化简得 $48x^2-40x+7\leqslant 0$，$\dfrac{1}{4}\leqslant x\leqslant \dfrac{7}{12}$，所以有无数种道路设计方案。下面，根据 $y=2x+4\sqrt{1+(1-x)^2}$，$x\in\left[\dfrac{1}{4},\dfrac{7}{12}\right]$，设计一个可行的方案。由 $y=2x+4\sqrt{1+(1-x)^2}$，得 $(y-2x)^2=[4\sqrt{1+(1-x)^2}]^2$，化简，得 $12x^2-4(8-y)x+(32-y^2)=0$，由 $\Delta\geqslant 0$，得 $y^2-4y-8\geqslant 0$，因为 $y>0$，所以 $y\geqslant 2(1+\sqrt{3})$，即当 $x=\dfrac{3-\sqrt{3}}{3}$ 时，$y_{\min}=2(1+\sqrt{3})\approx 5.4642$，所以道路的长度约为 5.464 2 千米。

（三）结论开放型

在条件固定的情况下，探求结论的多样性，称为结论开放型，此类问题主要考查学生的发散思维及灵活解决问题、分析问题的能力。

例3 若函数 $y=f(x)$ 同时满足以下三个条件：(1)定义域为 **R**；(2)图象对称中心为 $M(1,0)$；(3)值域为 **R**，则 $f(x)=$ _____。

分析 本题属于结论开放题，教师引导学生根据已有的知识经验，可写出以下结论：$f(x)=(x-1)^3$；$f(x)=(x-1)+\sin(x-1)$；$f(x)=x-1$ 等。

例4 已知函数 $f(x)=2^x-2^{-x}(x\in\mathbf{R})$，请根据函数的性质，研究 $f(x)$ 的性质，请至少写出三个正确的结论_____。

分析 结合函数的性质，可以得到关于 $f(x)$ 的如下性质：$f(x)$ 在 **R** 上为增函数；$f(x)$ 在 **R** 上为奇函数；$f(|x|)$ 为偶函数；$f(x)$ 存在反函数，可以求出其反函数 $f^{-1}(x)=\log_2\dfrac{x+\sqrt{x^2+4}}{2}$。

（四）综合开放型

例5 请合理设计一个城市的某一个十字路口一天内车流量的方案。

分析 本题的条件、结论及解决问题的策略都是未知的,需要学生结合生活实际,运用相关统计学的原理进行研究。此类问题一般与日常生活联系紧密,涉及的知识面较广,由于学生思考的角度与自身的经验不同,提出的解答方案往往也有差异,会得到各种不同的精确的或近似的、简洁的或繁冗的结论。

二、开放题的思维价值

(一) 利用数学开放题培养学生的直觉思维

在本书的第三章已阐述了数学直觉思维,它是人们在解决问题的过程中,摆脱固有逻辑规则的约束,对问题的直接感悟和敏锐的洞察,它是人们运用形象直感和已有的知识储备,对目前的问题进行富有灵性的观察、精细的分析、深入的领会,并能在短时间内找到解决问题途径的思维方式。

在课堂教学中教师要有意识地利用数学开放题激发学生的直觉直感,引发他们对问题的直觉欲望。引导学生大胆尝试,大胆猜想,展开联想的翅膀,即兴回答,即兴假设,根据已知条件作出直觉判断。与此同时,为提高学生对直觉的灵敏性,教师要有意识地进行直觉思维的示范,鼓励学生去大胆捕捉直觉,记下一些点滴出现的新异的观念。下面举例说明。

例6 解方程 $\sqrt{x-m}+\sqrt{n-x}=\sqrt{n-m}$。

分析 这道题属于策略开放题,常规的方法是采用两边平方再平方,脱去根号。换一个角度思考,为使原式有意义,要满足 $m\leqslant x\leqslant n$,观察可知 $x_1=m$,$x_2=n$ 是原方程的解,在此基础上,教师进行直觉诱导,从结构上看这个方程,同学们类比联想到什么?部分同学回答勾股定理,同学们发觉以 $\sqrt{x-m}$、$\sqrt{n-x}$ 为直角边的直角三角形,斜边恰好是 $\sqrt{n-m}$,由于 $\sqrt{x-m}+\sqrt{n-x}>\sqrt{n-m}$,即除 $x=m$、n 之外,原方程无其他实数解,因此原方程的解为 $x=m$、n。

例7 求不定方程 $x+y+z+p=8$ 的正整数解的个数。

分析 这道题属于结论开放题,大多数同学能写出几组解,若进行穷举,问题比较烦琐。此时教师追问,到底有几组正整数解?此时,教师进行直觉示范,这个问题和日常生活中投递信件、投篮球、放苹果有关。有同学说这个问题好像将 8 个苹果放到 4 个篮子中,每个篮子中都至少放一个苹果,在这 8 个苹果之间的 7 个间隔中插入 3 个木板,就把这 8 个苹果分成了四组,这四个组每组表示一个篮子。而这 7 个间隔中插入 3 块木板的方法数有 $C_7^3=35$ 种,所以不定方程 $x+y+z+p=8$ 的正整数有 35 组正整数解。

由以上问题可以发现,借助直觉思维,可以在复杂多变的情形下作出合理的决策,可以对各种可能性的结果作出有效的选择,在条件与结论不充分的条件下作出准确无误的预见猜想。因此,这对于发现与发明创造尤其重要,但直觉思维并非数学家才有的,对于普通的人来说,直觉是可以自发出现,也是可以在后天培养的。一个学生解决问题时表现出的对问题结论直接迅速的判断,就是我们常说的灵感,是直觉思维的具体表现,和数学家在解决问题过程中表现出的直觉思维相比,尽管层次性较低,但它也是一种直觉思维。

(二) 利用数学开放题培养学生的发散思维

开放题有条件开放、解题策略开放、结论开放,这就决定了开放题的形式多样化。让学生沿着不同的方向,不同的路径去研究、思考,用不同的策略和手段去寻找多种答案,最终得到最优化的解决问题的途径,能让思维层次不同的学生获得不同的成就,有利于培养学生的发散思维。在课堂教学中,教师要充分挖掘和合理选取发散题材,准确地确定发散对象,恰当地选取发散点,创设发散性问题情境,通过造成认知冲突和设问,诱导学生的思维多样化,以此来培养学生的发散思维。

例 8 求函数 $y=x+\dfrac{1}{x}(x>0)$ 的最小值。

分析 由 $y=x+\dfrac{1}{x}\geqslant 2\sqrt{x\cdot\dfrac{1}{x}}=2$,当且仅当 $x=1$ 时,y 的最小值为 2。基于本题的特点,可设置如下的开放题:(1)将已知条件中的 $x>0$ 改为 $x\geqslant 2$,不满足基本不等式等号成立的条件,可利用 $y=x+\dfrac{1}{x}$ 在 $x\geqslant 2$ 上为单调递增,求出 y 的最小值为 $\dfrac{5}{2}$;(2)将已知条件中的 $x>0$ 改为 $0<x\leqslant\dfrac{1}{2}$,也不满足基本不等式

等号成立的条件,可利用 $y=x+\dfrac{1}{x}$ 在 $0<x\leqslant\dfrac{1}{2}$ 上为单调递减,求出 y 的最小值为 $\dfrac{5}{2}$;(3)将已知条件中的 $x>0$ 改为 $x>1$,求函数 $y=x+\dfrac{1}{x-1}$ 的最小值。

由 $y=x-1+\dfrac{1}{x-1}+1\geqslant 2+1=3$,当且仅当 $x=2$ 时,y 的最小值为 3。

由以上分析可以发现,改变问题的条件或结论,引导学生对问题条件和结论的不同及隐含关系等进行具体的分析,用不同的策略和手段去分析问题,培养了学生思维的发散性,也培养了学生的创造性思维。

例 9 (2020 年高考北京卷)在 $\triangle ABC$ 中,$a+b=11$,再从①、②这两个条件中选择一个作为已知,求:(1) a 的值;(2) $\sin C$ 和 $\triangle ABC$ 面积。

条件①:$c=7$,$\cos A=-\dfrac{1}{7}$;条件②:$\cos A=\dfrac{1}{8}$,$\cos B=\dfrac{9}{16}$。

分析 若选择条件①,结合 $a+b=11$,$b=11-a$,由 $\cos A=-\dfrac{1}{7}$,通过余弦定理求得边 a 的值,这样可以求出三角形三边的长度;在此基础上通过 $\sin^2 A+\cos^2 A=1$,求出 $\sin A$ 的值,以及由正弦定理 $\dfrac{a}{\sin A}=\dfrac{c}{\sin C}$ 求出 $\sin C$ 的值;而若选择条件②,此时已有两角两边,由正弦定理可求 a 的值,结合两角和的余弦可求出 $\sin C$ 的值。具体分析如下:

选择条件①:(1) 在 $\triangle ABC$ 中,$a+b=11$,得 $b=11-a$,由 $\cos A=\dfrac{b^2+c^2-a^2}{2bc}=\dfrac{(11-a)^2+7^2-a^2}{2(11-a)\times 7}=-\dfrac{1}{7}$,得 $a=8$;(2) 在 $\triangle ABC$ 中,由 $\cos A=-\dfrac{1}{7}$,得 $\sin A=\sqrt{1-\cos^2 A}=\dfrac{4\sqrt{3}}{7}$,由 $\dfrac{a}{\sin A}=\dfrac{c}{\sin C}$,$\dfrac{8}{\frac{4\sqrt{3}}{7}}=\dfrac{7}{\sin C}$,$\sin C=\dfrac{\sqrt{3}}{2}$,又 $b=11-a=3$,$S_{\triangle ABC}=\dfrac{1}{2}ab\sin C=6\sqrt{3}$。

选择条件②:(1) 在 $\triangle ABC$ 中,由 $\cos A=\dfrac{1}{8}$,$\cos B=\dfrac{9}{16}$,得 $\sin A=$

$\sqrt{1-\cos^2 A} = \frac{3\sqrt{7}}{8}$，$\sin B = \sqrt{1-\cos^2 B} = \frac{5\sqrt{7}}{16}$，由 $b = 11-a$，所以 $\frac{a}{\sin A} = \frac{b}{\sin B}$，$\frac{a}{\frac{3\sqrt{7}}{8}} = \frac{11-a}{\frac{5\sqrt{7}}{16}}$，$a = 6$。（2）在 $\triangle ABC$ 中，$\sin C = \sin(A+B) = \sin A \cos B + \cos A \sin B = \frac{3\sqrt{7}}{8} \times \frac{9}{16} + \frac{1}{8} \times \frac{5\sqrt{7}}{16} = \frac{\sqrt{7}}{4}$，即 $S_{\triangle ABC} = \frac{1}{2}ab\sin C = \frac{1}{2} \times 6 \times 5 \times \frac{\sqrt{7}}{4} = \frac{15\sqrt{7}}{4}$。

处理此类开放题，要合理地选择已知条件，还要对选择的条件所得到的结果进行分析。与结论开放题相比，解决问题的手段呈现出较大的开放性和不确定性，在解决问题的过程中，也培养了学生的创造性思维。

（三）利用数学开放题培养学生的逆向思维

正向思维和逆向思维是数学学习过程中的两种思维方式，正向思维是从已知条件入手，一步一步地推出结论的思维过程，解题教学大多数是运用正向思维解决的，正向思维可以锻炼学生思维的条理性和严密性，也经常使得思维受阻、思维僵化及产生不良的思维定势。在解决问题的过程中，正向思维和逆向思维的结合，可以弥补正向思维缺陷，摆脱思维定势，打破原有的思维模式，产生解决问题的新途径，这也是一种创造性思维方式。

例 10 已知圆的一条切线方程是 $3x + 4y - 25 = 0$，请写出一个圆的方程。

分析 本题是结论开放型问题，所有的结论都指向如何写出圆的方程，通过圆的切线方程逆向思考确定圆的条件。

思路 1：先确定圆心，不妨设圆心 $C(1, 1)$，$\gamma = \frac{|3+4-25|}{\sqrt{3^2+4^2}} = \frac{18}{5}$，即所求圆的方程为 $(x-1)^2 + (y-1)^2 = \left(\frac{18}{5}\right)^2$。

思路 2：先确定半径，不妨设半径 $r = 3$，圆心在直线 $3x + 4y + m = 0$，由 $\frac{|m-(-25)|}{\sqrt{3^2+4^2}} = 3$，得 $m = -40$ 或 -10，下面在直线 $3x + 4y - 10 = 0$ 或 $3x +$

$4y-40=0$ 上任取一点为圆心,比如取圆 $C(2,1)$,则圆的方程为 $(x-2)^2+(y-1)^2=3^2$。

思路3:先确定切点,不妨设切点 $M(3,4)$,可知圆心所在直线方程为 $y-4=\frac{4}{3}(x-3)$,即 $4x-3y=0$,可以在直线 $4x-3y=0$ 上任取异于切点 M 的一点为圆心,则圆的半径也就确定了,比如取圆心为 $(6,8)$,则 $r^2=25$,即所求圆的方程为 $(x-6)^2+(y-8)^2=25$。

数学开放题可以帮助学生巩固基础知识,启迪思维。在课堂教学中,恰当地设计一些开放型问题,能帮助教师有针对性地关注到学生的学习过程与思维过程,发挥学生的主观能动性,教师要启发学生在解决问题过程中自我反思,培养学生乐于思考、善于思考的习惯,提升他们学习数学的兴趣,逐步形成能克服困难的毅力品质。数学开放题要求教师在教学过程中关注教学的灵活性和系统性,强调解决问题的策略意识,而不仅仅只关注问题的结果。

第二节 在探究性学习中培养思维

以核心素养为背景的数学课堂教学,对学生思维能力的培养已成为教学的重中之重。然而在实际的课堂教学中,由于过度重视学科知识的传授,忽视了学生的认知特点,淡化了学生思维的培养。主要表现在传授知识时,重视填鸭注入,轻视启发引导;关注定理、公式、结论的应用,轻视知识的形成过程;重视教学进度,轻视学生的反馈;关注解题技能技巧,轻视对数学思想方法的概括。学生整天为题所困,没有时间凝练所学知识,更谈不上形成问题解决的能力和思维能力的提高。《普通高中数学课程标准(2017版2020年修订)》明确指出:"学生的数学学习过程不能仅局限于被动地接受、识记、机械模仿和练习。"高中数学课程应提倡学生自主探究、实践探索、相互交流、阅读自学等多样化的学习方式,这些学习方式有利于调动学生学习的能动性和主动性,使学生的学习过程变为在教师的启发下的再认识、再创造的过程。

探究性学习是提升学生思维能力，实现学生自主探究的一种教学方式。探究性学习的主旨在于"探究"，它改变了学生被动接受知识的学习方式，让学生亲身经历表达、交流等探索活动，为学生搭建开放的学习空间，为学生多渠道获取知识提供了一个学习方式。在这一过程中，学生提升了能力，实现了既获得知识，又发展情感态度及探索精神的双丰收。

一、探究性学习的特征和理论依据

探究性学习强调从学生已有的知识、生活经验为切入点，让学生尽可能地自由表达、放飞思想、探究质疑、合作讨论，进而主动地获取知识，把所学知识应用于解决问题中。

（一）探究性学习的特征

探究性学习和接受性学习是相对的，是指在教师的引导下，以发现的心理动机和主动探究的意识参与学习活动。笔者认为探究性学习应具备以下条件：一是，探究性学习强调学生的主体地位与教师的主导作用，探究活动是在教师的指导下进行的。探究的精髓在于让学生自己主动参与问题的发现与解决过程，如果教师不予指导或指导过度，则会降低学生的学习兴趣，挫败学生的学习积极性，因此，教师的指导作用在探究性学习中是不可忽视的，不能因为过度彰显学生的主体地位而轻视教师的作用；二是，在探究性学习活动开展的前期，教师应做好必要的准备工作，比如，对课题的选择、方案的设计与实施，教师应做到心中有数。基于以上分析，探究性学习应具备以下基本特征：(1)学生的主体性。探究性学习强调的是以生为本的理念，关注学生的学，以学生为主体进行教与学的过程。(2)学生的探究性。关注学生的自主学习、主观能动性和解决问题的创造性，学生不是被动地接受知识，而是在主动探索。(3)学生的互动性。学习过程是生生、师生多向互动的，强调学生之间的交流、合作。(4)学生的实践性。强调学生的实践贯穿于学习过程的始终，学生学习活动建立在实践活动的基础上。(5)学生的形成性。强调探究活动过程的完整性，课堂应让学生亲身经历一个完整的自主探究与自主学习的过程,最终获取探究的结果及掌握解决问题的方法。

(二) 探究性学习的理论依据

教育家杜威不赞成以教师、教材、教室为主体的教学方式,他主张的"从做中学"关注学生的主动参与、亲自动手操作的过程,其教学方法是一种在问题情境中的思维的方法。而杜威的"从做中学"和探究性学习不谋而合,探究性学习强调学生的主体地位,在探究问题的情境中,发现问题、提出问题、解决问题,在问题解决的过程中,强调学生的亲自探究。同时,杜威还关注对学生思维的培养,指出教学法的组成要素和思维的组成要素是相同的,提出了思维五步法:(1)教师要为学生提供一个真实的经验情境与能激发学生学习兴趣的活动。(2)教师在这个真实的经验情境中,提出一个真实的问题,以此来激发学生的思维。(3)师生利用已有的知识经验,解决这个问题。(4)师生要循序渐进地呈现解决问题的方法。(5)教师要为学生提供检验所得的结论的方法,并在实践中检验所得的结论是否可靠。由此可见,杜威的学习理论是以学生为学习的主体,在探究学习中通过以上这五个步骤锻炼学生观察分析、抽象概括解决问题的能力,因此,杜威的思维方法又被称之为科学探究的方法。事实上,在探究活动中,发展学生思维和科学探究精神是相关联的,思维是学生在问题解决时主动形成的,不是通过接受取得,可以说学生思维的形成离不开实验活动,对实验活动进行合理安排,也有利于学生思维的形成,而科学的探究活动能实现学生思维的提升。

教育家皮亚杰认为个体的发展是在个体与环境相互作用、相互融合中实现的。个体所在的环境并非永远不变的,个体可以改变环境,环境也可影响个体,个体为了适应环境的变化,需要个体再次建构对环境的看法,这个建构不是被动的而是主观的,个体的认知结构就是通过建构来循序渐近地从低级过渡到高级。在教学活动中,教师要精心设计探究性学习的内容,要把学习的内容纳入到原有认知结构中,为实施探究性学习提供准备。在探究性学习的过程中,教师作为组织者、引导者,要关注学生已有的认知结构及认知水平,并以此为出发点逐步提高学生的思维能力。

二、探究性学习的思维价值

核心素养下的学生素质,不仅要关注学生的学习成绩,还要关注学生的整体综合素养。高中数学课程承载着数学学习的必备知识和关键能力,对学生数学思维的培养是数学课程实施的目标之一。由于受传统的应试教育的影响,教师过度关注学生的分数,学生对知识的接受仅仅局限于"拿来主义",课堂上仅留下不多的时间让学生思考,无法提升学生的思维层次。探究性学习弥补了传统接受教学的不足,有利于培养学生的综合素养,更加关注学生的多种思维能力的发展。

(一)探究性学习有利于培养学生的发散性思维

教材中的概念、定理、公式、结论往往具有一定的抽象性,要获取这些知识仅仅靠教师讲解是不够的,还需要特定的情境去经历观察、类比、归纳、猜想、证明等特定的探究过程。获取数学概念、定理的过程为学生进行探究性学习提供了有效的素材,在问题解决的过程中培养了学生的发散思维。

例1 证明:(1) 若 $f(x)=mx+n$,则 $f\left(\dfrac{x_1+x_2}{2}\right)=\dfrac{f(x_1)+f(x_2)}{2}$;

(2) 若 $f(x)=x^2+mx+n$,则 $f\left(\dfrac{x_1+x_2}{2}\right)\leqslant\dfrac{f(x_1)+f(x_2)}{2}$。

分析 本题考查函数的凹凸性,尽管函数的凸性是高等数学研究的范畴,但是一些基本函数的凸性也可以借助初等数学研究的方法,这一内容也体现了初等数学与高等数学在知识点处的交汇性。若教师就题论题,则会失去了一次探究问题本质,提升学生发散思维的机会。

完成该命题后,引导学生改变(2)中的条件,教师可设计如下的探究性问题。

探究1 若 $f(x)=3x^2+mx+n$,则 $f\left(\dfrac{x_1+x_2}{2}\right)\leqslant\dfrac{f(x_1)+f(x_2)}{2}$;

若 $f(x)=-x^2+mx+n$,则 $f\left(\dfrac{x_1+x_2}{2}\right)\geqslant\dfrac{f(x_1)+f(x_2)}{2}$。

探究 2 若 $f(x) = x^2 + mx + n$，则 $f\left(\dfrac{x_1 + x_2 + x_3}{3}\right) \leqslant \dfrac{f(x_1) + f(x_2) + f(x_3)}{3}$。

探究 3 若 $f(x) = \log_a x$，$(a > 1)$，对任意 x_1、$x_2 \in (0, +\infty)$，则 $f\left(\dfrac{x_1 + x_2}{2}\right) \geqslant \dfrac{f(x_1) + f(x_2)}{2}$。

若 $f(x) = \log_a x$，$(0 < a < 1)$，对任意 x_1、$x_2 \in (0, +\infty)$，则 $f\left(\dfrac{x_1 + x_2}{2}\right) \leqslant \dfrac{f(x_1) + f(x_2)}{2}$。

探究 4 若 $f(x) = a^x$，$(a > 0 \text{ 且 } a \neq 1)$，则 $f\left(\dfrac{x_1 + x_2}{2}\right) \leqslant \dfrac{f(x_1) + f(x_2)}{2}$。

探究 5 若 $f(x) = ax^2 + bx + c$，$a > 0$，则 $f\left(\dfrac{x_1 + x_2}{2}\right) \leqslant \dfrac{f(x_1) + f(x_2)}{2}$；

若 $f(x) = ax^2 + bx + c$，$a < 0$，则 $f\left(\dfrac{x_1 + x_2}{2}\right) \geqslant \dfrac{f(x_1) + f(x_2)}{2}$。

……

以上是通过改变二次项系数，直至一般化。

将二次函数推广到指数函数（或对数函数），层层递进，学生通过变更条件，经过特殊化到一般化的创造性思维活动，探究得到相应的结论，有助于培养学生的探索能力和创新精神，也提高了学生的思维品质。

例 2 已知 x、$y \in \mathbf{R}_+$，且 $x \neq y$，求证：$x^3 + y^3 > x^2 y + xy^2$。

分析 本题可通过类比，对指数进行推广，变式和引申如下：

(1) 若 x、$y \in \mathbf{R}_+$，且 $x \neq y$，求证：$x^4 + y^4 > x^3 y + xy^3$。

(2) 若 x、$y \in \mathbf{R}_+$，且 $x \neq y$，求证：$x^5 + y^5 > x^3 y^2 + x^2 y^3$。

(3) 若 x、$y \in \mathbf{R}_+$，且 $x \neq y$，求证：$x^6 + y^6 > x^4 y^2 + x^2 y^4$。

(4) 若 x、$y \in \mathbf{R}_+$，且 $x \neq y$，m、$n \in \mathbf{N}$，$0 < m < n$，求证：$x^n + y^n > x^m y^{n-m} + x^{n-m} y^m$。

……

本例是现行教材中的一道习题，实施探究性学习，教师要选择合适的探究对象，对象的选择要能引起学生兴趣，激发学生思维。首先，问题的设计不能脱离教材,要为学生提供交流讨论、自主表达的机会,让学生通过自己探索、小组合作等渠道来解决问题;其次,设计的问题要有一定的思维量,能吸引学生的注意力,学生要有迫切解决问题的愿望,但又不能轻易得到结论;再次,选择对象的外延不能过大,也不能太笼统。因此,教师要从学生实际出发,体现出探究性学习的真正的价值。

(二)探究性学习有利于培养学生的创造性思维

21世纪,各国综合国力的竞争实质上是教育的竞争,而教育竞争的核心是创新性人才的竞争。培养创新性人才,就要开发人的潜能,尤其是开发中学生的潜在创造力。中学生正处于智力、身心发展的黄金时期,培养这种潜在的创造力的首要考虑因素是发展创造性思维。

探究性学习的显著特征是让学生主动思考、动手操作、自主探究,具有开放性、自主性、创新性等特点,对培养学生的创造性思维有独特的优势。高中生的思维已脱离对具体事物的形象思维,进入到对事物的观察、分析、抽象、概括等理性思维阶段,直至形成辩证思维,学生的思维逐渐成熟。在这个阶段,我们把探究性学习和教学内容有机整合起来,全面培养学生的多种思维方式,提升学生的创造性思维。笔者在教学中的具体做法是:在教学中借助探究性学习的方式,让学生亲自经历探讨、分析、研究的动态思维过程;在课内外借助课题实施探究性学习,比如,调和平均值与算术平均值不等式、对数发展简史等;对幂函数、指数函数与对数函数增长速度的比较,对火箭速度的计算公式进行探究;对分期付款进行最佳方案设计,即哪一种储蓄方案获利最大等。引导学生推理、论证这些探究性的学习材料,学生的创造性思维能力就在这提出问题、解决问题、再提出问题、再解决问题的过程中得到发展。下面,笔者结合探究性学习,对培养学生创造性思维,进行了有益的尝试。

问题 已知 $x,y \in \mathbf{R}_+, m, n \in \mathbf{R}$,且 $x+y=1$,求证:$xm^2 + yn^2 \geqslant (xm+yn)^2$。

分析 这是一道看起来普通的不等式,但隐含着丰富的潜在价值。笔者从证法探究、推广探究、运用探究出发,开展了一次探究性学习。

1. 大浪淘沙,滴水穿石

一题多解可以促使知识相互融合,也体现了学生解题能力的强弱。强调指出的是其具有开放式思维特征,可以培养学生创造性解决问题的能力。在教师的引导下,进行一题多解探究,得到下面的几种证法。

证法 1(比较法) 由 $xm^2+yn^2-(xm+yn)^2=xm^2+yn^2-x^2m^2-2xymn-y^2n^2=xm^2(1-x)+yn^2(1-y)-2xymn=xym^2+xyn^2-2xymn=xy(m-n)^2\geqslant 0$,因为 x、$y\in \mathbf{R}_+$,所以 $xm^2+yn^2\geqslant(xm+yn)^2$。

证法 2(基本不等式法) $xm^2+yn^2=(x+y)(xm^2+yn^2)=x^2m^2+xy(m^2+n^2)+y^2n^2\geqslant x^2m^2+2xymn+y^2n^2=(xm+yn)^2$,当且仅当 $m=n$ 时,等号取得,即 $xm^2+yn^2\geqslant(xm+yn)^2$。

证法 3(综合法) 由于 $m^2+n^2\geqslant 2mn$,$x>0$,$y>0$,所以 $xy(m^2+n^2)\geqslant 2xymn$,即 $xm^2(x+y)+yn^2(x+y)\geqslant(xm+yn)^2$,又 $x+y=1$,所以 $xm^2+yn^2\geqslant(xm+yn)^2$。

证法 4(构造函数法) 设 $f(m)=xm^2+yn^2-(xm+yn)^2=(x-x^2)m^2-2xymn+yn^2-y^2n^2$,因为 x、$y\in \mathbf{R}_+$,且 $x+y=1$,所以 $0<x<1$,$x-x^2>0$,又判别式 $\Delta=0$,得 $f(m)\geqslant 0$,即 $xm^2+yn^2\geqslant(xm+yn)^2$。

证法 5(构造向量法) 由于 x、$y>0$,令 $\vec{a}=(\sqrt{x},\sqrt{y})$,由于 $x+y=1$,得 $|\vec{a}|=1$,令 $\vec{b}=(\sqrt{x}m,\sqrt{y}n)$,得 $(\vec{a}\cdot\vec{b})^2=(\sqrt{x}\cdot\sqrt{x}m+\sqrt{y}\cdot\sqrt{y}n)^2=(xm+yn)^2$,又 $(\vec{a}\cdot\vec{b})^2=(|\vec{a}|\cdot|\vec{b}|\cdot\cos\theta)^2=|\vec{b}|^2\cdot\cos^2\theta\leqslant|\vec{b}|^2=xm^2+yn^2$,即 $xm^2+yn^2\geqslant(xm+yn)^2$。

证法 6(期望法) 设离散型随机变量可能取值为 m、n,且 $P(\xi=m)=x$,$P(\xi=n)=y$,且 $x+y=1$,因此,$E\xi^2=xm^2+yn^2$,$E\xi=xm+yn$,由于 $E\xi^2\geqslant(E\xi)^2$,故 $xm^2+yn^2\geqslant(xm+yn)^2$。

证法 1、证法 2、证法 3 分别应用了比较法、基本不等式法、综合法,是证明不等式的常用证明方法;证法 4、证法 5 分别应用了构造函数法和构造向量法,也不失为一种巧妙的方法,过程简洁明快;证法 6 是一种思维极具有创意,过程优美,让人耳目一新、意犹未尽、生动又具有灵性,无不凝结着探究性学习的魅力。

2. 登高望远，一览众山

以上给出了一题多解的解法探究，可启发学生进一步思考——本题能否将条件和结论进行推广？在教师的引导下，有如下推广。

推论1(条件推广) 已知 x、$y \in \mathbf{R}_+$，$x+y=k$，$(k \in \mathbf{R}_+)$，m、$n \in \mathbf{R}$，则 $k(xm^2+yn^2) \geqslant (xm+yn)^2$，当且仅当 $m=n$ 时取得等号。

证明 由 $x+y=k$ 得 $\dfrac{x}{k}+\dfrac{y}{k}=1$，视 $\dfrac{x}{k}$、$\dfrac{y}{k}$ 为一个整体，仿上述的证法6可得。

在教学中，教师应大胆放手让学生探索，体会从特殊到一般研究问题的方法。上述的推论1是从条件出发，可启发学生从元的个数推广探究，得到下面几个推论。

推论2 已知 x、y、$z \in \mathbf{R}_+$，$x+y+z=1$，m、n、$p \in \mathbf{R}$，则 $xm^2+yn^2+zp^2 \geqslant (xm+yn+zp)^2$，当且仅当 $m=n=p$ 时取得等号。

推论3 已知 x、y、$z \in \mathbf{R}_+$，$x+y+z=k$（k 为正常数），m、n、$p \in \mathbf{R}$，则 $k(xm^2+yn^2+zp^2) \geqslant (xm+yn+zp)^2$，当且仅当 $m=n=p$ 时取得等号。

推论4 已知 $x_i \in \mathbf{R}_+$，$\sum x_i = 1$，$a_i \in \mathbf{R}$，$i=1, 2, 3, \cdots, n$，则 $x_1 a_1^2 + x_2 a_2^2 + \cdots + x_n a_n^2 \geqslant (x_1 a_1 + x_2 a_2 + \cdots + x_n a_n)^2$，当且仅当 $a_1 = a_2 = \cdots = a_n$ 时取得等号。

推论5 已知 $x_i \in \mathbf{R}_+$，$\sum x_i = k$（k 为正常数），$a_i \in \mathbf{R}$，$i=1, 2, \cdots n$，则 $k(x_1 a_1^2 + x_2 a_2^2 + \cdots + x_n a_n^2) \geqslant (x_1 a_1 + x_2 a_2 + \cdots + x_n a_n)^2$，当且仅当 $a_1 = a_2 = \cdots = a_n$ 时取得等号。

探究之余，学生欣赏着上述不等式的对称美、和谐美、简洁美。此时，有学生提议笔者提供几道题练一练，否则这 5 个推论就成了摆设，没有发挥它们的应用价值。笔者打算利用课堂上剩余的时间，让学生进行运用与探究。

3. 利用推论，运用探究

例1 求证：$3(1+k^2+k^4) \geqslant (1+k+k^2)^2$。

证明 由推论2，取 $x=y=z=\dfrac{1}{3}$，令 $m=1$，$n=k$，$p=k^2$，得 $\dfrac{1}{3} \times 1^2 + \dfrac{1}{3} \times$

$k^2+\frac{1}{3}\times k^4 \geqslant \left(\frac{1}{3}\times 1+\frac{1}{3}\times k+\frac{1}{3}\times k^2\right)^2$，即 $3(1+k^2+k^4)\geqslant(1+k+k^2)^2$。

例 2 已知 a、b 为非负数，$Q=a^4+b^4$，$a+b=1$，求 Q 的最大值与最小值。

解 设 $x=y=\frac{1}{2}$，得 $\frac{1}{2}a^2+\frac{1}{2}b^2\geqslant\left(\frac{1}{2}a+\frac{1}{2}b\right)^2$，即 $2(a^2+b^2)\geqslant(a+b)^2$，同理 $2(a^4+b^4)\geqslant(a^2+b^2)^2$，所以 $a^4+b^4\geqslant\frac{1}{8}(a+b)^4=\frac{1}{8}$，当且仅当 $a=b=\frac{1}{2}$ 时，$(a^4+b^4)_{\min}=\frac{1}{8}$。又由 $0\leqslant a\leqslant 1$，$0\leqslant b\leqslant 1$，得 $a^2\leqslant a$，$b^2\leqslant b$，即 $a^2+b^2\leqslant a+b$，$a^4+b^4\leqslant a^2+b^2\leqslant a+b=1$，当 $a=0$ 或 $b=0$ 时，取得等号，即 $(a^4+b^4)_{\max}=1$。

通过本题的证法探究、推广探究、运用探究的探究过程，学生经历了从特殊化到一般化、类比探究等思维过程，充分挖掘了学生的潜能，激发了学生的兴趣，培养了学生的探究能力和创造性思维能力。

现行的高中教材为师生提供了丰富的探究性学习的课题。比如在"探究与实践"专栏设置了"利用等式进行不等式、幂函数、指数函数与对数函数增长速度的比较""球门的张角计算问题"等。另外，高中数学课程设立了数学建模等学习活动，为学生多样化、开放式的学习方式创造了条件，激发了学生学习的热情。在探究学习的过程中，学生养成了独立思考、积极主动解决问题的习惯，体验和经历了问题的发现过程，这一过程也培育了学生的思维。当然，在教学中要有计划、有针对性地培养学生的思维，要合理安排时间，不能局限于有限的时间或教材中的几个探究课题上，应把探究性学习纳入常规的教学活动中。

第三节 在变式教学中培养思维

变式是通过改变问题的非本质的属性来凸现其本质属性而形成的表现形式。变式教学是教师实施课堂教学的一种方式之一，它是一种教学行为或是一种教学思想，它以培养学生敏捷变更、独立思考能力为宗旨，着重是指教师在课堂教学中有针对性地、有方向性地变更问题的非本质属性,而保持问题的本质属性一直不变的教学方式。在教学中,教师应尽量设计由浅入深、由易到难的问题,尽量呈现问题的非本质属性,这种教学形式把学生的思维引向了新的层次,其本质是教师有指向性地通过变式为学生组织一个引导思维的活动。比如通过变更概念、公式、结论的形式,或改变题目的条件或结论来实施变式训练,但是,无论进行怎样的变化,问题的本质特征都始终不变,也就是我们经常说的"万变不离其宗"。

一、变式教学的理论依据和形式

变式教学的实施是建立在一定的理论基础上的,比如,最近发展区理论、建构主义学习理论、有意义的学习理论等。

(一) 变式教学的理论依据

最近发展区是由苏联教育家维果茨基提出的教育理论,他认为学生在发展阶段具备两种水平,一种是学生目前的水平,另一种是学生通过他人的帮助,比如教师的教学活动等,可达到的水平,总而言之就是学生潜在的发展水平,这两种水平之间的中间环节叫作最近发展区。如果教师的教学活动符合学生的最近发展区,那么就会调动他们参与课堂教学的积极性,有助于知识的同化,也激发了他们的学习兴趣和热情。

为了缩短学生这两个水平之间的距离,实现学生潜在水平的最大化,教师要创设学生学习的合理的最近发展区。在教学过程中,教师要搭建"脚手架",学生在教师的启发下通过自己的努力向前跳一跳,接近最近发展区,最终成功解决问题。我们常说的"铺垫"一词,是实现学生最近发展区的具体表现。因此,这就要求教师在学生的最近发展区内合理设计一系列体现学生认知特点的变式,通过"脚手架""铺垫",逐步向前进展,直到把学生的原有的知识、经验或新知识联系起来,达到学生尽可能达到的水平层次。教师在进行变式教学时,还要结合学生自身的实际水平及认知规律,把握好一个度,这样才能更好地帮助学生理解问题,提高解决问题的能力,提升课堂教学效果。

建构主义学习理论认为,学生在学习新知识的同时,应根据已有的知识经验,对新知识进行主动处理、加工,建构其意义。在教学活动中教师应根据教学内容的特点,合理设计变式,创设合理的问题情境,挖掘新旧知识的内在关联,启发学生积极主动地建构知识。在这一过程中,教师的角色是引导者、启发者、帮助者、组织者,学生是课堂学习的主体,学生是教师的合作者。在变式教学中,教师通过设计适当的变式启发学生揭示知识的本质属性,以此来建构知识的意义。教师可通过改变问题的条件和结论或让学生设计变式,促进学生对问题进行理解。

有意义的学习理论认为,学习者在学习新知识时,学习者的认知体系中已有的知识结构将与新知识产生碰撞,重新建立知识间的联系。只有这样,获得的新知识才会更牢固、更深刻,才能内化到原有的知识框架中,这就是有意义学习。变式教学能促使学生有意义的学习。通过改变问题的特征(包括本质特征和非本质特征)来对同一类型的题目进行变式,在变式训练中,学生将从不同的视角领会知识。变式教学训练,有助于学生掌握问题的本质和其中的关键特征,有助于发现学生对知识掌握的不足之处,下次再见到它时能够辨别出来,有助于实现知识的正向迁移。

(二) 变式教学的课堂实施形式

1. 概念的变式

在教学活动中进行概念变式的目的是强化学习者对概念的多方位的理解及体会概念的来龙去脉,一般需要经历概念引入、概念辨析、概念巩固三个阶段,当然,这几个阶段也是相对的,应根据概念的特征来确定。

概念引入变式是指学习者在学习新概念时,将概念置于实际的生活情境中,让学生经历观察、实验、探究的过程,体会知识的习得过程。设置的问题情境要有启发性、层次性、铺垫性。为了加深对某一个数学概念的理解,需要设计一系列子问题,层层推进与逐步缩短和实际概念之间的"潜在距离",得到一个比较完整的认知。比如,教师在新授"等差数列的前 n 项求和公式"时可创设这样的情境:一个电影院有 27 排座位,第一排有 24 个座位,依次下去,后面每排的座位比前一排多 2 个。现有师生共 2400 人,打算分 2 批观看。若你是活动的组织者,要考虑到怎样的问题呢？从实际生活中的实例出发，把新学习的概念和实际的生活情境联系起来，将抽象的数学概念，转化为具体的场景，以直观的形式展现给学生。

概念辨析变式是指教师从概念外延的角度，设计一些帮助学生辨析理解概念的问题，引导学生通过辨析、比较，理解概念的本质。比如，教师在讲解函数奇偶性概念之后，可设置以下变式帮助学生理解函数奇偶性概念：① $f(x)=2x^2+1$，$(x\in \mathbf{R})$；② $f(x)=2x^2+1$，$x\in(-1,1]$；③ $f(x)=\dfrac{2}{x}$，$x\ne 0$；④ $f(x)=\dfrac{2}{x}$，$x\ne 1$；⑤ $f(x)=\sqrt{x-2}+\sqrt{x+2}$。

概念巩固变式是指在学生已掌握概念的前提下，教师直接设计应用概念的变式题组，变式题组的设计要有层次性，要能达到巩固概念的效果。为提高课堂教学的有效性，教师应尽可能地围绕教材中的例习题来选择具有代表性、能反映知识来龙去脉的示例，展示知识间的共性，实现知识的类比和正向迁移。比如，教师在引入函数单调性概念后，可设置以下题组，加深学生对函数的单调性及单调区间的理解。① 由函数 $y=\dfrac{1}{x}$ 的图象，写出其单调区间；② 证明函数 $y=-\dfrac{1}{x}-2$ 在区间 $(0,+\infty)$ 上为单调增函数；③ 函数 $y=-\dfrac{1}{x}-2$ 在区间 $(-\infty,0)$ 上是单调增函数还是单调减函数，并说明理由；④ 函数 $y=-\dfrac{1}{x}-2$ 在定义域内是单调函数，判断其真假。

2. 解题的变式

提升学生解决问题的能力及思维能力是高中数学教与学的最终目的。由于高中数学知识点较多，题目纷繁复杂，千差万别，学生很容易陷入题海战术中。通过解题方法的变式，一题多解，一题多变，一法多用，让学生掌握解题方法的同时，实现知识间的融会贯通。

（1）一题多解

一题多解，可以加强学生思维的深刻性，提升思维的灵活性，从不同的角度解决同一个问题，培养学生解决问题的能力。运用一题多解，可以把相关知识联系起来。在教学中，运用一题多解，要充分考虑学生的认知特点及能力层次，不可以追求解题方法的新和全，要引导学生找到最佳解法。

(2) 一题多变

一题多变是指通过对问题的条件、结论、方法等实施多角度分析，将一个题目变换加工成一类题目，提高学生懂一点知一类，即见微知著的能力，提升学生的思维品质。

例1(变更题目条件) 已知函数 $f(x)=\sqrt{ax^2+x+1}$ 的定义域为 **R**，求实数 a 的取值范围。

变式 1 已知函数 $f(x)=\log_4\sqrt{ax^2+x+1}$ 的定义域为 **R**，求实数 a 的取值范围。

变式 2 已知函数 $f(x)=\log_4(ax^2+x+1)$ 的值域为 **R**，求实数 a 的取值范围。

变式 3 已知函数 $f(x)=\log_4(ax^2+x+b)$ 的定义域为 **R**，值域为 $[0,2]$，求实数 a、b 的值。

在实施一题多变时，例题的选择很重要，例题的变式不宜太难或太易，变式要顺应学生的思维和能达到的能力。另外，一题多变的变式题，并不是变式越多越好，变式要能引导学生思考问题的本质，在"变"中找到"不变"的共性。

(3) 一法多用

一法多用是指用同一种数学方法解决不同的问题，这就是我们平时所说的"解题套路"，其本质是用数学思想方法去分析问题、解决问题。一法多用，需要在解题后，加强解题反思，对解题方法进行归纳，再把所总结归纳的方法迁移到其他问题情境中去，一法多用的运用可以培养学生的聚合思维。

一法多用在变式教学中相对要求较高，它是建立在一题多变和一题多解基础上的。将变式教学引入课堂，教师在使用一法多用解决问题时，不仅能帮助学生概括知识，还能够对知识点进行整合，以此来让学生积累更多的学习经验，完善知识体系。

3. 课堂外延的变式

课堂外延变式是指数学变式不应只在课堂存在，可以延伸到课堂之外，让学生学会自主变式。笔者结合教学经验,给出了下面两种具体做法:一是合理布置课外作业。在布置作业时,可根据所学内容的特点,设置一些一题多解的试题,然后将多种解法告诉学生,也可以让学生以合作学习的方式进行交流。二是注重错题的反思与整理。错题集不能流于形式,仅让学生把错题抄一遍是不够的,要让学生分析错在哪里?教师还要让学生关注相似的问题,让学生进行纵向比较,找出其中的细微变化,反思对这些细微变化应借助于什么样的解题策略。这样的学习策略,可以让学生远离题海战术。比如,含有无理式的函数值域一直是学生的薄弱环节,学生在整理纠错时,可将这类题放在一起处理:(1)求函数 $y=\sqrt{-x^2-2x+8}$ 的值域;(2)求函数 $y=\sqrt{x}-\sqrt{x-4}$ 的值域;(3)求函数 $y=\sqrt{2x-2}-x$ 与 $y=\sqrt{2x-2}+x$ 的值域;(4)求函数 $y=\sqrt{x}-\sqrt{4-x}$ 与函数 $y=\sqrt{x}+\sqrt{4-x}$ 的值域。

二、变式教学的思维价值

(一)一法多用培养学生的收敛思维

收敛思维体现了从复合到单一、从多到少、从发散到集中的思维模式。在解决问题时,把问题本身提供的信息和大脑中已有的研究对象的信息融合起来,借助联想、归纳、类比等方式,确定解决问题的最优路径。收敛思维本质上是多题归一的变式教学,也就是说有些数学问题"形异而质同",可以把它们归类分析,找出共性,用相同的方法去分析解决。换句话说,多个数学情境多个问题,解答问题方法相同。多题归一可以起到举一反三、触类旁通的课堂教学效果,学生一旦掌握了某一类问题的共性后,就能够从这个一般规律入手,去解决相同类型或相似的问题。

例2(抛物线定义的应用)

(1) 抛物线 $y^2=4x$ 的焦点到准线的距离是_____。

(2) 若抛物线 $y^2=2px(p>0)$ 上的点的横坐标为 4,它到焦点距离为 5,则 p 的值为_____。

(3) 若抛物线 $y^2=8x$ 上的点到焦点的距离为 9，则该点坐标为_____。

(4) 若一个动点到定点 $F(3,0)$ 的距离比它到直线 $x=-2$ 的距离大 1，则动点的轨迹为_____。

在解决问题时，既要做到发散，又要做到及时收敛，也就是集中思维练习，以此拓展知识面，生成众多的知识链，对解题的思维过程和方法进行整理、归类，帮助学生获得一法多用的模型、归纳探究等解决问题的方法，培养学生的聚合思维能力。波利亚说过，好问题如同某种蘑菇，它们大都成堆地生长，找到一个以后，你应当在周围再找找，很可能在附近就有几个。波利亚强调用发散思维解决问题的重要性，但变式教学中也不能忽视收敛思维，收敛思维和发散思维就像一个钱币的两面，它们具有互补性，是矛盾的对立统一，不可以捉襟见肘。教学实践表明，培养学生的发散思维也要结合聚合思维，他们相互为用才能最大限度地提升学生的思维力，以此提高学生解决问题的能力。

（二）概念变式培养学生思维的严谨性

数学概念是对客观事物的本质的概括。数学概念本身是较抽象的，学生不易理解。数学概念是我们进一步学习数学的基础。概念的变式是概念教学的重要组成部分，通过概念变式可以帮助学生更好地领会概念的内涵和外延，抓住概念的本质，培养学生思维的严谨性。

例 3 请判断下列函数的奇偶性，并说明理由

(1) $y=\dfrac{1}{x}$，$y=\dfrac{1}{x}(1<x<2)$；(2) $y=\lg\dfrac{1+x}{1-x}$，$y=\lg\dfrac{1+x}{1-x}$，$(0<x<1)$。

分析 研究函数的性质离不开研究函数的定义域，函数存在奇偶性的前提条件是函数的定义域关于原点对称，据此，教师可设计相关辨析型变式，引导学生分析函数奇偶性存在的条件。完成此类变式题，将会冲击学生固有的思维方法，使得学生认识到定义域关于原点对称的必要性。在数学活动中，教师也可设计一些错例与反例，引导学生从根源上认识问题的本质，唯是，才能真正实现教学目的，学生的思维品质的提高才能真正落地。

例4（椭圆的定义） （1）在同一个平面内动点 M 到两个定点 F_1、F_2 的距离之和等于常数 $2a$，若 $2a=|F_1F_2|$，则动点 M 的轨迹是_____。

（2）在同一个平面内动点 M 到两个定点 F_1、F_2 的距离之和等于常数 $2a$，若 $2a>|F_1F_2|$，则动点 M 的轨迹是_____。

（3）在同一个平面内动点 M 到两个定点 F_1、F_2 距离之和等于常数 $2a$，若 $2a<|F_1F_2|$，则动点 M 的轨迹是_____。

通过上述三个变式，加深学生对椭圆定义的理解（教材中用实验演示）。

不难发现，变式教学能帮助学生理解概念的本质属性，与此同时，学生对概念、定理多方位、多层次的理解能提升灵活运用概念解决问题的能力。当然，教师在实际的课堂教学中要始终坚持生本理念，变式要难度适中，分层拓展，要以促进学生的思维能力和解题能力为抓手。

（三）解法变式培养学生思维深刻性、广阔性

教学中经常出现的一个现象，课堂上教师多次提醒的易错知识点，学生还是会犯相似或相同的错误，学生做过相同或相似的题目，下次考试时学生仍然不会做。这正如前面所述，学生不是一个白板，可以由教师在上面任意涂抹；也不是一个空的瓶罐，可以由教师填鸭式地灌输。有意义的学习理论认为学生在学习的过程中不是被动接受知识的过程，而是一个主动建构的过程。也就是说，学生不是一个行走的木偶，教师想让他们学习多少内容，学生就机械地学习什么，学生应该自己对知识进行感悟。那么，如何实现学生真正的有意义的学习，教师应该转变教学观念，变革教学方式，应以学生的自主学习为前提，让他们主动思考，积极探索，提高解决问题的能力，培养他们良好的数学思维习惯。

通过解法变式，整合与重组学生已学的知识或方法，在此基础上引导他们多角度地思考问题，拓展思维空间，让知识内化于能力，培养学生的求同与求异思维，进而提升学生的发散思维，提升学生思维的深刻性、广阔性、灵活性等。因此，解法变式是提高学生思维的催化剂，让学生在学习中积累经验，在学中做与在做中学。解法变式，可以让学生透过问题的表象看到问题的本质，在平时的生活学习中，良好的思维品质又可以耳濡目染地影响学生的人格、做事的方式、解决问题

的方法,以及对其他学科的学习。只要掌握了解决问题的方法,就可以举一反三。下面,举例说明。

例5 已知 $m>0, n>0, \dfrac{1}{m}+\dfrac{2}{n}=1$,求 mn 的最小值。

分析1(基本不等式法) 因为 $m>0, n>0$,所以 $\dfrac{1}{m}+\dfrac{2}{n} \geqslant 2\sqrt{\dfrac{2}{mn}}$,即 $2\sqrt{\dfrac{2}{mn}} \leqslant 1, mn \geqslant 8$,当且仅当 $\dfrac{1}{m}=\dfrac{2}{n}=\dfrac{1}{2}$,即 $m=2, n=4$ 时取得等号,所以 mn 的最小值为 8。

分析2(1的应用) $mn=\left(\dfrac{1}{m}+\dfrac{2}{n}\right)mn=n+2m \geqslant 2\sqrt{2mn}$,即 $mn \geqslant 2\sqrt{2mn}$,$mn \geqslant 8$。当且仅当 $m=2, n=4$ 时取得等号,所以 mn 的最小值为 8。

分析3(平方法) 因为 $m>0, n>0, \dfrac{1}{m}+\dfrac{2}{n}=1$,所以 $1=\left(\dfrac{1}{m}+\dfrac{2}{n}\right)^2=\dfrac{1}{m^2}+\dfrac{4}{n^2}+\dfrac{4}{mn} \geqslant 2\sqrt{\dfrac{4}{m^2n^2}}+\dfrac{4}{mn}=\dfrac{8}{mn}$,当且仅当 $\dfrac{1}{m}=\dfrac{2}{n}=\dfrac{1}{2}$,即 $m=2, n=4$ 时取得等号,所以 mn 的最小值为 8。

分析4(三角变换法) 因为 $m>0, n>0, \dfrac{1}{m}+\dfrac{2}{n}=1$,令 $\dfrac{1}{m}=\cos^2\alpha, \dfrac{2}{n}=\sin^2\alpha$,$mn=\dfrac{2}{\cos^2\alpha\sin^2\alpha}=\dfrac{8}{\sin^2 2\alpha} \geqslant 8$,当且仅当 $\sin^2 2\alpha=1$,即 $m=2, n=4$,取得等号,所以 mn 的最小值为 8。

分析5(均值换元法) 因为 $m>0, n>0, \dfrac{1}{m}+\dfrac{2}{n}=1$,令 $\dfrac{1}{m}=\dfrac{1}{2}+t, \dfrac{2}{n}=\dfrac{1}{2}-t$,$\left(-\dfrac{1}{2}<t<\dfrac{1}{2}\right)$,所以 $mn=\dfrac{8}{1-4t^2} \geqslant 8$,当且仅当 $t=0$ 时等号取得,即 $m=2, n=4$,所以 mn 的最小值为 8。

本题彰显了一题多解的教学优势及潜在的教育价值,前面 3 种解法强化了学生的基础知识,而后 2 种解法拓宽了学生的思维空间,优化了解决问题的途径,整合了相关知识,提升了学生思维的深刻性。

(四)一题多变培养学生发散性思维

例6 已知不等式 $2x^2-9x+k \leqslant 0$ 在 $x \in [2,3]$ 时恒成立,求实数 k 的取值范围。

分析 本题可在解决方法上进行发散,可以借助于分离参数 k 或二元一次函数的图象进行求解。$k \leqslant -2x^2+9x$,设 $g(x)=-2x^2+9x=-2\left(x-\dfrac{9}{4}\right)^2+\dfrac{81}{8}$,当 $x=3$ 时,$(-2x^2+9x)_{\min}=9$,所以 $k \leqslant 9$。

本题可从结构上进行变式,实现一题多变。

变式1 已知不等式 $2x^2-9x+k \leqslant 0$ 在 $k \in [2,3]$ 时恒成立,求实数 x 的取值范围。

变式2 已知不等式 $2x^2-kx+9 \leqslant 0$ 在 $x \in [2,3]$ 时恒成立,求实数 k 的取值范围。

变式3 已知不等式 $kx^2-2x+9 \leqslant 0$ 在 $x \in [2,3]$ 时恒成立,求实数 k 的取值范围。

例7 已知 $\tan(\alpha+\beta)=3$,$\tan(\alpha-\beta)=2$,求 $\tan\alpha$ 的值。

分析 本题是从角入手,即 $2\alpha=(\alpha+\beta)+(\alpha-\beta)$,利用这种角变换,可进行以下变式训练。

变式1 已知 $\tan(\alpha+\beta)=\dfrac{2}{5}$,$\tan\left(\beta-\dfrac{\pi}{3}\right)=\dfrac{1}{2}$,求 $\tan\left(\alpha+\dfrac{\pi}{3}\right)$ 的值。

变式2 已知 α 为钝角,$\sin\left(\alpha-\dfrac{\pi}{6}\right)=\dfrac{1}{3}$,求 $\cos\alpha$ 的值。

变式3 已知 α、β 的钝角,$\cos\alpha=\dfrac{1}{7}$,$\sin(\alpha+\beta)=\dfrac{3\sqrt{3}}{14}$,求 β。

这几个变式都是由角变换求值,表面看起来不同,但是蕴含的解决问题的思维方法是相同的,通过对这一组题进行训练,学生不仅熟悉了三角公式,而且掌握了这类问题的解题方法。

以上例题属于一题多变,在教学中,教师要注意对此类试题进行收集、归类、设置问题串,感悟知识间的内在联系,达到"会一例通一类"的教学效果。同时,教师在日常的教学中,还要关注研究教材中的典型例题、习题,能借题发挥、拓展训练,以此来满足学生的好奇心和对知识的渴求,提高学生从多方位分析和解决问题的能力。这样有利于提高课堂教学效果,实现减负增效,还能训练学生的理性思维,培养他们发散地解决问题的能力和科学创新精神,有利于培养学科素养,实现学生核心素养的达成。

总之,在课堂教学中,实施变式教学,以例带类、以例带变、以例带法、以例启思,在观察、类比、联想的基础上提升学生创造性解决问题的能力。由于这类问题涉及的知识面广,解决问题的方法又较灵活,综合性又较强,具有一定的难度和深度,有助于培养学生的学习兴趣和发展学生的思维品质。

第五章 ‖ 在数学阅读与解题教学中培养思维

> 数学语言是数学思维的外壳,对数学语言的阅读能透过问题的表面现象达到对问题的本质的理解,对提升学生思维的深刻性等思维品质都大有帮助。解题教学及解题反思、化错(纠错)是培养学生思维的主渠道。本章将从以下几个方面对培养学生思维作一些实践探讨。

第一节 在数学阅读中培养思维

狄德罗说过:"不读书的人,思想就会停止。"食物是营养品,书籍是一种精神食品,阅读可以使我们的视角看得更远,思维飞得更高,同时阅读还可以使我们的思维插上腾飞的翅膀。数学是一门具有高度抽象性和逻辑性的科学,数学阅读不同于其他学科的阅读,它重理性、重思考,思考是数学阅读的精髓所在,数学阅读可以培养学生思维的严密性、灵活性、深刻性和批判性等思维品质。然而,在课堂教学中,部分教师忽略了数学阅读,由于受应试教育的影响,直接将题目的解答过程呈现给学生,造成了学生因缺少对试题的分析理解及对数学语言的理解,无法建立对数学问题的正确理解,严重阻碍了学生数学思维的发展。

数学阅读是学习者对数学材料进行思考加工的过程,是积极能动地获取有效信息的过程,是一种较为复杂的心智活动的过程,是人们获得间接经验从事数学学习活动的主要渠道。它是学生与阅读材料的对话交流,是学生与作者的间接对话。由于数学语言有文字语言、符号语言、图形语言,决定了数学阅读有别于其他的阅读,不仅要求学生要读懂语言,更为重要的是通过对数学概念、数学公式、数学故事等阅读材料的阅读,从中提炼出一定的"数学文化图式"。

数学阅读和其他文科类阅读有一定的共性,即用一定的阅读技巧对阅读材料进行分析、加工与理解。数学阅读不同于其他学科的阅读在于:首先,数学阅读材料是由文字语言、符号语言、图形语言组成的,数学语言具有抽象性、严密性等特点,导致学生读不懂题目或能读懂题目也不一定会解决;其次,数学思想方法是数学的精髓,阅读材料中往往隐藏着多种数学思想方法,这就要求学生要挖掘出阅读材料中蕴含的数学思想方法才能顺利解决问题。

一、数学阅读的分类与阅读策略

数学阅读分为课内阅读和课外阅读两种,课内阅读是指对教材的阅读,一般包括对数学概念、命题、习题的阅读。课外阅读是指对课外书籍及生活中数学材料的阅读,下面,谈一谈课内阅读。

(一)数学阅读的分类

数学概念的阅读。数学概念是数学学习的基石,厘清数学概念的内涵和外延是解决数学问题的前提。在课堂教学中,很多教师在介绍数学概念时,只是机械地把概念陈述给学生,学生没有经历概念的形成过程,也缺乏自主阅读教材的习惯。显然,这样的教学和学习方式无法从根本上培养学生的思维能力。只有在教师的引领下,师生、生生共同阅读数学概念,体会概念的内涵,逐字逐句地感悟概念的重难点及蕴含的数学思想方法,才能培养学生的思维能力。

数学命题的阅读。数学命题的阅读是数学阅读的重要组成部分,对数学命题真假的判断能增强学生对概念的理解,减少因概念不清导致的错误,有助于培养学生思维的批判性与深刻性等数学思维品质。

数学习题的阅读。我们经常遇到在考试结束后,有学生抱怨自己粗心大意把题目看错了,还有学生因审题不清做错了题目。面对学生这么多不应该的错误,大多数同学的问题在于解题时,根本没有把题目从头读到尾,只是凭着经验或思维的定势来解题;或者在读题的过程中没有注意到关键的字词。有时我们把题目重新读一遍,甚至读到一半的时候,才发现原来犯了这么低级的错误。

(二) 数学阅读的策略

为提升学生的数学思维能力,在组织课堂教学时,我们尝试引导学生应用以下阅读策略。

1. 创设学习氛围,激发学习兴趣

教育家叶圣陶先生指出,学习本来是学生自己的事情,教师没有把学生的学习积极性调动起来,那么学生无论怎样都是学不好的。学生有浓厚的学习兴趣,才会主动地学习。在强烈的学习兴趣的驱使下,学生会自觉进行数学阅读,主动分析数学语言,以此,在不知不觉中锻炼了数学思维,提升了解决问题的能力。基于此,在课堂教学中,有效地利用数学阅读,教师要创设合适的问题情境,激发学生的阅读兴趣,在情境中阅读,在阅读中感悟,在感悟中提升思维。

例如,教师在讲评基本不等式 $a^2+b^2 \geqslant 2ab(a、b \in \mathbf{R}$,当且仅当 $a=b$ 时,等号成立)时,可利用课本的阅读材料,指导学生进行阅读。如图称为弦图,是我国古代三国时期赵爽为《周髀算经》作注时为证明勾股定理所绘制,该图曾作为2002年北京召开的第24届国际数学家大会的会标。弦图不仅能用于证明等式,也能用于证明不等式。事实上,利用弦图得到等式 $2ab+(a-b)^2=a^2+b^2$,可推出 $a^2+b^2 \geqslant 2ab$,且等号当且仅当 $a=b$ 时成立。通过阅读赵爽弦图,提高了学习兴趣,加深了学生对基本不等式的理解。

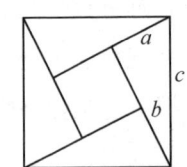

2. 方法指导,促进思维

通过数学阅读,找到阅读材料中的关键信息。由这些关键信息去分析阅读材料中所蕴含的数学思想方法。事实上,学生在学习的过程中,之所以会出现不同的问题,是因为在阅读的过程中,没有准确地抓住阅读材料中的关键信息,基于此,可借助思维导图。由于阅读材料往往信息量较大,涉及的知识面也比较广,在指导学生阅读的过程中,会出现知识碎片化,无法建立对知识系统的认识,也不利于用数学语言进行表达。具体来说,可在每节或每单元学完之后,引导学生边阅读边设计思维导图,将知识点融合在一起,按照一定的规则设计有创意的思维导图。这样,利用思维导图,完善了知识结构,还可以在阅读中提升思维能力,两全其美。

二、数学阅读的思维价值

教育家斯托利亚尔指出,数学教学是通过数学语言呈现出来的,数学是语言所能达到的最高境界。学生在阅读过程中的相互交流既是数学思维的载体,又是数学思维的具体表现,数学语言的学习是和数学阅读紧密相关的。学生在学习的过程中,对听、说、谈、写等能力的数学语言掌握情况,其能力强弱直接关系到其数学思维提升以及对数学概念、定理、公式的理解及应用。因此,数学阅读是学生获得知识的重要渠道,通过数学阅读可以培养学生的自学能力,进而可以促使学生变革其学习方式。与此同时,数学思维与数学阅读二者密不可分,数学阅读需要学生积极主动思考,是数学思维的过程,反过来,也可以用思考促进思维,所以数学阅读也是训练学生数学思维能力的过程。可想而知,数学阅读离开思维必定是机械的、无趣的、乏味的。在教学中,教师应该用合适的阅读策略引导学生有效阅读,把数学阅读和提升思维能力有机结合在一起,优化学生的数学思维品质。

(一)培养思维的深刻性

思维的深刻性表现在善于透过事物的表面现象洞察到事物的本质特征。数学思维的深刻性表现在不被表面的条件所迷惑,善于通过条件,揭示对象之间的关系。

1. 读透概念,培养思维的深刻性

数学概念是现实生活中空间形式和数量关系的本质特征在人脑中的表征。正确地理解概念是进一步学习公式、定理的前提,也是解题的基础。正确理解概念可以让学生透过表面的现象,抓住问题的本质特征,避免一些因概念的理解不到位导致的错误。

例1 已知函数 $f(x)$ 定义域为 $[2,3]$,求函数 $f(3x-1)$ 定义域。

分析1 因为 $2 \leqslant x \leqslant 3$,所以 $5 \leqslant 3x-1 \leqslant 8$,即函数 $f(3x-1)$ 定义域为 $[5,8]$。

分析2 由 $2 \leqslant 3x-1 \leqslant 3$，得 $1 \leqslant x \leqslant \dfrac{4}{3}$，即函数 $f(3x-1)$ 定义域为 $\left[1, \dfrac{4}{3}\right]$。

反思 分析1中学生把 $f(x)$ 和 $f(3x-1)$ 中的 x 看作同一个量，然后根据 $f(x)$ 中 x 的取值范围，求出 $f(3x-1)$ 中 $3x-1$ 的范围，把 $3x-1$ 的范围视为 $f(3x-1)$ 定义域，分析1的解答是错的。教师引导学生读题并提问：何谓函数的定义域？函数的定义域就是函数自变量的取值范围，因此函数 $f(3x-1)$ 的定义域就是求 $f(3x-1)$ 中的 x 的取值范围，这里的 x 和 $f(x)$ 中的 x 并非同一个量。那么如何求函数 $f(3x-1)$ 的定义域呢？让学生再读题思考：$f(x)$ 的定义域为 $[2,3]$，表明在 f 的作用下，整个括号内的范围为 $[2,3]$。这样一分析，在 f 的作用下，$f(3x-1)$ 定义域就是 $2 \leqslant 3x-1 \leqslant 3$，即 $x \in \left[1, \dfrac{4}{3}\right]$，因此分析2是正确的。

通过学生的反复读题，从函数的定义域的定义入手，剖析函数定义域的本质，当然，为加深对定义域概念的理解，还可对例1进行变式。

变式1 已知函数 $f(2x-1)$ 的定义域为 $[2,3]$，求函数 $f(3x-1)$ 定义域。

变式2 已知函数 $f(3x-1)$ 的定义域为 $[0,1]$，求函数 $f(x)$ 定义域。

例2 已知函数 $f(x)=\log_2(x^2+ax-a)$ 的值域为 **R**，求实数 a 的取值范围。

分析 设 $\varphi(x)=x^2+ax-a$，解这道题时，学生很容易用 $\Delta=a^2+4a<0$，得出 $-4<a<0$，所以实数 a 的取值范围为 $(-4,0)$。

笔者此时提问，在什么情况下，对数函数的值域为 **R**，学生通过仔细研读对数函数的定义域与值域后发现，要使得 $f(x)$ 的值域为 **R**，那么 $\varphi(x)$ 要取遍一切正数，由二次函数的图象易知 $\Delta \geqslant 0$，得 $a \geqslant 0$ 或 $a \leqslant -4$，因此实数 a 的取值范围为 $(-\infty, -4] \cup [0, +\infty)$。

2. 读出隐含条件，培养思维的深刻性

隐含条件是指隐藏在问题背后的已知条件，一般需要对问题进一步地分析和挖掘，使条件明朗化。合理挖掘隐含条件，有助于学生思维深刻性的培养。

例3 已知 $\sin x + \sin y = \dfrac{1}{3}$，求 $\sin y - \cos^2 x$ 的最大值与最小值。

分析 由已知条件 $\sin x + \sin y = \dfrac{1}{3}$ 得 $\sin y = \dfrac{1}{3} - \sin x$，$\sin y - \cos^2 x = \dfrac{1}{3} - \sin x - (1 - \sin^2 x) = \sin^2 x - \sin x - \dfrac{2}{3} = \left(\sin x - \dfrac{1}{2}\right)^2 - \dfrac{11}{12}$，由 $\sin x \in [-1, 1]$，求出 $\sin y - \cos^2 x$ 的最值。

本题用到了 $\sin x$ 的有界性，而问题就出在这里，在利用 $\sin y$ 代换时，忽视了 $\sin y$ 的有界性，由 $-1 \leqslant \sin y \leqslant 1$，得 $-1 \leqslant \dfrac{1}{3} - \sin x \leqslant 1$，结合 $-1 \leqslant \sin x \leqslant 1$，得 $-\dfrac{2}{3} \leqslant \sin x \leqslant 1$，因此，当 $\sin x = \dfrac{1}{2}$ 时，$\sin y - \cos^2 x$ 的最小值为 $-\dfrac{11}{12}$，当 $\sin x = -\dfrac{2}{3}$ 时，$\sin y - \cos^2 x$ 的最大值为 $\dfrac{4}{9}$。

学生在解这道题时，在代换这一步，即 $\sin y = \dfrac{1}{3} - \sin x$，可引导学生思考：由这个式子，还可以得到什么条件。引导学生积极思考，发现式子中的隐含条件。学生在解题时经常忽视，找出题目中的隐含条件，基于此，可以启发学生在读题时自我设问，题目中的条件都用上了吗？以此来提高学生的元认知能力。

例4 已知 $3x^2 + 2y^2 = 6x$，求 $z = x^2 + y^2$ 的最大值与最小值。

分析 由 $3x^2 + 2y^2 = 6x$，得 $y^2 = \dfrac{6x - 3x^2}{2}$，代入 $z = x^2 + y^2 = x^2 + \dfrac{6x - 3x^2}{2} = -\dfrac{1}{2}x^2 + 3x = -\dfrac{1}{2}(x-3)^2 + \dfrac{9}{2}$，由于 $z = x^2 + y^2$ 的值非负，即 $z = x^2 + y^2$ 的最小值为 0，当 $x = 3$ 时，$z = x^2 + y^2$ 的最大值为 $\dfrac{9}{2}$。

本题的解答中利用消元法，消去 y 得到关于 x 的一元二次方程。解决问题的思路是没有问题的，认真研读会发现变量 x 和变量 y 是相互制约的，这里的变量 x 的取值不是任意实数，由已知条件 $3x^2 + 2y^2 = 6x$ 可以找到变量 x 取值范围的进一步限制，本题恰恰在这个位置出现了问题，产生错误的原因是忽略了这一隐含条件。因此，本题的正确解法是由 $y^2 = \dfrac{6x - 3x^2}{2} \geqslant 0$，得 $x \in [0, 2]$，即当 $x = 0$ 时，z 的最小值为 0，当 $x = 2$ 时，z 的最大值为 4。若我们进一步读题，会发现 $3x^2 + 2y^2 = 6x$ 可改写为 $3(x-1)^2 + 2y^2 = 3$，原来 $z = x^2 + y^2$ 还可以理解为椭圆上一点到原点距离的平方，这样可以更加充分地挖掘隐含条件。

3. 读出规律，培养思维的深刻性

观察—归纳—证明是获得数学结论的有效途径之一。在解决问题的过程中，应鼓励学生多观察，多探索，从具体到抽象，从特殊到一般，从一般到特殊，以此来锻炼学生的抽象思维，进而培养学生思维的深刻性。

例 5 求数列 $\left\{\dfrac{1}{n(n+3)}\right\}$ 的前 n 项和。

分析 由 $S_n = \dfrac{1}{1 \times 4} + \dfrac{1}{2 \times 5} + \dfrac{1}{3 \times 6} + \dfrac{1}{4 \times 7} + \dfrac{1}{5 \times 8} + \cdots + \dfrac{1}{n(n+3)}$，观察 S_n 中的所有式子都是 $\dfrac{1}{n(n+3)}$ 的形式，且 $\dfrac{1}{n(n+3)} = \dfrac{1}{3}\left(\dfrac{1}{n} - \dfrac{1}{n+3}\right)$，即 $S_n = \dfrac{1}{3}\left[\left(1 - \dfrac{1}{4}\right) + \left(\dfrac{1}{2} - \dfrac{1}{5}\right) + \left(\dfrac{1}{3} - \dfrac{1}{6}\right) + \left(\dfrac{1}{5} - \dfrac{1}{8}\right) + \cdots + \left(\dfrac{1}{n} - \dfrac{1}{n+3}\right)\right] = \dfrac{1}{3}\left(1 + \dfrac{1}{2} + \dfrac{1}{3} - \dfrac{1}{n+1} - \dfrac{1}{n+2} - \dfrac{1}{n+3}\right)$。

在上述问题解决的基础上，引导学生归纳当数列 $\{a_n\}$ 为等差数列时，如何求数列 $\left\{\dfrac{1}{a_n a_{n+1}}\right\}$ 的前 n 项和 T_n。

例 6 把形如 $M = m^n (m, n \in \mathbf{N}_+)$ 的正整数表示为各项都是整数、公差为 2 的等差数列的前 m 项和，称作"对 M 的 m 项划分"。

例如：$9 = 3^2 = 1 + 3 + 5$，称作"9 的 3 项划分"；把 64 表示成 $64 = 4^3 = 13 + 15 + 17 + 19$，称作"对 64 的 4 项划分"，据此，对 324 的 18 项划分中最大的数是_____。

分析 本题主要是由情境设置考查等差数列的通项及前 n 项和的公式，关键要引导学生读懂题目，通过观察，合情推理得到解决问题的思路。设对 324 的 18

项划分中最小数为 a_1，最大数为 a_{18}，由 $\begin{cases} a_{18}=a_1+(18-1)\times 2, \\ \dfrac{18(a_1+a_{18})}{2}=324, \end{cases}$ 得 $\begin{cases} a_1=1, \\ a_{18}=35, \end{cases}$ 对 324 的 18 项划分中最大的数是 35。

（二）培养思维的灵活性

思维的灵活性表现为在问题解决的过程中，克服思维定势的影响，善于根据问题的情境设置，灵活与有目的性地调整原有的解决问题的思路。主要体现在对知识的应用上游刃有余，思维流畅；善于自我反思，不一意孤行；思维不停留在常规的解题方法上，善于根据问题中的条件提出新的解决问题的方法。因此，在要求学生读题时，要从不同的视角观察问题，以此找到解决问题的最佳路径。

例 7 已知不等式 $x^2+ax+1\geqslant 0$ 对任意的 $x\in\left(0,\dfrac{1}{2}\right]$ 恒成立，求实数 a 的最小值。

分析 学生通过认真研读题干中的"任意"和"恒成立"，要使得对任意的实数 $x\in\left(0,\dfrac{1}{2}\right]$，不等式 $x^2+ax+1\geqslant 0$ 恒成立，只有要求 x^2+ax+1 在 $x\in\left(0,\dfrac{1}{2}\right]$ 上的最小值不小于 0，这样问题转化为二次函数的最值问题。虽然有了解题思路，但是这里要用到分类讨论的方法，略显复杂，有没有更简捷的办法呢？在教师的启发引导下，学生发现把字母 a 和 x 分离，用分离参数法，即原问题转化为对任意的 $x\in\left(0,\dfrac{1}{2}\right]$，$a\geqslant -x-\dfrac{1}{x}$ 恒成立，只要求 $-x-\dfrac{1}{x}$ 的最大值，而 $-x-\dfrac{1}{x}=-\left(x+\dfrac{1}{x}\right)$ 在 $x\in\left(0,\dfrac{1}{2}\right]$ 为单调递增，当 $x=\dfrac{1}{2}$ 时，$-x-\dfrac{1}{x}$ 的最大值为 $-\dfrac{5}{2}$，所以实数 a 的最小值为 $-\dfrac{5}{2}$。

例 8 已知函数 $f(x)=\dfrac{2(x+1)^2+\sin x}{x^2+1}$ 的最大值和最小值分别为 M、m，则函数 $g(x)=(M+m)x+\sin[(M+m)x-1]$ 图象的一个对称中

心为_____。

分析 学生通过研读,大多数学生反映无法求出函数 $f(x)$ 的最大值和最小值。问题在于,一是原函数的结构比较复杂,是一个超越函数;二是不能合理地对题目进行转化,将问题转化为熟知的函数。事实上,将原函数化为 $f(x)=2+\dfrac{4x+\sin x}{x^2+1}$,结合函数的奇偶性研究最值,可求出 $M+m$ 的值。令 $h(x)=\dfrac{4x+\sin x}{x^2+1}$,由 $h(x)$ 为奇函数,得 $h(x)_{\max}+h(x)_{\min}=0$,$f(x)_{\max}+f(x)_{\min}=4$,即 $M+m=4$,因此 $g(x)=4x+\sin(4x-1)$,令 $4x-1=k\pi$,$k\in \mathbf{Z}$,$x=\dfrac{1}{4}k\pi+\dfrac{1}{4}$,当 $k=0$ 时,$x=\dfrac{1}{4}$,$g\left(\dfrac{1}{4}\right)=1$,所以 $g(x)$ 图象的一个对称中心为 $\left(\dfrac{1}{4},1\right)$。

(三)培养思维的广阔性

思维的广阔性表现为在问题解决的过程中,思维作用范围的广泛性,其特点是思维全面,思路开阔。善于根据问题的特点多角度地分析问题,能一题多解并把它推广到解决类似的问题上。具体到解决具体问题时,能抓住问题的本质和问题的全貌,具体分析题目的特点、隐含条件、潜在的错误等,并能做到丰富联想,找到题目的最优解法。这就要求学生在读题时,引导学生以点带面,从正反结合,特殊化与一般化结合,通过多视角、多方位地分析联想,找准知识之间的内在关联,在广泛联想中发现有价值的信息,拓展思路,打开解决问题的通道。

例9 已知二次函数 $f(x)=ax^2+bx$,恒有 $f(m)=f(n)$,$(m\neq n)$,求 $f(m+n)$ 的值。

分析1 从已知条件入手,直接带入化简。由 $f(m)=f(n)$,得 $am^2+bm=an^2+bn$,$(m-n)[a(m+n)+b]=0$,因为 $m\neq n$,所以 $a(m+n)+b=0$,又 $f(m+n)=a(m+n)^2+b(m+n)=(m+n)[a(m+n)+b]=0$,即 $f(m+n)=0$。

分析2 在进行运算时,适当进行变形配方,效果更佳。若 $m+n=0$ 时,则 $f(m+n)=0$;若 $m+n\neq 0$ 时,由 $f(m)=f(n)$,得 $0=f(m)-f(n)=(m$

$-n)[a(m+n)+b] = \dfrac{m-n}{m+n}[a(m+n)^2+b(m+n)] = \dfrac{m-n}{m+n}f(m+n)$，因为 $m \neq n$，所以 $f(m+n)=0$。

由分析 1 和分析 2 不难发现，解题是有一定模式可循的，不同类型的题目有相应的基本解题方法，这就是我们常说的解题套路，实际上就是我们常说的通性通法。当我们面对一道试题的时候，若不能在最短时间内找到问题的最优解，则应回归问题的本原解法，即常规的解题方法。分析 2 使用了配方法，它改变了式子的本身的结构，从结论入手，整理出我们期望的结构，再利用整体代换的方法直接得出答案，这种思维方法可以迁移到其他相关的问题中。因此，解题工具越多，解题越容易。

分析 3 由 $f(m)=f(n)$，得二次函数 $f(x)$ 的图象关于直线 $x=\dfrac{m+n}{2}$ 对称，而 $m+n$ 与 0 也是关于直线 $x=\dfrac{m+n}{2}$ 对称的，则 $f(m+n)=f(0)=0$。

此解法是利用了二次函数图象的对称性，从二次函数的对称轴入手，再结合两个自变量离对称轴距离相等，它们对应的函数值也相等，凸现了二次函数图象的对称美。

分析 4 由 $f(m)=f(n)$，设 $f(m)=f(n)=-k$，得 $\begin{cases} am^2+bm+k=0, \\ an^2+bn+k=0, \end{cases}$ 即 m、n 为方程 $ax^2+bx+k=0$ 的两根，由韦达定理得 $m+n=-\dfrac{b}{a}$，则 $f(m+n)=f\left(-\dfrac{b}{a}\right)=0$。

此解法是利用了 $f(m)=f(n)=-k$，构造二次函数，体现了从具体到抽象的解题策略。

分析 5 利用若 $y=f(x)$ 的图象关于直线 $x=a$ 对称，则 $f(2a-x)=f(x)$。由 $f(m)=f(n)$，知 $f(x)$ 的图象关于直线 $x=\dfrac{m+n}{2}$ 对称，即 $f\left(2 \cdot \dfrac{m+n}{2}-x\right)=f(x)$，将 $x=0$ 代入，得 $f(m+n)=0$。

这种解法是利用了抽象函数广义的对称性质，是上述解法 3 的加强版，此性质可以用于任意具备对称性函数的求值问题，比直接用二次函数对称性更加记忆深刻，若把此种解法放在分析 3 之后，则也比较合理，符合学生思维的自然衔接和学生的最近发展区，同时也加深了对原始二次函数的理解。

分析 6 由二次函数 $f(x)=ax^2+bx$ 的结构，类比联想到等差数列前 n 项和的性质，秒杀此题，显示了由直观想象到逻辑推理的妙解。在等差数列 $\{a_n\}$ 中，S_n 是其前 n 项和，若 $S_p=S_q(p\neq q)$，则 $S_{p+q}=0$，结合 $f(m)=f(n)$，$(m\neq 0)$，秒得 $f(m+n)=0$。

此问题在一瞬间得到解决，追根求源是类比方法在起作用，此时，类比方法得到了最大的关注。这才是真正的秒解！是巧合？是运气？我们说都不是！是学生能力的完美释放！是学生对问题的精读妙思！

在这一部分中，笔者以数学阅读为切入点，探讨如何用数学阅读培养学生的思维品质，由于思维品质的这几个方面是相互交融与不可分割的，因此对思维品质的培养也是相互依存、相互促进的。提高学生的思维能力是在以核心素养为背景下的课堂教学的重点，如何在阅读教学中培养学生的数学思维品质，还要在今后的教学中作进一步深入研究。

第二节 在解题教学中培养思维

波利亚指出："中学教学的首要任务是加强解题训练。"所谓解题就是寻求已知条件和结论之间的关系，且由已知条件解决未知结论的过程，解题教学是中学数学教学的有机组成之一，通过解题教学可以复习巩固教材中已有的概念、公式、定理，它是学生学习和教师教学不可缺少的重要组成部分。如何充分发挥例习题的功能，培养学生的思维能力，是广大的一线教育工作者必须面临的问题。

一、解题教学中要合理选择问题

教师在选择例习题时，不仅要能起到复习与巩固概念的作用，而且还要能起到激发学生思维的功效。首先,要精心设计。例习题的选择首先要包括概念、定义、定理、结论的应用等,学生从已知的条件入手,较易解决问题;其次,要注意分散难点。学生看到问题后,要乐于思考,对于较难的问题,应根据学生的接受程度,采用分步骤、各个击破的策略,分散难点,创造有助于学生思考的条件。

二、解题教学的思维价值

数学这门学科的特点之一是具有广泛的应用性,在教学中,教师通过例习题教学,可以让学生采用多题一法、一法多用、多题一解和一题多变等形式分解问题,解决问题。学生的解题能力提高了,反过来又可以促进学生思维能力的提高。思维科学表明,数学思维是人类思维的一种特殊形式,它是人脑和数学主体相互作用并按照一定的规则融合数学知识的内在理性活动。数学教学把培养学生的思维做为最重要的目的,创造性思维是思维活动的最高层次。教学中要求教师具有扎实的基本功和宽广的知识面,有时还需要形象思维的参与且创造性地开发习题和使用教材,以此来培养学生的创造性思维。

培养学生思维的灵活性和敏锐性。课堂教学中针对教材中例题和教辅中的习题,充分挖掘例习题的别的解法,如何思考的,哪一种解法最优,其他解法之间有何关系,引导学生对解法合理联想和类比。培养学生的思维的深刻性和广阔性,在解题教学时,要关注知识间的内在联系,关注例习题之间的关联性。

要注意训练学生的逆向思维和横向思维。正向思维是指直接从已知条件出发,经过推理、归纳、概括得出正确结论的思维方法,反之,逆向思维是从结论出发,寻求与结论相联系的条件。逆向思维和正向思维组成了人类双向联想的思维方法,它的完美组合是有效解决问题的方式。横向思维是以已知条件为载体,从问题的侧面或问题的局部进行研究,变换问题的形式,让学生回忆已有的知识,沟通新旧知识之间的内在联系。教学中要重视训练学生的思维,这样学生面对题海才能得心应手。当然,培养学生思维能力的方法是不尽相同的,激发学生思维的一个最重要的方面,就是要调动学生学习数学的动力和潜能,教师要善于诱导、启发、指点,以至于使学生变学为思。

新课程标准强调高中数学课程应注重提高学生的数学思维能力,这是数学教育的基本目标之一。而解题能力是思维能力的一个具体体现,解题能力的高低是思维能力考核的一个重要指标,也是学生在高考中取胜的主要因素。在解题教学中,提高学生的解题能力主要通过让学生进行一题多法、多题共法、一题多变、一题多用、多题一用等方式训练。

(一)通过一题多法,培养思维的灵活性

例1 在平面直角坐标系中,O 为原点,$A(-1, 0)$,$B(0, \sqrt{3})$,$C(3, 0)$,动点 D 满足 $|CD|=1$,则 $|\overrightarrow{OA}+\overrightarrow{OB}+\overrightarrow{OD}|$ 的最大值为 _____ 。

分析1 本题可从圆的性质入手,设 $D(x, y)$,由 $|CD|=1$,知 $(x-3)^2+y^2=1$,所以动点 D 表示以 $C(3, 0)$ 为圆心,以 1 为半径的圆,又 $|\overrightarrow{OA}+\overrightarrow{OB}+\overrightarrow{OD}|=\sqrt{(x-1)^2+(y+\sqrt{3})^2}$ 表示动点 $D(x, y)$ 与点 $P(1, -\sqrt{3})$ 两点间距离,不难得到 $|\overrightarrow{OA}+\overrightarrow{OB}+\overrightarrow{OD}|_{max}=|PC|+1=\sqrt{7}+1$。

分析2 本题也可以从直线与圆的位置关系入手,由分析1知动点 $D(x, y)$ 的轨迹方程为 $(x-3)^2+y^2=1$,所以 $|\overrightarrow{OA}+\overrightarrow{OB}+\overrightarrow{OD}|=\sqrt{(x-1)^2+(y+\sqrt{3})^2}=\sqrt{4x+2\sqrt{3}y-4}$,设 $z=4x+2\sqrt{3}y$,显然当直线 $z=4x+2\sqrt{3}y$ 与圆 $(x-3)^2+y^2=1$ 相切时取得最大值,因此,由 $\dfrac{|12-z|}{\sqrt{4^2+(2\sqrt{3})^2}}=1$,解得 $z=12\pm 2\sqrt{7}$,则 $z_{max}=12+2\sqrt{7}$,即 $|\overrightarrow{OA}+\overrightarrow{OB}+\overrightarrow{OD}|_{max}=\sqrt{8+2\sqrt{7}}=\sqrt{7}+1$。

分析3 由分析1可设 $D(3+\cos\theta, \sin\theta)$,则 $\overrightarrow{OA}+\overrightarrow{OB}+\overrightarrow{OD}=(2+\cos\theta, \sqrt{3}+\sin\theta)$,即 $|\overrightarrow{OA}+\overrightarrow{OB}+\overrightarrow{OD}|^2=8+4\cos\theta+2\sqrt{3}\sin\theta=8+2\sqrt{7}\sin(\theta+\varphi)$,从而 $|\overrightarrow{OA}+\overrightarrow{OB}+\overrightarrow{OD}|_{max}=\sqrt{7}+1$。

分析4 由绝对值不等式的性质入手,$|\overrightarrow{OA}+\overrightarrow{OB}+\overrightarrow{OD}|=|\overrightarrow{OA}+\overrightarrow{OB}+\overrightarrow{OC}+\overrightarrow{CD}|\leqslant|\overrightarrow{OA}+\overrightarrow{OB}+\overrightarrow{OC}|+|\overrightarrow{CD}|=\sqrt{7}+1$,此时 $\overrightarrow{OA}+\overrightarrow{OB}+\overrightarrow{OC}=(2, \sqrt{3})$ 与 $\overrightarrow{CD}$ 同向时取得等号,即 $|\overrightarrow{OA}+\overrightarrow{OB}+\overrightarrow{OD}|_{max}=\sqrt{7}+1$。

需要强调的是,一道题目若有多种解法,并不要求学生把所有解法都罗列出来,其解题价值在于让学生学会从不同角度去思考解决问题。达到复习知识,提高能力的功效,进而达到培养学生思维灵活性的目标。

(二) 通过一题多变,培养思维的严密性和敏捷性

例2 已知 m、n、p、$q \in \mathbf{R}$,且 $m^2+n^2=1$,$p^2+q^2=1$,求证:$|mp+nq| \leqslant 1$。

分析 本题的证法较多,常规的方法有比较法、分析法、综合法,除此之外,还有三角代换法、二元柯西不等式法、几何法、复数法、向量法等。本题通过变形、推广,还可以得到如下相关的新命题:

变式1 已知 m、n、p、$q \in \mathbf{R}$,且 $m^2+n^2=1$,$p^2+q^2=1$,求证:$|mnpq| \leqslant \frac{1}{4}$。

变式2 已知 m、n、p、$q \in \mathbf{R}$,且 $m^2+n^2=1$,$p^2+q^2=1$,求证:$|mn-pq| \leqslant 1$。

变式3 已知 m、n、p、$q \in \mathbf{R}$,且 $m^2+n^2=1$,$p^2+q^2=2$,求证:$|mn+pq| \leqslant \sqrt{2}$。

变式4 已知 m、n、p、$q \in \mathbf{R}$,且 $m^2+n^2=a$,$p^2+q^2=b$,求证:$|mn+pq| \leqslant \sqrt{ab}$。

以原题为变式的素材,将已知条件经过适当改变或对已知条件进行纵横方向引申拓展,强化了学生对此类问题的理解,克服了思维定式,对提升学生思维的严密性和思维的敏捷性有较大帮助。

例3 求函数 $y=\sqrt{2x-1}+\sqrt{5-2x}$ 的值域。

分析 本题可两边平方,得 $y^2=2x-1+2\sqrt{(2x-1)(5-2x)}+5-2x = 4+2\sqrt{-4x^2+12x-5}=4+2\sqrt{-4\left(x-\frac{3}{2}\right)^2+4}$,即 $4 \leqslant y^2 \leqslant 8$,因此,$y \in [2, 2\sqrt{2}]$。

变式 1 求函数 $y=\sqrt{2x-1}+\sqrt{5-3x}$ 的值域。

变式 2 求函数 $y=\dfrac{1}{\sqrt{2x-1}}+\dfrac{1}{\sqrt{5-2x}}$ 的值域。

变式1和变式2都对问题的条件及问题的结论进行了变换,虽然看起来条件变化不大,但要求学生用更加灵活变通的视角来分析这些问题。在讲解过程中,要引导学生认真观察条件的变化,要让学生在问题解决过程中,思考问题的灵活性、变通性。

(三) 通过多题一法,培养思维的广阔性

例 4 （1）已知关于 x 的方程 $x^2+2x+m=0$ 在 $x\in(0,+\infty)$ 上有解,求实数 m 的取值范围。

（2）已知关于 x 的方程 $\cos^2 x+2\cos x+m=0$ 在 **R** 上有解,求实数 m 的取值范围。

（3）已知关于 x 的不等式 $\cos^2 x+2\cos x+m>0$ 在 **R** 上有解,求实数 m 的取值范围。

（4）已知关于 x 的不等式 $\cos^2 x+2\cos x+m>0$ 在 **R** 上恒成立,求实数 m 的取值范围。

以上这4个问题分别是有解问题和恒成立问题,从文字语言的表述上看分别是以二次方程、三角方程(不等式)的形式出现,但它们的解法是相同的,都是通过分离参数来完成的。

多题一法是建立在学生熟练掌握基本方法的前提下,要求学生能分清这些问题的关系,要求学生通过类比、联想、归纳概括等手段,揭示这些问题的本质。多题一法可以提升学生的解题技能,能起到做会一道题,会一类问题,用同一种方法,解决多题的效果,也有助于培养学生的求同思维。

多题一法即一种方法可以解决多个问题,在利用一法多用解决问题时,可以适当增加或减少问题的条件和结论,而解答问题的思路与方法一般不变,问题的形式变了,问题的本质没有变化。在教学中,教师将这些问题设置成问题串,能够揭示一类题的解题方法,进而触类旁通。数学题目变化多端,但不变的是数学方

法,通过多题一法训练,能够识别不同题目的联系和区别,找到问题的突破口,提升学生的解题能力。

例5 (1) 已知函数 $f(x)=\sqrt{4-x^2}-x-k$ 有两个零点,求实数 k 的取值范围。

(2) 若关于 x 的方程 $\sqrt{4-x^2}=x+k$ 有两个实数解,求实数 k 的取值范围。

(3) 若函数 $f(x)=\sqrt{4-x^2}-k$ 与函数 $\varphi(x)=x$ 的图象有两个交点,求实数 k 的取值范围。

分析 上述这三个问题尽管从文字语言表述形式上不同,但是其本质都是函数 $f(x)$ 有两个零点的问题。教师在讲解时,将这三个问题串联起来,揭示函数的零点可以从三个视角去分析,即零点的定义、方程的根、两个函数图象的交点。

简言之,要培养学生的思维能力,教师要善于运用习题教学,题组的设置要取决于不同的教学目标和学生思维品质的具体提高方向,让学生在千变万化的题海中,领略解题的趣味,增强自己的应变能力。

(四)通过辨析对比,培养思维的批判性

在解题教学中,为了加深学生对基本概念的理解,结合学生的实际可选择一些错例和错题,让学生辨析正误,找出错误的原因,在感悟中接受失败的教训。

例6 已知 $|\vec{m}|=1$,$|\vec{n}|=2$,$\vec{m}$ 与 $\vec{n}$ 的夹角为 $120°$,求 $\vec{m}+k\vec{n}$ 与 $k\vec{m}+\vec{n}$ 的夹角为锐角的实数 k 的取值范围_____。

分析 本题容易出现的错误是 $\vec{m}+k\vec{n}$ 与 $k\vec{m}+\vec{n}$ 的夹角为锐角,即 $(\vec{m}+k\vec{n})\cdot(k\vec{m}+\vec{n})>0$,化简得 $\dfrac{5-\sqrt{21}}{2}<k<\dfrac{5+\sqrt{21}}{2}$。错误的原因在于,当 $\vec{m}+k\vec{n}$ 与 $k\vec{m}+\vec{n}$ 方向相同时,$(\vec{m}+k\vec{n})\cdot(k\vec{m}+\vec{n})>0$ 也成立,令 $\vec{m}+k\vec{n}=\lambda(k\vec{m}+\vec{n})$,$(\lambda>0)$,得 $\lambda=1$,因此正确的答案为 $k\in\left(\dfrac{5-\sqrt{21}}{2},1\right)\cup\left(1,\dfrac{5+\sqrt{21}}{2}\right)$。

基于在解题的过程中,不可避免地会出现这样或那样的错误,比如知识性错误、方法性错误、心理性错误,所以当完成一道题之后,要回头反思公式应用是否得当,方法是否合理,是否有隐含条件,是否以偏概全,是否出现逻辑上的错误等。

（五）通过一题多联，培养思维的深刻性

数学问题的内在结构决定了解决问题的方法，在解题教学中，教师不应就题论题，要引导学生研究题目的特征，用联系的观点，找到题目的解决方法。

例7 已知椭圆 $C: \dfrac{x^2}{a^2} + \dfrac{y^2}{b^2} = 1 (a > b > 0)$ 的两个焦点 F_1、F_2，若椭圆 C 上存在一点 M 使得 $\overrightarrow{F_1M} \cdot \overrightarrow{F_2M} = 0$，试求椭圆离心率 e 的取值范围。

分析 本题是求椭圆离心率 e 的取值范围，当然要用到 $e = \dfrac{c}{a}$，而解决问题的方法多样，可以与以下知识点联动。

思路1 考虑到 $|MF_1| + |MF_2| = 2a$，可联系椭圆的定义。

因为 $\dfrac{a^2}{c^2} = \dfrac{4a^2}{4c^2} = \dfrac{(|MF_1| + |MF_2|)^2}{|MF_1|^2 + |MF_2|^2} = 1 + \dfrac{2|MF_1||MF_2|}{|MF_1|^2 + |MF_2|^2} \leqslant 2$，所以 $\dfrac{\sqrt{2}}{2} \leqslant e < 1$。

思路2 考虑到 $\overrightarrow{F_1M} \cdot \overrightarrow{F_2M} = 0$，可联系直线的斜率，故设 $M(x, y)$，$(-a < x < a)$，得 $\dfrac{y}{x+c} \cdot \dfrac{y}{x-c} = -1$，又 $y^2 = b^2\left(1 - \dfrac{x^2}{a^2}\right)$，消去 y^2 得，$x^2 = \dfrac{a^2(c^2 - b^2)}{a^2 - b^2}$，结合 $0 \leqslant x^2 < a^2$，得 $\dfrac{\sqrt{2}}{2} \leqslant e < 1$。

思路3 考虑到 M 的轨迹方程为 $x^2 + y^2 = c^2$，可联系交轨法，即 $\begin{cases} x^2 + y^2 = c^2, \\ b^2x^2 + a^2y^2 = a^2b^2, \end{cases}$ 得 $x^2 = \dfrac{a^2(c^2 - b^2)}{a^2 - b^2}$，得 $\dfrac{\sqrt{2}}{2} \leqslant e < 1$。

思路4 考虑到 $F_1M \perp F_2M$，可联系椭圆的张角，我们知道 $\angle F_1MF_2$ 的大小是随点 M 的运动而变化，当点 M 位于椭圆短轴的顶点时，椭圆的张角最大，所以要使得椭圆上存在点 M，满足 $F_1M \perp F_2M$，只须 $\angle F_1MF_2 \geqslant \dfrac{\pi}{2}$，即 $\sin \dfrac{\angle F_1MF_2}{2} \geqslant \sin \dfrac{\pi}{4} = \dfrac{\sqrt{2}}{2}$，$\dfrac{\sqrt{2}}{2} \leqslant e < 1$。

从不同的角度，联系不同的方法，对同一道题可能会引申得到不同的启示和方法。从不同的观察问题的视角，可使学生的思维的动机伸向不同的方向。在解

题教学中,鼓励学生用不同的思路解决问题,可以增强学生思维的流畅性、发散性、批判性、创造性。同时,还可鼓励学生改编例习题,让学生体会到对同一个知识点的考查可以是多方位的,更能激发学生自己动脑,培养其逻辑思维。在改编试题的过程中,师生间相互启发、相互补充,相互碰撞产生思维的火花,交流彼此的见解、编题的心得,从而发现数学问题间的相互融合。

(六)通过奇异方法,培养思维的独创性

历史上有"曹冲称象""司马光砸缸"的经典故事,这些故事告诉我们,在解决问题时,有时应不按照常规思路,要打破固有的条件框框,提供别出心裁的新构思、新观念、新方法。在解题教学中,也需要这种创新意识,即从问题的特点入手,用奇异且美的方法求出问题的结果。

例 8 设 $a、b、c>0$,求证:$\sqrt{a^2+b^2}+\sqrt{b^2+c^2}+\sqrt{c^2+a^2} \leqslant \sqrt{2}(a+b+c)$。

分析 本题可利用基本不等式,考虑到复数模和构造图形,因此,有以下两种新颖解法。

解法 1 设 $z_1=a+bi, z_2=b+ci, z_3=c+ai$,原问题变更为 $|z_1|+|z_2|+|z_3| \geqslant |z_1+z_2+z_3|$,这个结论不证自明。

解法 2 考虑到不等式的左边 $\sqrt{a^2+b^2}$、$\sqrt{b^2+c^2}$、$\sqrt{c^2+a^2}$ 恰好相邻两边分别为 a 和 b,b 和 c,c 和 a 的三个矩形的对角线长的和,不等式右边恰好是边长为 $a+b+c$ 的正方形对角线,如图所示。原题变更为证明 $AB+BC+CD \geqslant AD$,这是个不争的事实。

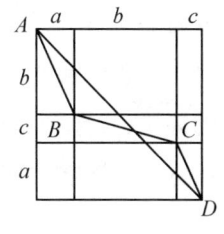

(例 8 解法 2)

学生在学习的过程中,教师经常要求学生要学会独立思考,独立解决问题,这是创新学习和培养创造性思维的前提条件。由于受到应试教育的影响,学生往往习惯于题海战术,而对一些新解法往往不愿意多思考,仅仅满足于是否能解题成功,而在解题技巧、解题规律上不会去有效思考,因此,教师在课堂教学中,要帮助学生打破常规。

第三节　在解题反思中培养思维

在数学教学中,由于受到应试教育的影响,加上中学生对数学认知结构水平的限制,学生对基本知识,基本方法往往不求甚解,不追求、不反思数学本源的知识,只进行大规模的题海训练,只注重解题的数量,不关心解题的目的是什么,缺乏对解题方法、解题过程、解题思路进行有效反思,也不反思、分解、评价解题方法的优劣。长此以往,解题速度似乎提上去了,而自己解决问题的思维能力没有得到有效提高,思维品质没有得到优化。基于此,教师在平时的课堂教学中,要注重合理引导学生在解完题以后进行检查、交流、反思,回顾在解题过程中蕴含的数学思想方法及涉及的基础知识,进行归类分析,揭示数学问题的本质,培养良好的自觉反思的意识和习惯,提升对数学的感悟能力,完善思维品质,克服"一听就懂,一做就错"的通病。

所谓解题反思是指在问题解决的过程中,思维主体回过头来重新对解题方法、解题步骤、解题结果进行思考分析。波利亚在"解题表"中将解题过程分为弄清问题、拟定计划、实现计划、回顾计划四个步骤,并给出了什么是"回顾",就是解题后的反思。可以看出,按照波利亚解题的四个步骤,一是要检验解题过程,二是要对解题思路进行归纳、引申、发散。教育家杜威认为"反思是一种学生思维活动的怀疑、犹豫,即心灵困惑的状态,是一种为了发现解决这种怀疑,消除这种困惑而进行的探索、搜集和探究的行为。"

一、解题反思的意义

数学教育家弗赖登塔尔说过:"反思是数学思维活动的核心和动力。"思想家荀子在《劝学》中说:"君子博学而日参省乎己,则知明而行无过矣。"思想家和教育家孔子说:"学而不思则罔,思而不学则殆。"波利亚也在《怎样解题》中说:"数学问题的解决仅仅是一半,更重要是解题后的回顾。"波斯纳曾提出成长的公式:经验＋反思＝成长。不难发现,反思对发现问题和个人成长是十分重要的,纵观历史上的很多发现发明都是在对某些现象、某些过程的反思中发现的。比如,牛顿通过苹果落地,反思这一现象,发现了万有引力定律。事实上,自然科学研究本身也是一个自我反思的过程,也正是反思促进了数学向前发展。另外,反思也是一种探究性思考与解决问题的途径,它可以使知识之间融会贯通,是有效促进知识同化的重要方式;反思又可以把原有的知识和将要学习的新知识联系起来,以此促进进一步理解与深化新旧知识。

另外,在平时的课堂教学中,我们时常还会碰到这样一些现象:有些学生尽管在数学上花了很多时间,投入了大量的精力,学习也比较认真,也掌握了大量的数学知识及方法,然而学生不知道何时何地运用它们,遇到陌生的问题往往茫然不知所措。因此,在教学中,教师要设计相应的教学方法,在解题教学中,要指导学生"既要低头走路,更要抬头看天"。

二、解题反思的思维价值

反思还可以使学生从不同的视角分析问题,质疑问题,对提升学生的创造性思维、批判性思维等思维品质的培养都是非常有益的。

(一)反思解题过程,培养思维的严密性

数学的严密性是数学学科的基本特点之一。数学的严密性要求对数学结论、概念的描述精准、周密;要能准确迅速看清问题的条件和结论之间的关系及隐含的条件。在平时的课堂教学中,教师要利用学生在解题过程中因思考不周,对概念的理解不够深入,对问题的考虑不够全面而导致的错误,要有目的地引导学生对解题过程进行正误分析,从反思中发现错误的原因,鉴别结果的正误,从而得到正确的答案。

例1 已知抛物线 $y^2 = 2x$,过点 $(0, 1)$ 作直线使得与抛物线仅有一个公共点,求直线的方程。

错解 设过 $(0, 1)$ 的直线方程为 $y = kx + 1$,由 $\begin{cases} y = kx + 1, \\ y^2 = 2x, \end{cases}$ 得 $k^2 x^2 +$

$(2k-2)x+1=0$,所以 $\Delta=(2k-2)^2-4k^2=0$,得 $k=\dfrac{1}{2}$。

因此,所求直线方程为 $y=\dfrac{1}{2}x+1$。

反思 以上解法,是学生的一种常见的错误,这一错误出现的原因,主要是缺乏分类讨论思想及对直线方程所适用范围的错误理解。事实上,我们只要画一个图,问题便可一目了然。其错误的原因体现在以下两个方面:一是用一元二次方程的判别式,要注意二次项系数是否含有字母,本题当二次项系数 $k^2=0$ 时,得到直线 $y=1$ 也适合题设;二是在用直线方程的时候,要注意斜率是否存在,而本题斜率不存在时,也符合题设,即遗漏了 $x=0$ 这条直线方程。

由以上分析,可以看出学生由于审题不严密,基本概念不清,公式应用范围不明,出现了诸多问题。因此,学生在解完题目后,教师要适时抓住机会,引导学生重新审视、检查解题过程是否完备,有无忽视隐含条件,是否概念不清,是否以偏概全,对问题的讨论是否全面。教师将此教学模式坚持下去,可以帮助学生克服一些不必要的错误,提高学生思维的严密性。

(二)反思解题方法,培养思维的广阔性

例2 已知 a、b、c、$d \in \mathbf{R}$,且 $a^2+b^2=1$,$c^2+d^2=1$,求证:$|ac+bd| \leqslant 1$。

分析 本题的证法较多,是一道比较典型的不等式证明题,可用比较法、分析法、综合法等解题。用好此题,可以巩固不等式证明的常用方法,同时可以提高学生思维的广阔性。因此,教师在分析这个问题时,不能简单地就题论题,要鼓励学生通过类比联想,数形联想,结构联想,找到解决问题的多种办法。

证法1(综合法) 因为 $|ac+bd|^2=a^2c^2+2abcd+b^2d^2$
$\leqslant a^2c^2+b^2d^2+a^2d^2+b^2c^2=(a^2+b^2)(c^2+d^2)=1$,所以 $|ac+bd| \leqslant 1$。

证法2(构造法) 设 $f(x)=(ax+c)^2+(bx+d)^2$
$=(a^2+b^2)x^2+2(ac+bd)x+(c^2+d^2)=x^2+2(ac+bd)x+1$,
由于 $f(x)$ 恒大于 0,所以 $\Delta=4(ac+bd)^2-4 \leqslant 0$,

则 $(ac+bd)^2 \leqslant 1$，即 $|ac+bd| \leqslant 1$。

证法 3(向量法) 令 $\vec{m}=(a,b), \vec{n}=(c,d)$，

则 $\vec{m} \cdot \vec{n}=ac+bd, |\vec{m}|=\sqrt{a^2+b^2}=1, |\vec{n}|=\sqrt{c^2+d^2}=1$，

又由 $|\vec{m} \cdot \vec{n}| \leqslant |\vec{m}||\vec{n}|$，得 $|ac+bd| \leqslant 1$。

证法 4(换元法) 令 $a=\cos\alpha, b=\sin\alpha, c=\sin\beta, d=\sin\beta$，

则 $|ac+bd|=|\cos\alpha\cos\beta+\sin\alpha\sin\beta|=|\cos(\alpha-\beta)| \leqslant 1$。

在解题之后，教师应引导和鼓励学生对题目进行反思，探索题目的多种解法，这不仅仅是解题方法的堆积累加，更重要的是帮助学生在不同的解法中，体会数学知识的横向及纵向的联系，增强对数学问题的理解，提高解题能力，最终达到数学思维能力的提高。

例 3 设 z_1、z_2 是非零复数且满足 $|z_1+z_2|=|z_1-z_2|$，求证：$\dfrac{z_1}{z_2}$ 为虚数。

分析 本题当然可以从复数的代数形式和三角形式入手，思路自然清晰，学生容易接受。但考虑到复数的几何意义及共轭复数与模的性质，从这一角度分析问题，可以使解法新颖，同时也加深了学生对复数中有关概念的理解，具体分析如下：

证法 1 由 $|z_1+z_2|=|z_1-z_2|$，则 $\left|\dfrac{z_1}{z_2}+1\right|=\left|\dfrac{z_1}{z_2}-1\right|$，说明复数 $\dfrac{z_1}{z_2}$ 在复平面上对应的点到两点 $(-1,0),(1,0)$ 距离相等，$\dfrac{z_1}{z_2} \neq 0$，$\dfrac{z_1}{z_2}$ 表示的点必在虚轴上，所以 $\dfrac{z_1}{z_2}$ 为纯虚数。

证法 2 由 $|z_1+z_2|^2=|z_1-z_2|^2$，得 $(z_1+z_2)\overline{(z_1+z_2)}=(z_1-z_2) \cdot \overline{(z_1-z_2)}$，整理得 $z_1\overline{z_2}+\overline{z_1}z_2=0$，即 $\dfrac{z_1}{z_2}=-\overline{\left(\dfrac{z_1}{z_2}\right)}$，显然，$\dfrac{z_1}{z_2}$ 为纯虚数。

证法 3 从复数的向量性质入手，由 $|z_1+z_2|=|z_1-z_2|$，z_1、z_2 分别与 $\overrightarrow{OZ_1}$、$\overrightarrow{OZ_2}$ 对应，因此以向量 $\overrightarrow{OZ_1}$、$\overrightarrow{OZ_2}$ 为邻边的平行四边形对角线长相等，这个四边形必为矩形，即 $\overrightarrow{OZ_1} \perp \overrightarrow{OZ_2}$，所以 $z_1=\lambda i z_2, \lambda \in \mathbf{R}$ 且 $\lambda \neq 0$，即 $\dfrac{z_1}{z_2}$ 为纯虚数。

（三）反思题目特征，培养思维的深刻性

思维的深刻性是指思维活动的深度，主要表现在善于从各种不同的数学现象中，抓住问题的本质的规律，深刻地理解概念、深入地分析问题，抓住问题的主要方面，不被问题的表象所迷惑。

例 4　已知 $\sin\alpha = \dfrac{k-3}{k+5}$，$\cos\alpha = \dfrac{4-2k}{k+5}$，且 $\alpha \in \left(\dfrac{\pi}{2}, \pi\right)$，求实数 k 的取值范围。

分析　从表面上看，由 $\alpha \in \left(\dfrac{\pi}{2}, \pi\right)$，知 $\sin\alpha \in (0, 1)$，$\cos\alpha \in (-1, 0)$，即

$$\begin{cases} 0 < \dfrac{k-3}{k-5} < 1, \\ -1 < \dfrac{4-2k}{k+5} < 0, \end{cases}$$

得 $k \in (3, 9)$，因此，实数 k 的取值范围是 $(3, 9)$。

反思　我们知道，上述解法是一个典型的错误，错误的原因在哪里？反思题目的特征，注意到 $\sin^2\alpha + \cos^2\alpha = 1$，深入剖析，追根求源，找到题目中的隐含条件，由 $\sin^2\alpha + \cos^2\alpha = 1$，解得 $k = 0$，或 $k = 8$，考虑到 $k \in (3, 9)$，所以本题正解为 $k = 8$。

例 5　求 $\sin^2 20° + \cos^2 50° + \sin 20° \cos 50°$ 的值。

分析　本题可通过三角变换得到正确的答案。可启发学生能否换一个视角来思考这个问题，这个题目的式子和我们已学过哪个式子相似？可否得到这个题目的一般化情形呢？类比正余弦定理，在 $\triangle ABC$ 中，易知 $\sin^2 C = \sin^2 A + \sin^2 B - 2\sin A \sin B \cos C$，若对上式进行合理赋值，就可得到一系列类似于上述结构的式子，不难得到，若 $A + B = 60°$，则 $\sin^2 A + \sin^2 B + \sin A \sin B = \dfrac{3}{4}$，即 $\sin^2 20° + \cos^2 50° + \sin 20° \cos 50° = \dfrac{3}{4}$。

教师在进行解题教学中，应根据题目的具体特征，力求从具体的问题中挖掘出问题的一般形式，并加以推广，这样有利于学生由表及里、由此及彼，提高了学生灵活解决问题的能力，锻炼了思维、培养了思维的深刻性。

（四）反思解题结果正误，培养思维的批判性

思维的批判性主要表现为在解决问题的过程中，善于独立能动的思考，它不唯答案，能够精准检查思维的过程，能够迅速提出质疑，发现问题的错误并纠正错误。在课堂教学中，教师可通过辨析问题的真假，鼓励学生提出自己的见解，找到错误的原因和正确的根据。

下面举例说明。

例 6 在 $\triangle ABC$ 中，$\cos A = \dfrac{3}{5}$，$\sin B = \dfrac{5}{13}$，求 $\cos C$ 的值。

分析 让学生独立思考，大多数同学这样求解：因为 $\cos A = \dfrac{3}{5} > 0$，$\sin B = \dfrac{5}{13} > 0$，所以 $\angle A \in \left(0, \dfrac{\pi}{2}\right)$，$\angle B \in \left(0, \dfrac{\pi}{2}\right) \cup \left(\dfrac{\pi}{2}, \pi\right)$。

当 $\angle B \in \left(0, \dfrac{\pi}{2}\right)$ 时，$\cos B = \dfrac{12}{13}$，$\sin A = \dfrac{4}{5}$，$\cos(A+B) = \dfrac{16}{65}$，所以 $\cos C = -\cos(A+B) = -\dfrac{16}{65}$；当 $\angle B \in \left(\dfrac{\pi}{2}, \pi\right)$ 时，$\cos B = -\dfrac{12}{13}$，同理求得 $\cos C = \dfrac{56}{65}$，即 $\cos C = -\dfrac{16}{65}$ 或 $\dfrac{56}{65}$。以上的解法是错误的，错误的原因在于 $\angle B$ 是锐角还是钝角？如何解决这个问题？不少学生说只要判断 $\sin(A+B)$ 的符号就可以了。事实上，我们会发现，当 $\angle B$ 为钝角时，$\sin(A+B) = -\dfrac{33}{65} < 0$，因此 $\angle B$ 不可能为钝角。这时，教师可追问有没有别的方法来判定 $\angle B$ 是锐角还是钝角，学生跃跃欲试。因为 $\cos A = \dfrac{3}{5} < \dfrac{\sqrt{3}}{2}$，所以 $\angle A > 30°$，$\sin B = \dfrac{5}{13} < \dfrac{1}{2}$，所以 $\angle B < 30°$ 或 $\angle B > 150°$，当 $\angle B > 150°$ 时，有 $\angle A + \angle B > 180°$，显然矛盾，所以 $\angle B$ 只能为锐角。

例 7 已知等差数列 $\{a_n\}$、$\{b_n\}$ 的前 n 项和分别为 S_n、S_n'，且 $\dfrac{S_n}{S_n'} = \dfrac{7n+2}{n+3}$，求 $\dfrac{a_7}{b_7}$ 的值。

分析 由于受到思维定势的影响,由比例式的性质,学生可能会出现以下错误:设 $S_n=m(7n+2)$, $S'_n=m(n+3)$,所以,$a_7=S_7-S_6=7m$, $b_7=S'_7-S'_6=m$,所以 $\dfrac{a_7}{b_7}=7$。解答完成后,让学生来分析解法的正误,找到错误的原因,引导学生反思,错在哪里?其错误的根源在哪里?如何修正?事实上,当等差数列的公差 $d\neq 0$ 时,S_n 是关于 n 的二次函数,所以本题 $S_n=mn(7n+2)$, $S'_n=mn(n+3)$,则 $a_7=93m$, $b_7=16m$,所以 $\dfrac{a_7}{b_7}=\dfrac{93}{16}$。

教师在解题教学过程中,应有意识地制造陷阱,设置错解,通过正误辨析,启发学生发现错误的原因,并对解答进行质疑,有助于培养学生的自我评价与自我判断的能力,提升思维的批判性。

(五)反思解题方法,培养思维的灵活性

思维的灵活性主要表现在善于摆脱已有的方法和思维定势,迅速地由一种解题思路转向于另一种新颖的解题方法,它是建立在对知识的完全把控、得心应手、运用自如的前提下。另一方面,也表现为有些学生能听懂老师的讲解,但是只能套用老师上课讲解的例题,问题条件一旦变化,就缺乏解决问题的思路,究其原因在于思维灵活性不足。

教师在讲解例题时,可以通过一题多解、变式题训练、多题一解等手段,培养学生思维的灵活性。

例8 解方程组 $\begin{cases}\sqrt{x+1}-\sqrt{y-2}=3, & (1)\\ x-y=12。& (2)\end{cases}$

分析 要脱去方程(1)中的根式,需要两次平方,但这样进行下去,运算量较大,思路不够流畅。联想到解方程组基本是借助消元法,于是有以下解法。

方法1 由(2)得 $y=x-12$,代入(1)得 $\sqrt{x+1}-\sqrt{x-14}=3$,整理得,$\sqrt{x+1}=3+\sqrt{x-14}$,两边平方,得 $6\sqrt{x-14}=6$,即 $\sqrt{x-14}=1$,$x=15$,代入 $y=x-12=3$,因此,原方程组解为 $\begin{cases}x=15,\\ y=3。\end{cases}$

方法 2 考虑到方程(2)可变形为 $(x+1)-(y-2)=15$,因此,原方程组可变形为 $\begin{cases}\sqrt{x+1}-\sqrt{y-2}=3,\\(x+1)-(y-2)=15,\end{cases}$ 通过换元,设 $\sqrt{x+1}=m$,$\sqrt{y-2}=n$,这样原方程组变为 $\begin{cases}m-n=3,\\m^2-n^2=15,\end{cases}$ 整理得 $m+n=5$,解得 $\begin{cases}m=4,\\n=1,\end{cases}$ 从而方程组的解为 $\begin{cases}x=15,\\y=3。\end{cases}$

以上分析中的方法 2 是借助构造换元,方法新颖,它打破了学生的固有思维模式,激发了学生思维的灵活性。

(六)反思命题推广,培养思维的独创性

思维的独创性主要表现在以独特新颖的方法来解决问题,对问题进行思考,思维不走常规路,得到独创的思维结果。当一道题解完后,可引导学生由题目中的结论出发,引申、推广、变式,提出一系列有创造性的成果,这个过程就是一个思维再创造的过程。

例 9 已知 p、$q \in \mathbf{R}_+$,且 $p+q=1$,求证:$p^2+q^2 \geqslant \dfrac{1}{2}$。

分析 本题是一个二元不等式的证明问题,可以从字母的个数,字母的指数、定值三个方面进行一般化推广,具体如下:

推广 1 若 p、$q \in \mathbf{R}_+$,且 $p+q=1$,则 $p^n+q^n \geqslant \dfrac{1}{2^{n-1}}$,$n>1$ 且 $n \in \mathbf{N}_+$。

推广 2 若 p、$q \in \mathbf{R}_+$,且 $p+q=m$,则 $p^2+q^2 \geqslant \dfrac{m^2}{2}$。

推广 3 若 $a_i \in \mathbf{R}_+$ $(i=1, 2, \cdots n)$,且 $\sum\limits_{i=1}^{n} a_i = 1$,则 $\sum\limits_{i=1}^{n} a_i^2 \geqslant \dfrac{1}{n}$。

本题还可以把字母的个数、指数、定值这三个要素中的两个或三个一般化,以此得到更多的推广。对开阔学生的视野,活化解题思路,培养思维的创造性有很大的帮助。

（七）反思解题过程，培养发散性思维

数学解题的根本目的是提高学生的思维能力，培养学生反思性思维的习惯。学生在数学学习的活动中，不断地自我反思、概括，把已学的知识进行加工、重组、改造，把原有的知识和新知识重新组合起来。反思解题过程，主要从以下几个方面培养学生发散性思维：一是从思考问题的切入点发散，能迅速从不同视角、不同方法、不同层级确定思考问题的方法；二是对问题的思维过程进行合理发散，能灵活地运用公式、定理、规律等解决问题，在问题解决的过程中，对问题的判断运用自如；三是能有效迁移，做到举一反三、举三反一、知一点而懂一类、一点带面、触类旁通。下面举例说明。

例 10 已知 $\sin\theta_1 + \sin\theta_2 = \dfrac{1}{3}$ （1），$\cos\theta_1 + \cos\theta_2 = \dfrac{1}{4}$ （2），由这两个条件，可以得到哪些结论？

分析 生 1：$(1)^2 + (2)^2$ 得：$\cos(\theta_1 - \theta_2) = -\dfrac{263}{288}$。

生 2：$(1)^2 - (2)^2$ 得：$2\cos(\theta_1 + \theta_2)[\cos(\theta_1 - \theta_2) + 1] = -\dfrac{7}{144}$，

可以求得 $\cos(\theta_1 + \theta_2) = -\dfrac{7}{25}$。

生 3：$\dfrac{(1)}{(2)}$ 得：$\tan\dfrac{\theta_1 + \theta_2}{2} = \dfrac{4}{3}$，再由万能公式可得 $\sin(\theta_1 + \theta_2)$、$\cos(\theta_1 + \theta_2)$、$\tan(\theta_1 + \theta_2)$ 的值。

生 4：由 $\sin^2\theta_1 + \cos^2\theta_1 = 1$，消去 θ_1，得 $4\sin\theta_2 + 3\cos\theta_2 = \dfrac{25}{24}$，消去 θ_2，得 $4\sin\theta_1 + 3\cos\theta_1 = \dfrac{25}{24}$。

生 5：(1) + (2) 得：$\sin\left(\theta_1 + \dfrac{\pi}{4}\right) + \sin\left(\theta_2 + \dfrac{\pi}{4}\right) = \dfrac{7\sqrt{2}}{24}$。

(1) − (2) 得：$\sin\left(\theta_1 - \dfrac{\pi}{4}\right) + \sin\left(\theta_2 - \dfrac{\pi}{4}\right) = \dfrac{\sqrt{2}}{24}$。

本题是条件固定，对结论发散，在问题解决的过程中，引导学生从不同的角度

出发,重组条件的内在联系,从条件入手,运用三角变换来加工信息,探索结论,有助于学生发散性思维的训练,也培养了学生刻苦钻研的数学精神。

例 11 已知数列 $\{a_n\}$ 为等差数列,$a_1=1$,$d=-2$,问 -9 是第几项?

分析 对于本题可引导学生对条件进行发散,也就是说对已知条件进行变换,可放手让学生自己改变已知条件。学生在编题过程中,要对公式中变量的取值范围,变量的联系等方面有全方面的了解,否则编出来的试题就没有意义。如,若取 $d=-3$,则 -9 为第 $\frac{13}{3}$ 项,显然,编题无效。但另一方面,也增强了学生对等差数列的理解。

由于高中学生处于青春时期,他们的身心也在快速发展,逐步成熟,再加上学习的内容多样且更加复杂,这种变化将对学生的发散性思维提出更高的要求。在课堂教学中,要抓住学生的可塑性的特点,努力培养学生良好的学习习惯和思维习惯。

第四节 在化错中培养思维

叶澜教授指出:"学生课堂活动中的状态,包括他们的兴趣、注意力、合作能力、发表的意见和观点、提问的问题与争论乃至错误的答案,都是教学过程中的生存性资源。"高中数学题犹如一个万花筒,试题的数量、难度、类型变化多样,学生在解题的过程中不可避免地会出现各种类型的错误。

课堂教学是变化发展的,是师生、生生交流的一个动态的过程,在这一过程中,学生随时可能会出现这样或那样的错误。在多数的情况下,教师也不可能预见或猜测学生的错误,而这样的错误往往真实地反映了学生在某一知识点上确实存在问题,也有它的教学可取之处。因此,尽管说错误是教学中的"黑点",但也隐含着一些宝贵的"亮点",学生所犯的错误也是重要的课程资源。在课堂教学中,让学生充分暴露解题思维的动态过程,寻找其产生错误的内在根源,则能有利于针对性地进行课堂教学,有利于学生自主同化、自主建构。同时教师也要眼光敏锐，及时发现昙花一现的错误并用于教学中，变学生的各种错误为培养学生灵活思维的契机，让学生体会错误背后的成功，让错误发挥其潜在的教育价值，放出灿烂夺目的光芒。教师要适时抓牢这种数学教育机会，将错误化解为珍贵的教学财富，在化错中提升学生的思维品质。

建构主义学习理论认为：学习过程是一个对数学概念、定理、公式的自主建构与理解的过程。基于这一理论，错误只不过是学生在学习的轨道上所做的一些尝试。学生为什么会犯错误，错误是如何构成的，同如何构成正确答案一样重要。

一、化错的意义

人生自古谁无"错"。当我们面对学生的一个不可避免的差错时，作为教师应该如何做呢？送给同学们三句话——"错得好！""让差错多飞会儿""拾起来"。

第一句，"错得好！"古人说过，人非圣贤，孰能无过。在课堂上，学生的错误是常有的事件，面对学生的错误，教师不要高高在上，要切实从学生的角度正视这些错误，让学生从内心说出对问题的想法，教师应不厌其烦听学生的回答，对学生的回答结果不要轻易否定，说错了可以重答，回答问题不准确、不完整应允许学生再思考，不同学生的见解应允许辩论。这样的课堂是民主的，学生的思维是活跃的，学生敢问敢想，勇于自我剖析错误，没有回答错误而被教师斥责的顾虑，也没有回答错误而被同学们耻笑的顾虑，学生以积极向上的热情投入学习，真正地体会学习的快乐，这样的课堂师生关系是融洽的、高效的课堂。

在课堂教学中，我经常在黑板上设错，经过同学们讨论分析之后，指着错题说："我们以欣赏的目光来看这道错题。"下面的同学会不约而同地说："错得好！"紧接着我问"错题好在哪里……"

华罗庚先生说："天下只有哑巴没有说过错话，天下只有白痴没有想错过问题，天下没有数学家没有算错过题。"何谓差错？表面意思是和正确相差一步。现实生活中，我们所产生的差错都是只差一点，再往前多想一步就好了，再稍作改动就对了，差错中也蕴含着许多正确的成分。一个成功人士之所以成功，往往是能从差错中看见正确合理的成分。

一个做人的准则是尽可能地少犯错误；一个人从来不犯错误，那是天使的美梦。我记得有一次数学小测验，下课的铃声响了，一个同学还在低头做题，不愿意交卷，哭着说："我想全对，不能错一道题！事实上，谁能保证自己不错题呢！"据报载，英国有个中学专门设立了一个"失败周"，即考试的试卷很难，大部分学生的分数很低。反思这个学校为何要这样做？原来"失败周"可以使部分学生摆脱由于成绩好而获得的优越的感觉，"失败周"的设立可以使学生知道无论哪位同学犯错误都是正常的事情。

　　犯错是学生成长过程中的一个经历，是学生所拥有的权力，错不起的学生，对不了。当我们出现在这个世界中，我们就开始犯错。在差错中，学会用幼小的手写字画画；在差错中，慢慢学会走路；在差错中，逐步学会说话；差错伴随着我们一路成长。正确会使你在原地踏步，而差错却逼迫你去纠错。差错能使我们找到新的目标方向，差错能使我们明确下一步的学习内容；差错能使我们认清问题的症结；差错能使我们形成良好的思考问题的习惯。实践证明，一个卓越的人，他往往犯的差错就越多，之所以这样，因为他尝试的新东西比平凡的人多。因此，无论是对待同学，还是对待自己，我们都应有"错得好"的心态。

　　第二句，"让差错多飞会儿"。古语说："过而能改，善莫大焉。"这里的"善莫大焉"何谓？意识是说，没有事情比这更美好了。不愿意在差错的旅途中，多停留一会，是不会感悟到这份厚礼的。列宁说："真理向前一步就是谬误。"反过来说，"差错向前出发一点就是正确。"恩格斯说："最好的学习是从差错中学习。"那么如何从差错中汲取经验呢？让我们的思维在纷繁的差错中多停留一会吧。我们知道，我们的眼睛不是一下子就能发现真正有价值的事物。所以，我们要善于思考，多动脑筋。

　　差错往往是教训，是善意的提醒，提醒我们沉下心来反思：哪里出了问题？为何出错？有无新的情况？我们还可以沿着什么方向思考？当我们以好玩的心理去体会、感受差错，就会体会到差错中的别样风味。

　　第三句，"拾起来"。孔子提出好学的标准有二，即不迁怒，不贰过。何谓"不贰过"？意识是说不在同一个地方失败第二次。

　　如何才能"不贰过"？当你出现"壹过"的时候，首先就要搞清楚"过"出在何处？自己为何会出现这一"过"？其次，要把这个"过"像珍贝一样拾起来保留，"留待残荷听雨声"。在课堂教学中，要鼓励学生犯错且"犯有价值的错误"，学习数学好比玩游戏，不知不觉中，差错就变成正确。曾记得，我们到大海边玩，不自不觉地拾起滩贝，那是为了回想美妙的大海的浪涛。现在，把差错拾回来，那是为了回想思维发出的动听的旋律。同学们可以制作一个专门的错本，根据自己情况，过一段时间，看一看，品味一下，反思自己是否"不贰过"。若"贰过"了，则说明你远没有真正找到问题的错因……，只有找对问题才能避免以后再出错。同学们，若我们沿着上面三个步骤坚持下去，养成良好的学习习惯，我们就会感慨——错若花开，成长自来！

在平时的学习过程中，如何搜集与保存这些错题呢？用好错题本是一个有效的方法。所谓错题本是指学生在学习的过程中，把平时自己做过的作业、试卷中的错题进行加工整理，目的是便于复习和确定自己学习中有哪些薄弱知识点，为了使后续的学习更有针对性、更有目的性。整理的内容还可以有"易错的题""经典题""好题"等。如何整理呢？可以按照以下这几个步骤：一是，分类整理。按错误的大致原因可分为概念不清型、方法不明型、粗心大意型等，要注明错题所在的章节。按照此分类，有助于发现各章节易错的知识点，又能明确错误的原因，有助于后续内容的学习。二是，记录方法。当教师讲试题时，要对错题成因进行分析，比如该题的切入点、打开思路的方法、解题的技巧、如何规范步骤。学生在听讲时，可把自己的错因也写在试卷上。三是，错题改编。学生也要学会如何改编题，这对加深概念的理解和提升创造性的思维都是大有裨益的。按照上述的方法进行整理，可以重新构建知识网络，在知识网络中标明疑难点。反思一道经典的错题，远比大量的训练更有价值。科学家钱学森说："正确的结果，是从大量错误中得出来的；没有大量的错误作台阶，也就登不上最后正确结果的高堂。"事实上，数学教学的终极目标是解题教学，学生解题不断优化和提升的过程，就是不断地和错误作斗争，不断地优化思维品质的过程。基于学生的年龄特征、学生的认知结构尚不完备，所以学生在解题中所犯的错误的表现形式多种多样，产生错误的原因具有不可预见性和复杂性。教师作为课堂教学的主体，应充分调动学生思维的能动性，主动地分析原因、寻求问题的正确答案，培养学生的思维品质。

在化错教学中,需要着力培养思维的严密性、广阔性、深刻性和批判性。具体来说,严密性是思维品质的根基,深刻性和广阔性相辅相成、相互补充,批判性是思维品质的提高,显示了思维发展的层次。下面谈谈在化错中,培养学生的思维品质。

二、化错的思维价值

对学生而言,数学解题既是学生数学学习的出发点,也是数学学习的归宿,是学生数学学习的最主要的活动之一。所以,对学生数学思维的训练,数学教师必须持之以恒,无论是复习课还是新课,无论是课堂还是课外,都应充分认识到化错的教学价值。教师利用学生各种千变万化的错误,有针对性地训练学生的思维,让学生在错误中反思,在思考中感悟,逐步提高学生的应变能力,最终实现思维能力的提高。

(一)运用化错,培养思维的严密性

思维的严密性表现为在解决问题时逻辑规则的严格遵守,解决问题的思路周密、运算推理准确无误。

例1 已知 $1 \in \{m+2, (m+1)^2, m^2+3m+3\}$,求实数 m 的值。

错解 $m = -2, -1, 0$。

正解 $m = 0$。

分析 集合中含有字母,要注意集合元素的互异性,当 $m = -2$ 时,$(m+1)^2 = m^2+3m+3 = 1$;当 $m = -1$ 时,$m+2 = m^2+3m+3 = 1$,这两种情况都不符合题设。集合的元素具有确定性、互异性、无序性三个特点。一旦集合元素中含有参数,要注意验证集合中元素的互异性,要注意检验。

例2 已知曲线 $y = \dfrac{1}{3}x^3 + \dfrac{4}{3}$,求曲线过点 $M(2,4)$ 的切线方程。

错解 由 $y' = x^2$,得 $k = y'|_{x=2} = 4$,所求切线方程为 $y - 4 = 4(x-2)$,即 $4x - y - 4 = 0$。

正解 设过点 M 的切线与曲线相切于点 $A\left(x_0, \dfrac{1}{3}x_0^3 + \dfrac{4}{3}\right)$,斜率 $k =$

$y'|x=x_0=x_0^2$,所以切线方程为 $y-\left(\frac{1}{3}x_0^3+\frac{4}{3}\right)=x_0^2(x-x_0)$,即 $y=x_0^2 \cdot x - \frac{2}{3}x_0^3+\frac{4}{3}$,且点 $M(2,4)$ 在切线上,所以 $4=2x_0^2-\frac{2}{3}x_0^3+\frac{4}{3}$,化简得 $x_0^3-3x_0^2+4=0$,即 $(x_0+1)(x_0-2)^2=0$,所以 $x_0=-1$ 或 $x_0=2$,因此,所求的切线方程为 $4x-y-4=0$ 或 $x-y+2=0$。

分析 本题的错误是由概念不清所致,点 M 可能为切点,也可能不为切点,因此,过定点 $M(2,4)$ 的切线可能不止一条,究其错误根源在于思维不严密。在解题的过程中,要抓住问题的主要方面,弄清概念的内涵和外延。

(二) 运用化错,培养思维的批判性

例 3 求函数 $f(x)=\cos\left(\frac{\pi}{4}-2x\right)$ 的单调递减区间。

错解 由 $2k\pi \leqslant \frac{\pi}{4}-2x \leqslant 2k\pi+\pi$,$k \in \mathbf{Z}$,整理得 $x \in \left[-k\pi-\frac{3\pi}{8}, -k\pi+\frac{\pi}{8}\right]$,$k \in \mathbf{Z}$。

正解 由 $f(x)=\cos\left(2x-\frac{\pi}{4}\right)$,令 $2k\pi \leqslant 2x-\frac{\pi}{4} \leqslant 2k\pi+\pi$,化简得 $x \in \left[k\pi+\frac{\pi}{8}, k\pi+\frac{5\pi}{8}\right]$,$k \in \mathbf{Z}$。

分析 复合函数的单调性由内外两层函数同时决定。

例 4 已知 $f(\alpha)=a\sin^2\alpha+b\cos^2\alpha+2a\sin\alpha$,$a$、$b \in \mathbf{R}$,且满足 $a \neq b$,$a \neq 0$,$\alpha \in \left[-\frac{\pi}{2}, \frac{\pi}{2}\right]$,则满足 $f(\alpha)=0$ 的 α 有_____个。

错解 设 $\sin\alpha=k$,原式化为 $(a-b)k^2+2ak+b=0$,因此 $\Delta=4a^2-4ab+4b^2=4(a^2-ab+b^2)>0$,即 α 的值有 2 个。

正解 设 $\sin\alpha=k$,令 $\varphi(k)=(a-b)k^2+2ak+b$,因此 $\varphi(-1) \cdot \varphi(1)=3a \cdot (-a)=-3a^2<0$,知 $\left[-\frac{\pi}{2}, \frac{\pi}{2}\right]$ 内只有一个实根,即 α 的值有 1 个。

分析 反思解题结果是培养学生思维批判性的一个重要途径。比如同学们

解分式方程、无理方程、对数方程时要进行检验,这就是思维批判性的具体体现。另外,在解题时,还要注意有无隐含的条件,有无陷阱,只有打破思维定势的影响,以灵活的批判性的思维方式面对问题,才能少走弯路。

(三) 运用化错,培养思维的深刻性

思维的深刻性主要表现在充分观察、仔细审题、明确已知条件,如何将已知条件向结论进行转化,在转化的过程中,考虑是否全面。

例 5 已知方程 $kx^2-3x+1=0$ 有且只有一个实根在区间 $(0,1)$ 内,试求实数 k 的取值范围。

错解 设 $f(x)=kx^2-3x+1$,由 $f(0)\cdot f(1)<0$,得 $k<2$。

正解 $k=\dfrac{9}{4}$ 或 $k<2$。

分析 本题的解题思路是用函数与方程思想,要注意在区间 $(0,1)$ 内,可能有两个相等的实根。

(四) 运用化错,培养思维的广阔性

对于同一个问题从多方面观察,多方面考虑,往往能提高解题速度,找到解决问题的最优解,对优化学生的思路,提高学生思维的广阔性也会有所帮助。

例 6 已知在等差数列 $\{a_n\}$ 中,S_n 为其前 n 项和,且 $S_{10}=100$,$S_{100}=10$,求 S_{110} 的值。

错解 由 $S_{110}=S_{10}+S_{100}=110$。

正解 1 由 $\begin{cases}10a_1+45d=100,\\100a_1+4950d=10,\end{cases}$ 得 $a_1=\dfrac{1099}{100}$,$d=-\dfrac{11}{50}$,所以 $S_{110}=110a_1+5995d=-110$。

正解 2 由数列 $\{a_n\}$ 为等差数列,令 $S_n=an^2+bn$,由 $\begin{cases}100a+10b=100,\\10000a+100b=10,\end{cases}$ 得 $110a+b=-1$,所以 $S_{110}=110^2a+110b=110(110a+b)=-110$。

正解3　由 $S_{100}-S_{10}=\dfrac{1}{2}(a_{11}+a_{100})\cdot 90=-90$，所以 $a_{11}+a_{100}=-2$，则 $S_{110}=\dfrac{110}{2}(a_{11}+a_{100})=-110$。

分析　在学生的解题后发现，大多数同学都是用正解1的方法，尽管方法没有问题，但是计算错误比较多。教师让学生自己发现计算上的错误后，再指导学生联想等差数列的性质，进而得到后面的解法，加深对等差数列性质的理解。这样处理问题的好处在于让学生知道错在哪里，还掌握了比较简洁的方法，开阔了解题思路，训练了学生的思维广阔性，我想这样的习题讲评课是非常受学生欢迎的。

高考不是知识点的简单重复累加，也不仅是数学方法的简单应用，仅记住大量的知识点和解题思路是没有多大用处的。养成良好的思维习惯和思维方式是高考取胜的重要保证。在教学中，我逐步摸索出了一些有效的方法，就是在错题中反思，在错题中淘"金"，在错题中优化学生的思维品质，在错题中培养学生良好的学习习惯。同学们说在每次考试之前，也会把错题本的错题浏览反思一下，有时还再做一遍错题，下次遇到同类型的问题，会马上想到错题，做到了同一类型的题目不能再犯错，减少了习题量，也避免了做一些不必要的无用功。高考并不需要苦苦的挑灯夜战，也不需要在浩瀚的题海中狂刷。我很欣慰听到同学们的话语，俗话说："吃一堑，长一智，从什么地方跌倒就从什么地方站起来"，如果同学们都能从错题中得到感悟、受到启发、汲取营养，告诫自己不要犯同样的错误，就能提高训练的准确性。坚持下去，解题能力也将逐步提高。

第六章 在具体数学教学环节中培养思维

在教学中,教师创设适当的问题情境及提出的合理问题都能调动学生思维的积极性,用情境激趣,以问题激思,在情境和问题中培养学生的思维。本章将在问题的情境、课堂提问、试卷讲评这几个具体的教学环节对培养学生思维作一些实践探讨。

第一节 在问题情境中培养思维

关于情境教学有多种表述的方法。教育大辞典中对情境教学的定义为情境教学就是运用具体生动的场景,以激起学生主动学习的兴趣、提高学习效率的一种教学方法。钟启泉教授认为:"情境教学是创设含有真实事件或真实问题的情境,学生在探究事件或解决问题的过程中自主理解知识,建构意义。"数学的特点决定了数学的抽象性,学生在学习数学的过程中,往往感到抽象枯燥。一个生动有效的问题情境,可以激发学生探求知识的欲望、提高学习数学的兴趣。有效的教学情境会活跃课堂气氛,促使生生之间、师生之间交往互动,激发学生从不同视角去思考、去分析、去感悟,激活了学生的思维。

问题情境的创设应始终服务学生。问题情境的创设要符合学生的身心特点、认知结构、认知水平、教学内容与目标,问题情境的创设是为课堂教学服务的,一旦脱离了教学目标,就不能启发学生正确地解决问题,情境就失去了存在的必要,有时还会成为课堂教学的干扰因素。因此,教学情境应始终围绕教学目标,不应流于形式,不应盲目地、没有目的地去处理教材,最后导致教学重难点不突出,达不到应有的课堂教学效果,学生仅仅停留在花哨的表面情境,也谈不上对数学问题本质的理解。

问题情境的创设要有趣味性。兴趣是最好的老师,学生学习兴趣的强弱直接关系到课堂效率,有趣的教学情境可以激发学生学习的热情,主动地参与课堂教学活动,深入研究并主动探索问题的本质。相反,若创设情境不当,则教学效果就会大幅降低,可能诱发学生的不良情绪,甚至对学习产生厌感。因此,情境的创设应围绕学生的兴趣增长点,尽可能地激发学生内在潜力。当然,教师应先研究教材,研究学生的所思所想,研究情境创设的可行性,然后再去创设问题情境。

一、创设问题情境的方法

阿基米德说过:"给我一个支点,我可以撬起整个地球。"在数学教学中,创设出的有效的情境,就好比支点一样,是课堂教学的前奏。思维活动是由学生对知识的内在需求和认知冲突诱发的。反之,课堂上如果学生缺乏认知冲突和认知需要,那么就不可能产生由认知冲突和认知需求诱发的认知思维活动。因此,恰当地创设问题情境,可以点燃学生思维的火花。

(一)借助生活实例,创设生活情境

在现实生活中,数学无处不在,数学来源于生活。在数学教学中,教师可借助于现实生活中的情境,情境要符合实际生活,能揭示数学概念本质,用情境教学引导学生分析问题与解决问题。

例如,在引入指数函数概念时,可借助于以下生活背景。2010 年 11 月 1 日,开始进行全国人口普查,2000 年我国约有 13 亿人口,若按年增长率 1% 计算,到 2010 年底,我国人口将增加多少? 到 2020 年底,我国的人口总数为多少? 现在若放开计划生育政策,年增长率为 2%。那么结果将会怎样呢? 以工农业生产生活中的实例为背景作为数学情境,可以让学生理解蕴含其中的数学知识及解决问题的方法。倘若不结合教学实际,一味追求情境的光彩照人,而使问题情境本身不易理解,其结果将本末倒置,课堂效果也会大打折扣。所以一个有效的问题情境应是朴素的、简单的,只要我们的老师善于做有心人,善于发现生活中的数学,善于思考数学和生活之间的关系,就能创造合适的问题情境。

（二）借助原有知识，创设认知情境

建构主义学习理论认为知识的习得过程，就是知识有意义的建构过程，在这一过程中，教师是组织者和引导者，能将学生原有的知识作为获取新知识的认知开端。此时，教师创设合理的问题情境，在当前问题情境下发生思维的碰撞和知识的同化，学生对原有知识经验进行补充和进一步完善，起到了对新知识的交融与顺应。所以情境的创设不一定要苛求生活化，只要能关联到学生的原有知识与经验，并在当前的情境下产生新的认知冲突，同样能达到相应的课堂效果。

例如在讲解"幂函数的定义与图象"这一节课时，可创设这样的情境。

情境：在初中阶段我们已经学过正比例函数，如 $y=x$，反比例函数 $y=\dfrac{1}{x}$，即 $y=x^{-1}$，以及二次函数如 $y=x^2$ 等函数的图象与性质，这三个函数都有怎样的共同特征呢？

以学生原有的知识和经验为切入点，创设情境引导学生自主探究，并体验概念的产生和发展的过程。通过观察初中学过的这三个函数，学生自然而然地开始主动思考，以此找到这三个函数的共同特征。

（三）设置问题串，创设问题情境

学生在接受新知识的过程中，原有的知识和新知识之间存在一定的差距，可以在学生的最近发展区内设置一些问题串以此缩短差距，增强学生对问题的理解，激发他们的求知欲，在一连串的问题情境中发现和提出问题，同时也调动了学生思维的积极性。比如，在"函数单调性"这节课中，可以从实际问题入手，创设问题情境，设计递进的问题串，用问题激思。

问题 1 观察某城市从 1990 年至 2000 年这十年绿地面积的数据所构成的图象，图象有什么特征？

问题 2 作出函数 $y=x$、$y=x^2$、$y=\dfrac{1}{x}$ 的图象，从左向右观察它们的图象，它们在何区间上总是上升的趋势，何区间总是下降的趋势？

问题 3 如何刻画函数图象的上升、下降与变量的关系？

问题 4 给定区间 D 上的函数 $f(x)$，如果对属于这个区间上的自变量的任意两个值 x_1、x_2，当 $x_1 > x_2$ 时，都有 $(x_1-x_2)(f(x_1)-f(x_2)) > 0$，那么函数 $f(x)$ 在这个区间上是单调增函数吗？

问题是数学的心脏。一连串的问题能增强学生对概念的理解，在问题解决的过程中，也能激发学生的求知欲。

二、创设问题情境的思维价值

问题情境的合理创设，不仅能激发学生的学习兴趣，调动学生主动学习的积极性，而且有助于学生在具体情境中理解问题，进而提高了解决问题的能力，拓宽了思路，培养了学生良好的思维品质。

（一）创设辨析型问题情境，培养思维的批判性

呈现问题的典型错误和正确解答，创设辨析型问题情境，通过分析问题的正解和错解，找到错误的根源。

例 1 已知 $m > 0$，求 $4m + \dfrac{9}{m^2}$ 的最小值。

分析 先给出以下两种解法：

解法 1 因为 $4m + \dfrac{9}{m^2} = m + 3m + \dfrac{9}{m^2} \geqslant 3\sqrt[3]{m \cdot 3m \cdot \dfrac{9}{m^2}} = 9$。所以 $4m + \dfrac{9}{m^2}$ 的最小值为 9。

解法 2 因为 $4m + \dfrac{9}{m^2} = 2m + 2m + \dfrac{9}{m^2} \geqslant 3\sqrt[3]{2m \cdot 2m \cdot \dfrac{9}{m^2}} = 3\sqrt[3]{36}$，所以 $4m + \dfrac{9}{m^2}$ 的最小值为 $3\sqrt[3]{36}$。

上面的两种解法，得到两个不同的结果，哪种解法是正确的呢？教师引导学生辨析，展开讨论。

解法 1 中等号成立的条件是 $m = 3m = \dfrac{9}{m^2}$，显然它不成立，所以解法 1 是错误

的；解法 2 中等号成立的条件是 $2m=2m=\dfrac{9}{m^2}$，即 $m=\sqrt[3]{\dfrac{9}{2}}$ 时，等号成立，所以解法 2 是正确的。

例 2 已知直线 l 过定点 $M(2,3)$，且直线 l 在两坐标轴上的截距相等，求直线 l 的方程。

解法 1 设所求直线 l 的方程为 $\dfrac{x}{a}+\dfrac{y}{a}=1(a\neq 0)$，由 $\dfrac{2}{a}+\dfrac{3}{a}=1$，$a=5$，即直线 l 的方程为 $x+y-5=0$。

解法 2 当直线 l 在两坐标轴上截距为 0 时，设 l 的方程为 $y=kx$，由 $3=2k$，$k=\dfrac{3}{2}$，即直线 l 的方程为 $3x-2y=0$ 或 $x+y-5=0$。

解法 1 中没有注意到直线的截距为 0，直线的截距式方程适合于直线不过原点且直线与两坐标轴不垂直的情况。

（二）创设联想型问题情境，培养思维的灵活性

创设联想型问题情境，可引导学生根据问题情境的变化调整思考问题的方向，克服思维定势及呆板性，从而提高思维活动的智力灵活程度，加深对问题的理解。

例 3 求函数 $f(x)=\dfrac{\sin x+2}{\cos x-3}$ 的值域。

分析 教师讲解完毕后，可联想出以下问题。

变式 1 求函数 $f(x)=\dfrac{2\sin x+2}{3\cos x+4}$ 的值域。

变式 2 求函数 $f(x)=\dfrac{\sin x+2}{\cos x-3}$，$x\in\left[0,\dfrac{\pi}{2}\right]$ 的值域。

变式 3 求函数 $f(x)=\dfrac{1}{\cos x-3}$ 的值域。

可以看出，以上 3 个联想问题，都是例 2 的转化形式，由这些联想变换，让学生经历数学化与再创造的过程，并领会这些问题的本质，有效促进了学生的思维发展。

例4 在斜 $\triangle ABC$ 中,求证:$\tan A + \tan B + \tan C = \tan A \cdot \tan B \cdot \tan C$。

分析 由两角和的正切公式,不难证明。可联想以下问题。

变式1 若 $\tan\alpha + \tan\beta + \tan\gamma = \tan\alpha \cdot \tan\beta \cdot \tan\gamma$,且 α、β、$\gamma \neq k\pi + \dfrac{\pi}{2}$,$k \in \mathbf{Z}$,则 $\alpha + \beta + \gamma = \pi$ 吗?

变式2 $\tan\alpha + \tan\beta + \tan\gamma = \tan\alpha \cdot \tan\beta \cdot \tan\gamma$,则 $\alpha + \beta + \gamma = k\pi$,$k \in \mathbf{Z}$。

变式3 已知 $a + b + c = abc$,求证:$\dfrac{2a}{1-a^2} + \dfrac{2b}{1-b^2} + \dfrac{2c}{1-c^2} = \dfrac{8abc}{(1-a^2)(1-b^2)(1-c^2)}$。

变式4 求证:$3 + \tan(A+60°) \cdot \tan(A-60°) + \tan A \cdot \tan(A+60°) + \tan A \cdot \tan(A-60°) = 0$。

教师创设联想型问题情境,引导学生发现其中蕴含的规律,关注解决问题的通性通法。

(三)创设开放型问题情境,培养思维的广阔性

思维的广阔性是指从不同的角度,运用多方面的知识来解决问题。在课堂教学中,创设开放型问题情境,引导学生根据题目的特征,进行多方面的观察、联想,找到问题的多种解法,即一题多解,它是培养学生思维广阔性的一种有效途径。

例5 求证 $\left(\dfrac{m+n}{2}\right)^2 \leqslant \dfrac{m^2+n^2}{2}$。

证法1(比差法) $\dfrac{m^2+n^2}{2} - \left(\dfrac{m+n}{2}\right)^2 = \dfrac{m^2-2mn+m^2}{4} \geqslant 0$,结论成立。

证法2(综合法) $\left(\dfrac{m+n}{2}\right)^2 = \dfrac{m^2+n^2+2mn}{4} \leqslant \dfrac{m^2+n^2+m^2+n^2}{4} = \dfrac{m^2+n^2}{2}$。

证法3(分析法) $\left(\dfrac{m+n}{2}\right)^2 \leqslant \dfrac{m^2+n^2}{2}$,则 $2(m^2+n^2) \geqslant (m+n)^2$,则 $m^2 + n^2 - 2mn \geqslant 0$,有 $(m-n)^2 \geqslant 0$,结论成立。

证法 4(比商法) $\dfrac{\dfrac{m^2+n^2}{2}}{\left(\dfrac{m+n}{2}\right)^2} = \dfrac{2(m^2+n^2)}{(m+n)^2} = \dfrac{m^2+n^2+m^2+n^2}{m^2+n^2+2mn} \geqslant 1$，结论成立。

证法 5(构造法) 设 $f(x) = x^2 + \dfrac{m+n}{2}x + \dfrac{m^2+n^2}{8}$，配方得 $f(x) = \left(x + \dfrac{m+n}{4}\right)^2 + \dfrac{(m-n)^2}{16} \geqslant 0$，因此 $\Delta = \left(\dfrac{m+n}{2}\right)^2 - \dfrac{m^2+n^2}{2} \leqslant 0$ 即 $\left(\dfrac{m+n}{2}\right)^2 \leqslant \dfrac{m^2+n^2}{2}$，结论成立。

证法 6(柯西不等式) $\left(\dfrac{m+n}{2}\right)^2 = \left(\dfrac{1}{2}m + \dfrac{1}{2}n\right)^2 \leqslant \left[\left(\dfrac{1}{2}\right)^2 + \left(\dfrac{1}{2}\right)^2\right] \cdot (m^2+n^2) = \dfrac{m^2+n^2}{2}$，结论成立。

学生的认知水平及解决问题的方式是有差别的,要尊重学生的个性差异。开放性问题情境以某一个问题为载体,启发学生从不同的角度去分析问题,使不同的学生能多层级、大范围地探索分析,调动了学生思考问题的积极性,全班同学都能参与到问题的解决中来。教师要充分挖掘教材的特点,创造性地使用教材,在课堂教学中,尽可能设计一些开放性问题,启发学生大胆探索,得出相关有价值的结论,培养学生思维的广阔性。

(四)创设探究型问题情境,培养思维的深刻性

教师选择一些蕴含丰富数学思想方法的题目,创设探究型问题情境,引导学生对题目进行变形、引申,让学生在新的问题情境中广泛联想,纵深联想,举一反三。

例 6 化简：$\cos 40°(1 + \sqrt{3} \cot 80°)$。

分析 本题中含有弦、切与特殊数值 $\sqrt{3}$,因此,可借助于切化弦,先通分,再逆用两角和的正弦及倍角公式,或利用 $10° = 60° - 50°$,再利用两角差的正切,切化弦,逆用两角和的正弦及倍角公式。

本题可从结构上创设问题情境,进行以下引申。

变式 1　化简:$(1-2\sin^2 20°)(1+\sqrt{3}\tan 10°)$。

变式 2　化简:$\dfrac{1}{\sin 50°}-\sqrt{3}\tan 10°$。

变式 3　已知实数 a 满足 $\cos 40°(a+\sqrt{3}\tan 10°)=1$,求 a 的值。

本题以立意为主考查了学生的能力,对三角恒等变形进行了全方位考查,把问题置于学生既熟悉、又陌生的情境中,体现了试题命制的一个原则——源于课本,高于课本。在问题解决的过程中,应充分利用三角变换且采用灵活多样的处理方法。

例 7　已知复数 z_1、z_2、z_3 满足关系式 $z_1+z_2+z_3=0$,$|z_1|=|z_2|=|z_3|=1$。求证:以 z_1、z_2、z_3 对应点为顶点的三角形是正三角形。

变式 1　已知正 $\triangle Z_1Z_2Z_3$ 的三个顶点与复数 z_1、z_2、z_3 分别对应,且满足 $|z_1|=|z_2|=|z_3|\neq 0$,求证:$z_1+z_2+z_3=0$。

变式 2　已知正 $\triangle Z_1Z_2Z_3$ 的三个顶点与复数 z_1、z_2、z_3 分别对应,且满足 $|z_1|=|z_2|=|z_3|=1$,求证:$z_1+z_2+z_3=0$。

变式 3　已知复数 $z_1+z_2+z_3=0$,$|z_1|=|z_2|=|z_3|\neq 0$,求证:以 z_1、z_2、z_3 对应点为顶点的三角形为正三角形。

变式 4　已知正 $\triangle Z_1Z_2Z_3$ 的三个顶点与复数 z_1、z_2、z_3 分别对应,且满足 $z_1+z_2+z_3=0$,求证:$|z_1|=|z_2|=|z_3|$。

创设探索性的问题情境能打破学生的认知的平衡,产生"不愤不启,不悱不发"的矛盾心理,问题情境的设置能引发学生心理上的悬念,诱发学生的认知冲突,在认知不平衡中诱发学生进行探索,直至解决问题。教师要抓住时间节点适时提出有一定深度的问题以启发学生反思,提高课堂教学效果。创设的问题情境要符合学生的最近发展区,让学生想一想就有收获,只有这样,才能激发学生提出问题,增强解决问题的能力,培养学生思维的深刻性。

第二节　在课堂提问中培养思维

爱因斯坦说:"提出问题比解决问题更重要",可见课堂提问的重要性。提问是一门艺术,它是联系师生的桥梁和纽带。课堂教学中,教学离不开提问,要用问题激发学生的思维,用问题打开学生的疑问之门。在培养学生核心素养的背景下,数学教学中培养学生的思维能力已成为教学的重点,如果把学生的大脑比作一个平静的湖面,那么往湖水中投入一颗思维的石子,就可以激发学生思维的浪花,激发他们提出问题、思考问题、解决问题。因此,在教学中,教师应根据教学内容的特点和学生的认知特点,提出合理问题,开拓他们的思维,引导他们积极思考。

一、课堂提问的要求

教师提出的问题要有坡度,也就是说,设置的问题不要过高或过低于学生的思维水平,让学生跳一跳就能摘到,想一想就有感觉,这样,有利于学生获取知识的同时,也符合学生思维的最近发展区。

教师提出的问题要有启发性,也就是说,设置的问题要具有较强的启发性,关键在于一个"启"字,能诱导学生积极思考,把问题向纵深方向拓展,把问题引向高处理解,这样获取知识的方式,才是真正意义上的理解。启发性提问促使学生利用已有的经验方法去思考问题,凸显了教师的主导地位和学生的主体地位,有助于培养学生的问题解决能力。

教师提出的问题要有探索性,也就是说,设置的问题要具有前瞻性与不可预见性。教师提出的探索性问题是建立在教师了解学生已有知识的前提下,根据新旧知识的联系,创设学生自主主动探究解决问题的空间,启发学生多方寻求解决问题的方法。

二、课堂提问的思维价值

一堂课下来,有时教师要提出很多问题,为提高课堂教学的有效性,教师在提出问题之前,要心中有数,不要用"是"或"不是"等自问自答的形式。教师要深入钻研教材,了解编者的设计意图,掌握学生的实际情况,牢牢抓住学生对知识的渴望,优化课堂提问方式,让课堂提问成为撬动学生思维的杠杆。

(一) 设置发散式问题,培养学生思维的灵活性

教师设置的问题问之得当,可以激发学生思考问题的潜能,学生积极回答问题,课堂气氛活跃;若问之不当,则会启而不发,教师问学生不答,最后将成为教师的自问自答。在教学中我们经常听到学生说:"老师上课讲的例题都能听懂,一做题就不会。"分析其原因是学生思维缺乏灵活性。笔者在平时的教学中发现,所谓的"好生"能从教师设置的问题中,对问题的信息源进行思考,然后提出对另一种问题的解决方法,一旦思路受阻,可以转变思维方式;而所谓的"差生"对问题信息源的思考往往比较单一。为此,在平时的课堂教学中,教师应根据同一问题设置一些发散式问题,比如进行一题多变,一题多解,增强思维的灵活性。

例1 当 k 为何实数时,二次函数 $f(x)=x^2-kx+1$ 的图象与 x 轴没有交点?

分析 教师讲解后,提出以下问题,并引导学生思考它们之间有什么联系?

变形1 k 为何值时,关于 x 的一元二次不等式 $x^2-kx+1>0$ 的解集为一切实数?

变形2 k 为何值时,关于 x 的一元二次不等式 $x^2-kx+1\leqslant 0$ 的解集为空集?

变形3 k 为何值时,关于 x 的一元二次方程 $x^2-kx+1=0$ 无实根?

变形4 k 为何值时,二次函数 $f(x)=x^2-kx+1$ 的值恒大于0?

变形5 k 为何值时,二次三项式 x^2-kx+1 在实数范围内不能因式分解?

不难发现,上述5种变换方式,都是例1的变换形式。通过以上变换,可以增强学生对知识的理解,加深知识间的联系,活跃学生的解题思路,同时也增强了学生在解决问题中的应变能力。

例2 若实数 x、y 满足 $x^2+y^2-2x+4y=0$,求 $x-2y$ 的最大值和最小值。

分析 本题可适合于高三复习课,其常用解法是判别式法。

令 $t = x - 2y$，代入 $x^2 + y^2 - 2x + 4y = 0$，整理得 $5y^2 + 4ty + (t^2 - 2t) = 0$，

因为 $y \in \mathbf{R}$，故 $\Delta = (4t)^2 - 20(t^2 - 2t) \geqslant 0$，得 $t \in [0, 10]$，所以 $t_{\min} = 0$，$t_{\max} = 10$。

教师讲解后，可提出以下问题，并引导学生提出解决问题的方法。

问题 1 如何用三角代换求解？事实上，由 $x^2 + y^2 - 2x + 4y = 0$，得 $\left(\dfrac{x-1}{\sqrt{5}}\right)^2 + \left(\dfrac{y+2}{\sqrt{5}}\right)^2 = 1$，进而设 $\sin\theta = \dfrac{x-1}{\sqrt{5}}$，$\cos\theta = \dfrac{y+2}{\sqrt{5}}$，则 $x = 1 + \sqrt{5}\sin\theta$，$y = -2 + \sqrt{5}\cos\theta$，故 $t = x - 2y = 5 + \sqrt{5}\sin\theta - 2\sqrt{5}\cos\theta = 5 + 5\sin(\theta + \varphi)$，所以 $t_{\min} = 0$，$t_{\max} = 10$。

问题 2 如何用复数方法求解？事实上，原式化为 $(x-1)^2 + (y+2)^2 = 5$，表示为在复平面上以复数 $1 - 2\mathrm{i}$ 对应的点为圆心，以 $\sqrt{5}$ 为半径的圆，而由 $2(x - 2y) = x^2 + y^2$，有 $x - 2y = \dfrac{1}{2}(\sqrt{x^2 + y^2})^2$，问题变更为在圆 $(x-1)^2 + (y+2)^2 = 5$ 求一点 A，使复数 $x + y\mathrm{i}$ 的模 $\sqrt{x^2 + y^2}$ 取得最大或最小问题，如图知 $|x + y\mathrm{i}|_{\min} = 0$，$|x + y\mathrm{i}|_{\max} = 2\sqrt{5}$，即 $(x - 2y)_{\min} = 0$，$(x - 2y)_{\max} = \dfrac{1}{2}(2\sqrt{5})^2 = 10$。

（问题 2）

问题 3 如何用解析几何方法求解？事实上，原式化为 $(x-1)^2 + (y+2)^2 = 5$，设 $t = x - 2y$，则 $y = \dfrac{1}{2}x - \dfrac{t}{2}$，所以问题转化为当直线 $y = \dfrac{1}{2}x + \left(-\dfrac{t}{2}\right)$ 与圆 $(x-1)^2 + (y+2)^2 = 5$ 有公共点时，直线 $y = \dfrac{1}{2}x + \left(-\dfrac{t}{2}\right)$ 在 y 轴上截距的最大或最小值。易知，当直线 $y = \dfrac{1}{2}x + \left(-\dfrac{t}{2}\right)$ 与圆相切时，截距 $-\dfrac{t}{2}$ 取得最大或最小值，此时，$\dfrac{|1 - 2 \times (-2) - t|}{\sqrt{5}} = \sqrt{5}$，有 $t = 0$ 或 $t = 10$，所以 $t_{\min} = 0$，$t_{\max} = 10$。

教师设置的上述问题,可以调动学生参与思考问题的热情,提升灵活解决问题的能力,培养思维的灵活性。

(二)设置探究式问题,培养学生思维的创造性

创新需要创造性人才,创新人才要具有创造性思维的大脑。创造性思维是思维的最高级别的活动,相对学生来说,创造性思维能力就是利用已有的经验方法去创造性地思考和解决问题的能力,它是人的主观能动性的一种具体体现,比如,对题目、公式、定理的新颖解法、证法的巧妙的应用等。和科学家的发明一样,学生的创造性思维活动,也要经历提出问题、检验验证、得出结论等几个阶段。基于此,教师在课堂教学过程中,要抓住可行的机会,适时精心设计一系列具有探究式的问题,启发引导学生猜想、验证、联想,发挥学生的主观能动性和创造力。

当然,创造性思维的培养,要因材施教、因人施问,教师在课堂提问中,要因人而异、差别对待,由"好生"来回答难度较大的问题,由中档生来回答一般难度的问题,由"差生"来回答比较简单的问题,由具有某些方面特长的学生来回答比较专门的问题。这样的分层,可以让所有学生都有机会参与到课堂的提问中,并且得到肯定或否定性评价的机会,每个人的思维都将得到不同层次的训练。

例3 给定四点 $P_1(1,1)$、$P_2(0,1)$、$P_3\left(-1,\frac{\sqrt{3}}{2}\right)$、$P_4\left(1,\frac{\sqrt{3}}{2}\right)$ 中恰有三点在椭圆 $C:\frac{x^2}{a^2}+\frac{y^2}{b^2}=1(a>b>0)$ 上。

(1) 求椭圆 C 的方程;

(2) 当直线 l 不经过点 P_2 且与椭圆 C 相交于不同的两点 A、B,若直线 P_2A 与 P_2B 的斜率之和为 -1,证明:直线 l 恒过一个定点。

本题貌不惊人,但变换问题中的条件或结论,可得到下面几个探究性问题。

探究1 问题(2)的逆命题是什么吗?它是真命题?

探究2 若直线 l 不经过点 P_2 且与椭圆 C 相交于不同两点 A、B,则 $k_{PA}+k_{PB}=-1$ 的充要条件是什么?

探究3 过点 $P(0,b)$ 作两条直线分别与椭圆 $\frac{x^2}{a^2}+\frac{y^2}{b^2}=1(a>b>0)$ 交于

A、B 两点,若 $k_{PA}+k_{PB}=p$(定值),直线 AB 是否过定点?

探究 4 若探究 3 成立,其逆命题是否成立?

探究 5 若点 $P(x_0,y_0)$ 为椭圆上的定点,$k_{PA}+k_{PB}=p$(定值),直线 l 是否过定点?

一石激起千层浪,教师提出有价值、有深度的问题,能激发学生积极思考,可以提高学生思维的广阔性,创造性。

例 4 求 $f(x)=x^3-\dfrac{3}{2}x^2+1$ 的单调区间。

分析 这是一个常规性的问题,由师生共同完成此题以后,以这个问题为思维的起点,将原题进行改编,提出如下问题。

探究 1 求 $f(x)=ax^3-\dfrac{3}{2}x^2+1(a\neq 0)$ 的单调区间。

探究 2 若函数 $f(x)=ax^3-\dfrac{3}{2}x^2+1(a\neq 0)$ 在 $(1,+\infty)$ 上为增函数,求实数 a 的取值范围。

探究 3 若函数 $f(x)=ax^3-\dfrac{3}{2}x^2+1(a\neq 0)$ 在 $(1,2)$ 上不单调,求实数 a 的取值范围。

以上三个问题看起来很相似,教师组织学生分组讨论:

这三个探究性问题相比前一道题有什么变化?如何解决?

通过上述探究性提问,激发学生解决问题的热情。解答过程这里就不再赘述,留给有兴趣的读者。

(三) 设置评价性问题,培养思维的批判性

评价性提问要求学生运用已知的结论、标准、方法对得到的结果作出判断、比较。比如让学生进行正误辨析,弄清错误的根源,找到正确的解决问题的方法。

例 5 在 $\triangle ABC$ 中,A、$B\in\left(0,\dfrac{\pi}{2}\right)$,且 $\sin A=\dfrac{\sqrt{5}}{5}$,$\sin B=\dfrac{\sqrt{10}}{10}$,求 $A+B$ 的值。

分析 教师先给出如下解法：$\sin A = \dfrac{\sqrt{5}}{5}$，$\sin B = \dfrac{\sqrt{10}}{10}$，则 $\cos A = \dfrac{2\sqrt{5}}{5}$，$\cos B = \dfrac{3\sqrt{10}}{10}$，$\sin(A+B) = \dfrac{\sqrt{5}}{5} \times \dfrac{3\sqrt{10}}{10} + \dfrac{2\sqrt{5}}{5} \times \dfrac{\sqrt{10}}{10} = \dfrac{\sqrt{2}}{2}$，则 $A+B = \dfrac{\pi}{4}$ 或 $\dfrac{3\pi}{4}$。

提问：此种解法正确吗？引导学生分析，求 $A+B$ 的值，不宜求 $\sin(A+B)$ 的值，可以求 $\cos(A+B)$ 或 $\tan(A+B)$ 的值。

例6 设 $f(x) = mx^2 - n$，$-4 \leqslant f(1) \leqslant -1$，$-1 \leqslant f(2) \leqslant 5$，求 $f(3)$ 的取值范围。

分析 由题意可知：$\begin{cases} -4 \leqslant m-n \leqslant -1 & (1), \\ -1 \leqslant 4m-n \leqslant 5 & (2), \end{cases}$ 将(1)(2)联立消元，得 $0 \leqslant m \leqslant 3$，$1 \leqslant n \leqslant 7$，又 $f(3) = 9m - n$，故 $f(3) \in [-7, 26]$。

提问 上述解法合理吗？师生共同分析，不难发现此解法表面看起来没有任何问题，事实上，经过合理分析发现：$0 \leqslant m \leqslant 3$，$1 \leqslant n \leqslant 7$ 仅仅是 $-4 \leqslant m-n \leqslant -1$，$-1 \leqslant 4m-n \leqslant 5$ 的必要而非充分条件，它们不是等价关系。也就是说，这里的字母 m 和 n 是相互制约的，结果扩大了字母 m 和 n 的取值范围，比如取 $m=0$，$n=7$ 或 $m=3$，$n=1$ 时，并不满足(1)(2)两式，问题的正确解答如下：

解 由于 $f(1) = m - n$，$f(2) = 4m - n$，所以 $m = \dfrac{f(2) - f(1)}{3}$，$n = \dfrac{f(2) - 4f(1)}{3}$，即 $f(3) = 9m - n = \dfrac{8}{3}f(2) - \dfrac{5}{3}f(1)$，又 $-4 \leqslant f(1) \leqslant -1$，$-1 \leqslant f(2) \leqslant 5$，所以 $\dfrac{5}{3} \leqslant -\dfrac{5}{3}f(1) \leqslant \dfrac{20}{3}$，$-\dfrac{8}{3} \leqslant \dfrac{8}{3}f(2) \leqslant \dfrac{40}{3}$，即 $f(3) \in [-1, 20]$。

分析 此题错误的原因比较隐蔽，其原因是在进行不等式同解变形时，等号不能同时取得。这就要求学生在解题时，尽量独立思考，把错因找到，正反辨析，加深理解，体现了解决问题的思维批判性。

由以上正误分析评价，可以精准找到问题的错误的源由，加深了学生对此类问题的理解。因此，教师在讲完一道题后，要合理引导学生对解题过程进行评价，分析错误的原因，是概念性错误、方法性错误，还是逻辑性错误，鼓励学生大胆提出自己的看法和见解,指出并纠正错误,这样的课堂才是高效的,才能使知识点落地,同时也培养了学生思维的批判性。

(四)设置联想性问题,培养学生思维的广阔性

联想能够使思维插上腾飞的翅膀,当今时代,联想往往能够带来意想不到的回报。数学中的联想能够拓宽解题思路,拓展知识面,找到更巧、更好地解决问题的方法,它是学生解决问题能力的具体表现。数学中的联想有数形联想,函数与方程联想,平面与空间联想,有限与无限联想等。

例7 已知 m、n、p、$q \in \mathbf{R}$,求证:$\sqrt{m^2+n^2} + \sqrt{p^2+q^2} \geqslant \sqrt{(m-p)^2+(n-q)^2}$。

分析 本题可以用分析法得证。提问:此题还有哪些证法?

问题1 由 $\sqrt{m^2+n^2}$、$\sqrt{p^2+q^2}$、$\sqrt{(m-p)^2+(n-q)^2}$ 能联想到什么公式?

问题2 能否运用复数模或向量模的性质解决呢?

事实上,问题1中 $\sqrt{m^2+n^2} = \sqrt{(m-0)^2+(n-0)^2}$,$\sqrt{p^2+q^2} = \sqrt{(p-0)^2+(q-0)^2}$,$\sqrt{(m-p)^2+(n-q)^2}$,它们都是表示相应的两点间距离公式。如图,设 $A(m, n)$,$B(p, q)$,显然有 $|OA|+|OB| \geqslant |AB|$(当且仅当 A、O、B 三点共线,且 OA、OB 反向时等号取得)。

问题2中设复数 $z_1=m+n\mathrm{i}$,$z_2=p+q\mathrm{i}$,则 $z_1-z_2 = (m-p)+(n-q\mathrm{i})$,所以 $|z_1|+|z_2| \geqslant |z_1-z_2|$,即 $\sqrt{m^2+n^2} + \sqrt{p^2+q^2} \geqslant \sqrt{(m-p)^2+(n-q)^2}$。

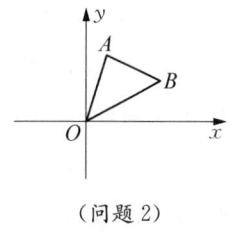

(问题2)

本题运用了联想性提问,引导学生运用解析法、复数法来解决问题,强化了知识间的相互作用与相互渗透,培养了学生多方位、多角度、多层次的立体式思维,有助于学生思维广阔性的形成。

例8 已知 a、b、c、$d \in \mathbf{R}$,且满足 $a^2+b^2=1$,$c^2+d^2=1$,求证:$|ac+bd| \leqslant 1$。

分析 本题是一个较经典的问题,从不同的视角,会得到不同的证法。教师若能设置不同的问题,启发学生展开联想,必加深对问题的理解。

问题 1 题目中出现了 a^2+b^2、c^2+d^2、ac、bd,据此联想到什么公式?

问题 2 题目中出现了 $a^2+b^2=1$,$c^2+d^2=1$,可否用三角代换呢?

问题 3 可否构造复数,用复数方法解决呢?

这道题目,我们先用基本不等式给出了常规方法证明,后又经过结构联想发现可以用三角代换法、构造复数法,拓展了学生思维的广度,加深了学生思维的深度,增强了学生思维的灵活性,具体的解答过程就不再赘述。

总之,在课堂教学中,教师要善于运用提问的艺术,多方位、多层次、多形式地立体式提问,诱导、启迪学生充分展开讨论、辨析等,这样可优化学生的思维品质,最终也培养了学生的数学核心素养。需要强调的是,课堂提问是一门很强的艺术,提问不当,则失去了提问的效果。首先,教师提出问题后要留给学生足够的思考时间,要把控好学生思考的时间,教师要学会等待,善于等待,倾听学生的回答,让学生积极思考,这也是一门艺术。研究表明,给学生合理的回答时间,可以增强学生回答问题的自信心,问题回答的质量也更有深刻性、系统性、逻辑性。反之,若教师提出问题后,马上请学生回答,课堂表面上热热闹闹,教师频繁地提问,学生频繁地回答,其实这样的课堂是低效的。其次,一般来说,对于机械性的识记等低层次问题,留给学生思考的时间不宜过长,而对于较综合的问题,甚至需要小组合作讨论才能完成的,留给学生思考的时间可较长,具体的回答时间还要取决于学生对问题的理解程度及学生的认知水平。再次,学生回答问题后,教师应及时作出反馈评价,教师对学生回答问题的反馈直接影响到学生主动思考问题的程度。研究表明,若教师对学生回答的问题反馈不彻底,则会降低学生思考问题的积极性,也降低了学生的学习效果。若教师对学生回答的问题持肯定的态度,对学生回答的问题,无论对错,教师若持欣赏的目光,学生就越能积极主动地听教师上课。因此,教师要善于运用课题提问的艺术,用问题激活学生的思维,在课堂提问中培育学生的思维。

第三节 在试卷讲评中培养思维

试卷讲评是数学教学中一个不可缺少的重要环节,通过试卷分析,可以帮助教师了解学生的学习状况,发现学生学习中存在的问题,从而有针对性地查漏补缺,全面检测学习效果,弥补知识的缺陷,同时也完善了学生的思维系统和知识系统,为学习新内容打下了良好的基础。但是,在实际的课堂教学中,部分教师没有认识到试卷讲评的作用,只是粗放地评讲一下或者让学生自己对照标准答案,这样的试卷讲评课枯燥、无味、单调,也无法找到学生错误的原因,更谈不上提高教学质量和教学效果。

每次学生考完试后,大多数学生都想知道考了多少分,哪些考点出了问题,想试卷早点批改好,及时发下去。教师应抓住最好时机,争取按时把试卷发到学生的手上。但在教学中,试卷讲评课却存在许多方面的不足之处,具体表现在试卷讲评时追求面面俱到、缺少针对性。我们有很多教师在讲评试卷时,往往按照试题的顺序一一讲解,对试题的立意和考查的知识点也没有全面的分析,眉毛胡子一把抓,不注重数学思想的渗透,仅仅就题讲题,对试卷中的知识点也没有进一步的引申。可想而知,这样的讲评方式是"授鱼"而不是"授渔",试卷讲评忽视了学生的参与。基于核心素养的课堂教学强调学生的个性张扬,这就要求在试卷讲评课中学生应积极参与。然而,很多教师在试卷讲评课中担心用时太多,只是一个人在黑板上不停地写,不停地讲,没有让学生自己发表观点,说出错误的原因,学生只是被动地听讲,思维活动也仅仅随着老师的讲而行走,教师唱独角戏,学生低头记笔记,被动听老师讲解。事实上,无论是新授课还是试卷评析课,教师都应该调动学生参与的热情。学生的潜力不容小觑,教师要鼓励学生说出错误之处和考试时的所想所思,暴露学生考试时的解题过程,这样的试卷讲评才能使得学生的运算能力和思维能力得到一次提升。学生思考问题的方法和思路也是一种意外生成的课程资源,一次意外生成的精彩,这样的试卷评析的课堂才是百花齐放的,充满无限生机的课堂。

一、试卷讲评的要求

试卷讲评是一门艺术,很多教师对试卷讲评认识不到位,在批阅试卷的时候,没有从思想上认识到学生犯错误的严重性,也没有发现学生普遍存在的错误,这样的讲评试卷效果可想而知。基于此,下面笔者谈一点看法。

(一)认真做题,精心准备

教师在评讲试卷前,自己要做一遍,认真分析试题的难度、试卷的结构、考查的主要知识点、涉及的考点范围、考查的重难点是否符合教学大纲的要求等。通过试卷分析预测学生的答题情况,哪些知识点、数学方法掌握得牢靠,哪些考点后续还应强化;哪些知识点还应完善。接下来,教师应根据试题分析学生出现错误的原因,完成一套可行的有针对性的讲解方案。教师经过一番精心准备,在讲评试卷时,就能得心应手、胸有成竹,提升试卷讲评的效果。

(二)搭建平台,学生参与

教师是课堂教学的组织者、引领者,学生是课堂教学的主体,教师搭好师生互动的平台,在课堂上学生畅所欲言,充分展示自己的看法,在交流中碰撞出思维的火花。教师借题发挥,利用学生在考试中出现的典型错误,通过自我检查、自我反思辨析,从错误的解法中找到认识的误区,启发学生在迂回曲折的纠错中,发现问题的正解方法。因此,教师应搭建一个轻松愉悦、乐观的气氛,激发他们参与的热情,用一颗真诚的心去包容学生所犯的错误,并从学生的角度去思考与解决问题,这种和谐融洽的师生关系将引发学生积极思考,进而达到讲评的最佳状态。

教学片段:已知函数 $f(x) = (m^2 + 4m - 5)x^2 - 4(m-1)x + 3$ 的图象总位于 x 轴的上方,则实数 m 的取值范围为_____。

师:本题是客观题,班级有近一半同学出现了问题,请同学们再回忆一下解答的方法。

生 1:由函数图象位于 x 轴上方,得 $\begin{cases} m^2+4m-5>0, \\ 16(m-1)^2-12(m^2+4m-5)<0, \end{cases}$ 得 $m \in (1, 19)$。

生 2:这个解题思考不够全面,答案是错误的。

师:请生 2 帮助生 1 分析一下错误的原因。

生 2:由于二次项系数含有字母,这个函数不一定为二次函数,应对其系数进行讨论。当 $m^2+4m-5=0$ 时,$m=-5$ 或 $m=1$,检验 $m=1$ 时,符合题设;当 $m^2+4m-5 \neq 0$ 时,由于 $f(x)$ 的图象位于 x 轴的上方,即关于 x 的一元二次不等式 $(m^2+4m-5)x^2-4(m-1)x+30>0$ 对 $x \in \mathbf{R}$ 恒成立,即 $\begin{cases} m^2+4m-5>0, \\ 16(m-1)^2-12(m^2+4m-5)<0, \end{cases}$ 得 $m \in (1, 19)$,结合以上实数 m 的取值范围为 $m \in [1, 19)$。

师:生 1 没有注意到二次项系数可以为 0,思考问题不够严密,生 2 对问题思考较全面,用了等价转化和分类讨论的方法。此时,同学们脸上洋溢着收获的喜悦。

(三) 成绩统计,错因分析

在评讲试卷之前,应做好分数的统计工作,包括每道题学生的得分,每个小题的得分率,要对错因进行归类,要从导致主客观题失分的因素中找出错误的共性,再由学生的失分会诊出学生错的原因,统计出哪些题目错得较多,哪些题目正确率较高,错在哪里? 对于学生的加强点,要在评卷前做好统计分析,为课堂讲评提供充分的材料证据。教师由统计的情况,认真备评,将课堂上的大部分时间放在学生最主要、最严重的出错点上评析,为学生答疑解惑。学生试卷中存在的错误主要有三种类型:一是对知识点不清而引起的错误,不妨称为知识性错误;二是由于学生考试紧张、临场发挥不正常引起的错误,称为心理性错误;三是由于平时学习的习惯不当而引起的错误,如会而不对或对而不全,称为行为性错误。基于学生的错误,在具体的评析试卷时,还应注意下面几个问题:一是对于较典型的问题要发散讲。针对试卷中具有一定的思维容量的典型试题要做进一步拓展引申,开阔学生的思维，倡导发散性思维方法，利用一题多解，多角度思考与分析问题，对于方法性问题侧重讲评解题方法的多样性。二是同类问题辨析讲。将试卷中相关形异质同的题目改编成题组，突出数学思想的引领作用，强化多题一解。三是要重点评讲试卷中的重点错误。所谓重点错误是指学生在"双基"上，即基本知识和基本方法上存在的共同的错误，这一类错误能真实反映学生在知识和思维方面存在的不足之处，应重点评析剖析，查找原因，这类错误也是课后应加强训练、跟踪练习、补差的重点。当然，试卷讲评课的结束，并不是试卷评讲的终结，教师应结合学生的考试情况，布置一定量的习题强化巩固。

二、试卷讲评的思维价值

教师在评讲试卷教学中，针对学生不同的错误进行讲解分析，同时通过选择不同层次的训练，促进学生思维品质的发展，提高解题能力。

下面，谈谈自己的一点想法和尝试。

（一）讲评有的放矢，培养思维的深刻性

有教师在评讲卷时从头到尾，无处不讲，题无巨细。在分析试卷中，没有必要这样做。对有的试题可以适当点拨，有的试题应精讲精练，对学生能力要求很高的问题，教师要反复敲击，突出难点；对错误率较高的错例可从知识点和解题方法入手，有的放矢；在试卷中体现的重要的解题思维和方法要进行归纳整理。

例1 已知 $f(x)$ 为 **R** 上的偶函数，且 $f(x+2)=f(x)$，则 $f(x)$ 的图象关于_____对称。

A. 关于直线 $x=\dfrac{1}{2}$ 成轴对称图形

B. 关于直线 $x=1$ 成轴对称图形

C. 关于点 $\left(\dfrac{1}{2}, 0\right)$ 成中心对称图形

D. 关于点 $(1, 0)$ 成中心对称图形

分析 由分数统计发现,有近三分之一的学生出现了错误。要加强对函数的奇偶性、周期性、图象的对称性之间的联系的训练,下面对它们进行教学突破。

变式 1 将已知条件中 $f(x+2)=f(x)$ 改成 $f(x+1)=-f(x)$,其他条件不变。

变式 2 将已知条件中 $f(x+2)=f(x)$ 改成 $f(x+1)=\dfrac{1}{f(x)}$,其他条件不变。

变式 3 定义在 **R** 上的偶函数 $y=f(x)$,满足 $f(1+x)=f(1-x)$,求证:$f(x)$ 为周期函数。

对于这个问题的讲解进行了"小题大做"。对于小题的评讲取决于试题担负的任务,包括试题中要考查的信息及对知识点考查的难度。有些小题承载着客观题中压轴题的任务,对学生的思维要求较高,解答的方法可能多种多样,要在这样的试题中多做文章,这也是培养学生思维深刻性的好抓手。

例 2 求函数 $f(x)=\sqrt{1-x}+x$ 的值域。

分析 本题可用换元法,转化为二次函数的最值。要加强对求函数值域的方法的训练,为此,可就地取材。

变式 1 求函数 $f(x)=\sqrt{1-x}+x$,$x \in \left[\dfrac{1}{2}, 1\right]$ 的值域。

变式 2 求函数 $f(x)=\sqrt{1-x}-x$ 的值域。

变式 3 求函数 $f(x)=\sqrt{1-x^2}+x$ 的值域。

变式 1 改变了函数的自变量的范围,解决问题的方法没有改变,在利用二次函数求值域时,要注意自变量的取值范围;变式 2 与原题类似,可以利用二次函数解决,注意到 $f(x)=\sqrt{1-x}-x$ 在定义域内具有单调性,可利用单调性后方法更简洁;变式 3 表面看起来和变式 1 与变式 2 差不多,但它从根本上改变了题目的本质,再仿照变式 1 和变式 2 的解法是得不到正确结果的,所以要在解题方法上进行变通,同样是换元,而应三角换元。以上这三个问题是一种递进关系,在变式中强化了问题的解法,也让学生在变式中体会到了此类问题的本质,提高了学生的学习兴趣,课堂也就此转化为提高学生思维深刻性的高效课堂。

(二) 剖析错解,培养思维的批判性

学生的错误反映了学生在知识点、解题方法及思维上存在的误区,教师利用学生的错误生成新的教学资源,典型的错误往往能给教师、学生留下难忘的印象。反过来,识别错题中的错因,又可加深学生对数学概念、数学方法的理解。正面引导学生是必要的,而反面的警示也是必要的,要将错误转化为学生成长的敲门砖,试卷讲评也将因学生的错误变得更加精彩。

例3 已知 $a、b、c、x、y、z \in \mathbf{R}$,$a^2+b^2+c^2=1$,$x^2+y^2+z^2=9$,求 $ax+by+cz$ 的最大值。

分析 本题考查了学生利用基本式求最值,由 $ax+by+cz \leqslant \dfrac{a^2+x^2}{2}+\dfrac{b^2+y^2}{2}+\dfrac{c^2+z^2}{2}=\dfrac{1}{2}[(a^2+b^2+c^2)+(x^2+y^2+z^2)]=\dfrac{1}{2}(1+9)=5$,即 $ax+by+cz$ 的最大值为5。错解的原因是利用基本不等式取等时,$a=x,b=y,c=z$,显然与已知条件矛盾。为此,将已知条件改为 $9a^2+9b^2+9c^2=9$,$x^2+y^2+z^2=9$,所以 $9+9=(9a^2+x^2)+(9b^2+y^2)+(9c^2+z^2) \geqslant 6ax+6by+6cz$,即 $ax+by+cz \leqslant 3$,当且仅当 $3a=x$、$3b=y$、$3c=z$ 时取得等号,即 $ax+by+cz$ 的最大值为3。

例4 已知在 $\triangle ABC$ 中,$a、b、c$ 分别为角 $A、B、C$ 的对边,且满足 $\sin C+\sin(A-B)=3\sin 2B$,若 $C=\dfrac{\pi}{3}$,则 $\dfrac{a}{b}$ 的值为_____。

分析 大部分学生的答案为3,让学生到黑板再做一遍,解答是:因为 $\sin C+\sin(A-B)=3\sin 2B$,所以 $\sin A\cos B=3\sin B\cos B$,两边同时除以 $\cos B$ 得 $\sin A=3\sin B$,即 $\dfrac{a}{b}=\dfrac{\sin A}{\sin B}=3$。错因是等式两边同时除以一个量,应注意它是否为0。因此,本题正确的答案为3或 $\dfrac{1}{2}$。这样,分析学生错误的成因,促进了学生思维的严密性,也培养了学生思维的批判性。

(三) 精选优解，培养思维的广阔性

讲评试卷可以诊断学生的问题，也有激励的功能。对于典型的试题，教师应让学生说出试题的各种优解，激发学生学习的潜能。

例 5 求函数 $y=\sqrt{x}+\sqrt{1-x}$ 的最大值。

分析 1 通过平方，转化为二次函数，得 $y^2=1+2\sqrt{x(1-x)}=1+2\sqrt{-\left(x-\frac{1}{2}\right)^2+\frac{1}{4}}$，当 $x=\frac{1}{2}$ 时，$y_{\max}=\sqrt{2}$。

分析 2 从基本不等式入手，$\frac{\sqrt{x}+\sqrt{1-x}}{2}\leqslant\sqrt{\frac{x+(1-x)}{2}}=\frac{\sqrt{2}}{2}$，当且仅当 $x=\frac{1}{2}$ 时，等号成立，即 $y_{\max}=\sqrt{2}$。

分析 3 考虑到 $x\in[0,1]$，从三角代换入手，令 $x=\cos^2\theta$，$\theta\in\left[0,\frac{\pi}{2}\right]$，则 $y=\sin\theta+\cos\theta=\sqrt{2}\sin\left(\theta+\frac{\pi}{4}\right)$，当 $\theta=\frac{\pi}{4}$ 时，即 $x=\frac{1}{2}$ 时，$y_{\max}=\sqrt{2}$。

分析 4 从结构上看，考虑从柯西不等式入手，因为 $(1\cdot\sqrt{x}+1\cdot\sqrt{1-x})^2\leqslant(1^2+1^2)\cdot[(\sqrt{x})^2+(\sqrt{1-x})^2]=2$，当且仅当 $x=\frac{1}{2}$ 时，$y_{\max}=\sqrt{2}$。

分析 5 构造向量 $\vec{a}=(\sqrt{x},\sqrt{1-x})$，$\vec{b}=(1,1)$，则 $y=\sqrt{x}+\sqrt{1-x}=\vec{a}\cdot\vec{b}$，$|\vec{a}|=1$，$|\vec{b}|=\sqrt{2}$，由 $y=\vec{a}\cdot\vec{b}\leqslant|\vec{a}|\cdot|\vec{b}|=\sqrt{2}$，当 $\vec{a}/\!/\vec{b}$ 时，即 $x=\frac{1}{2}$，$y_{\max}=\sqrt{2}$。

分析 6 从解析几何方法入手，令 $\sqrt{x}=u$，$\sqrt{1-x}=v$，由 $u\geqslant 0$，$v\geqslant 0$，$u^2+v^2=1$，$y=u+v$，问题变更为：直线 $v=-u+y$ 与 $u^2+v^2=1$ $(u\geqslant 0, v\geqslant 0)$ 有公共点时，求直线在 v 轴上的截距的最大值，如图，当直线与圆相切时，$y_{\max}=\sqrt{2}$。

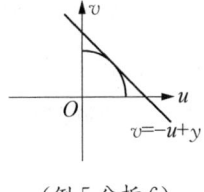

（例 5 分析 6）

此题貌不惊人，看似一般，且题干很简洁，由学生的解法可以发现此题解法精彩纷呈，涉及了函数、三角、几何、向量等高中数学的主干知识，这样的试卷讲评，有助于开拓学生的解题思路,提升学生思维的广阔性。

例6 已知函数 $f(x)=\sqrt{1+x^2}$,x_1、x_2 为不同的实数,求证:$|f(x_1)-f(x_2)|<|x_1-x_2|$。

分析1 因为 $x_1-x_2\neq 0$,则由 $\dfrac{|f(x_1)-f(x_2)|}{|x_1-x_2|}$,将分子有理化,化简可得。

分析2 $\sqrt{1+x^2}=\sqrt{(x-0)^2+(1-0)^2}$,因此 $\sqrt{1+x^2}$ 表示点 $(x,1)$ 与坐标原点 O 的距离,因为 $x_1\neq x_2$,令 $A(x_1,1)$,$B(x_2,1)$,由三角形的两边之差小于第三边就可证得不等式。

分析3 将 $y=\sqrt{1+x^2}$ 两边平方得 $y^2-x^2=1$,它表示双曲线的上支,而 $\dfrac{|f(x_1)-f(x_2)|}{|x_1-x_2|}$ 表示双曲线上两点 $A(x_1,f(x_1))$,$B(x_2,f(x_2))$ 连线的斜率的绝对值,所以原问题变更为双曲线上支任一条弦所在直线斜率的取值范围,结合双曲线两渐近线的斜率 $k=\pm 1$,便可获证。

分析4 由 $y=\sqrt{1+x^2}$ 类比联想三角公式 $1+\tan^2\theta=\sec^2\theta$,可用三角恒等变形解决。

由以上分析,学生从一道试题中联想出不同的求解策略,例6中涉及分子有理化、构造三角形、构造双曲线,同时通过试卷的分析也复习了相关知识,促进了知识之间的横向与纵向的联系,数学教学锻炼了学生的思维。学生在众多的解法中,经历了数学思维的产生、发展过程。

上面问题的讲解采用了一题多解。数学概念和方法是横向联系的,形成了同一个试题的多种解法,我们不要停留在解题方法的简单枚举上,要找到这些方法的内在联系,寻找优解。换句话说,不仅要有量的要求,更要有质的追求,让多种思维品质同时得到发展。

(四)发散思维,培养思维的灵活性

试卷讲评有别于教材教学,讲评的试卷学生已经熟悉,学生对题目的解答是对是错已经知道,所以试卷讲析中教师没有必要完全包办,可以大胆让学生去分析。可以采取哪位同学错就让哪位同学讲,错什么地方就讲什么的方式。学生若有好的解法,可组织小组合作,把好的解法一一呈现出来。这样的评讲方法无疑能调动学生的积极性,不但在讲台上讲的同学热情很高,在下面听的学生也觉得很受启发,大多数学生更容易接受。教师的简政放权,把话语权还给学生,营造了一个自由、互动、和谐的课堂,在轻松的课堂环境下,有利于学生萌发对问题的新的发散性的解法。分享解题心得,或陈述解题思路,或向同学与老师质疑。比如对于复数、极限、二项式定理等基础题,不要越俎代庖,要以小组合作的方式放手交给学生合作完成。还可以选择拔尖的学生做一次小老师,这样发挥了尖子生的才能,激发了尖子生探索问题兴趣。教师通过各种形式激发学生内在潜能,让学生从各个方位思考探究,寻找解决问题的最佳方法,增强学生思维的灵活性,最终促进学生核心素养的全面达成。

例 7 在 $\triangle ABC$ 中,三边 a、b、c 满足 $a^2+b^2+c^2-ab-bc-ca=0$,求证:$\triangle ABC$ 为正三角形。

分析 本题可通过配方法证明。考虑到结论不变,对条件开放,有如下命题:

命题 1 在 $\triangle ABC$ 中,三边 a、b、c 满足关于 x 的方程 $3x^2+4(a+b+c)x+4(ab+bc+ca)=0$ 有两个相等实根,求证:$\triangle ABC$ 为正三角形。

命题 2 在 $\triangle ABC$ 中,三边 a、b、c 满足 $a^3+b^3+c^3=3abc$,求证:$\triangle ABC$ 为正三角形。

命题 3 在 $\triangle ABC$ 中,三内角满足 $\sin^2 A+\sin^2 B+\sin^2 C=\sin A\sin B+\sin B\sin C+\sin C\sin A$,求证:$\triangle ABC$ 为正三角形。

对于这个问题的讲评采用的是"大题小做"。试卷中的容易题、中档题难度的试题往往担负着对双基的考查,这类试题涉及的知识点一般不多,多数学生没有什么问题。在评讲试卷中可以将这一类试题分为一类集中讲解。

例 8 已知 x、$y\in \mathbf{R}$,且 $4x^2+y^2+xy=1$,则 $2x+y$ 的最大值为_____。

分析 设 $2x+y=k$,于是 $y=k-2x$,代入 $4x^2+y^2+xy=1$,整理得 $6x^2-3kx+k^2-1=0$,因为 $x\in\mathbf{R}$,所以 $\Delta=9k^2-24(k^2-1)\geqslant 0$,$k^2\leqslant\dfrac{8}{5}$,即 $k_{\max}=\dfrac{2\sqrt{10}}{5}$。换一个视角分析,实数 x、y 满足方程 $4x^2+y^2+xy=1$,可以看作动

点 $M(x,y)$ 在曲线 $4x^2+y^2+xy=1$ 上,设 $2x+y=t$,则直线 $2x+y=t$ 和曲线 $4x^2+y^2+xy=1$ 有交点。这种思考的方法,揭示了问题的几何意义,评讲中要引导学生理解问题的本质。为了加深对此类问题的理解,教师可编制习题进行强化。

问题 1 已知 x、$y \in \mathbf{R}_+$,且满足 $x+2y=8$,试求(1) x^2+y^2+4x 的最小值;(2) 求 xy 的范围;(3) 求 $\dfrac{y+2}{x+2}$ 的范围。

问题 2 已知 x、$y \in \mathbf{R}_+$,且满足 $x+2y+2xy=10$,则 $x+y$ 的范围为_____。

由本例的变形,把一道题转化为一类题,知一题懂一类,会一串,触类旁通,有利于培养学生思维的广阔性。同时,在变换引申的过程中,也培养了学生思维的灵活性。

对于这个问题的讲评采用的是多题同解。一份试卷对某一个数学核心素养的考查,对某一个概念的考查,对某一个数学思想方法的考查,可能会命制出多个试题来考查,可以集中评讲这一类试题,加深学生对有关的数学方法、数学思想的理解。

例 9 已知 $A(-5,0)$,$B(5,0)$,直线 AP、BP 相交于点 P,且直线 AP、BP 的斜率之积为 -2,试求点 P 的轨迹方程。

分析 基于这道试题,激励学生在原题基础上进行改编。

探究 1 若 A、B 为椭圆 $\dfrac{x^2}{a^2}+\dfrac{y^2}{b^2}=1(a>b>0)$ 上关于原点对称两个点,点 P 是椭圆上是异于 A、B 的任一点,探究 $k_{PA} \cdot k_{PB}$ 是否为定值。

探究 2 若 A、B 为椭圆 $\dfrac{x^2}{a^2}+\dfrac{y^2}{b^2}=1(a>b>0)$ 短轴的顶点,P 是椭圆上异于 A、B 的任一点,探究 $k_{PA} \cdot k_{PB}$ 是否为定值。

探究 3 若 A、B 为椭圆 $\dfrac{x^2}{a^2}+\dfrac{y^2}{b^2}=1(a>b>0)$ 长轴的顶点,P 是椭圆上异于 A、B 的任一点,探究 $k_{PA} \cdot k_{PB}$ 是否为定值。

回归课本找题源,再对问题进行合理的讲解,充分展示课本例题对试题的引领作用，这样的试卷讲评是对教材的深化。由本题的变式探究，启发学生从变的状态中找到不变的规律，从不变的规律中探究变的本质，有助于培养学生思维的灵活性。

启发学生对问题的条件进行发散性思考，而条件又没有现成的，让学生尽可能地利用已知条件，揭示条件与结论的内在关系。在试卷讲评中，引导学生发散思考，不仅对条件本身进行思考，还要思考条件之间的内在联系。要求学生从条件出发，运用多种有效变换方式来加工信息、探究结论，也有利于培养学生的创造性思维。

很多试题都来源于课本，以至于反复考查，但考查的基本概念和基本方法并未变化，只是对试题中的条件稍作变化。基于试卷中具有很强灵活性的试题，把原题分析完后，可以对条件或提问方式进行改变；可以把某一数据用其他数据替代；可以把多个题目进行条件或结论重组等。这种训练的方式要立足基础，不要刻意追求高难高新，学生感到别出心裁、兴致盎然，调动了学生的积极性，拓展了学生的视野，巩固了基本概念和基本方法，培养了学生思维的广阔性、灵活性。

主要参考文献

[1] 丁石孙,张祖贵.数学与教育[M].长沙:湖南教育出版社,1989.

[2] 查有梁,李以渝.数学智慧的横向渗透:数学思想方法论[M].成都:四川教育出版社,2019.

[3] 米山国藏.数学的精神、思想和方法[M].毛正中,吴素华,译.上海:华东师范大学出版社,2019.

[4] 郭思乐.思维与数学教学[M].北京:人民教育出版社,1991.

[5] 张奠宙,唐瑞芬,刘鸿坤.数学教育学[M].南昌:江西教育出版社,1991.

[6] 中华人民共和国教育部.普通高中数学课程标准(2017年版2020年修订)[M].北京:人民教育出版社,2020.

[7] 徐利治.徐利治谈治学方法与数学教育[M].大连:大连理工大学出版社,2008.

[8] 章建跃.章建跃数学教育随想录(上卷、下卷)[M].杭州:浙江教育出版社,2017.

[9] 郑毓信,肖柏荣,熊萍.数学思维与数学方法论[M].成都:四川教育出版社,2001.

[10] 张乃达.数学思维教育学[M].南京:江苏教育出版社,1990.

[11] 李冬胜.数学思维方法[M].太原:山西人民出版社,2010.

[12] 胡炯涛,张芃.中学数学教学纵横谈[M].济南:山东教育出版社,1997.

[13] 任樟辉.数学思维论[M].南宁:广西教育出版社,1996.

[14] 蒋文彬.中学数学潜能开发[M].合肥:中国科学技术大学出版社,2014.

[15] G.波利亚.数学与猜想[M].李心灿,等译.北京:科学出版社,2001.

[16] G.波利亚.怎样解题[M].阎育苏,译.北京:科学出版社,1982.

[17] 中国科学院数学物理学部.今日数学及其应用[J].数学通报,1994(07):50+1-12.

[18] 范启樟.数学解题后反思对学生思维品质的培养[J].高考,2021(20):80-81.

[19] 蔡翠苹.数学问题解决中的直觉思维[D].福州:福建师范大学,2005:5-8.

[20] 崔晓红.高中生发散性思维的培养路径[J].数学教学通讯,2021(27):63-64+72.

[21] 王亚文.高中数学教学中培养学生发散性思维研究[D].呼和浩特:内蒙古师范大学,2016:15-18.

[22] 孙向东.核心素养观下如何培养学生的数学思维能力[J].数学教学通讯,2019(09):

32-34.

[23] 杨春茹. 高中数学教学中培养学生发散思维的研究与实践[D]. 长春:东北师范大学,2008:20-24.

[24] 彭石山. 逆向思维在解题中的应用[J]. 中学数学教学参考,2021(24):33-36.

[25] 罗礼凡. 美在数学教学中[J]. 启迪与智慧(教育),2012(07):41.

[26] 张书新. 中学数学课程中的对称美及其应用[D]. 武汉:华中师范大学,2019:7-10.

[27] 林翠英. 数学形象思维能力的培养策略[J]. 数学教学通讯,2020(28):75-76.

[28] 林国华. 数学教学中培养学生创造性思维的理论和实践研究[D]. 南昌:江西师范大学,2005:11-18.

[29] 张乃达. 充分暴露数学思维过程是数学教学的指导原则[J]. 数学通报,1987(03):6-11.

[30] 张肇丰. 试论研究性学习[J]. 课程·教材·教法,2000(06):42-46.

[31] 蒋志萍. 结合数学学科开展研究性学习的实践与探索[J]. 数学教育学报,2002(03):93-96.

[32] 罗增儒. 数学概念的理解与教学[J]. 中学数学教学参考,2016(07):2-5.

[33] 郑毓信. 善于提问[J]. 人民教育,2008(19):36-40.

[34] 郭丽梅. 建构主义学习理论与课堂情景创设——以小学数学教学为例[J]. 吉林教育,2011(07):18-19.

[35] 李永树. 核心素养导向下的问题情境创设[J]. 中学数学教学参考,2020(Z3):36-37.

[36] 朱秀风. 数学解题教学中思维能力的培养[J]. 中学数学月刊,2003(05):14-15.

[37] 黄惠芳. 深刻反思,思维优化[J]. 上海中学数学,2012(10):46-48.

[38] 马汉军. 认知开放,回归本质——以2020年高考数学北京卷第14题为例[J]. 中学数学教学参考,2021(33):66-67.

[39] 魏仁洪. 创设问题情景,培养思维品质[J]. 中学数学,2010(03):14-16.

[40] 舒颖嘉. 在纠错过程中优化思维品质[J]. 中小学数学(高中版),2009(09):29-32.

[41] 武瑞雪. 摭谈数学试卷讲评课的"四要""四不要"[J]. 中学数学杂志,2017(05):19-22.

[42] 王仲春,等. 数学思维与数学方法论[M]. 北京:高等教育出版社,1989.

后　记

《普通高中数学课程标准(2017年版2020年修订)》指出:"数学学科核心素养是数学课程目标的集中体现,是具有数学基本特征的思维品质、关键能力以及情感、态度与价值观的综合体现,是在数学学习和应用的过程中逐步形成和发展的。"同时又指出:"提升学生的数学素养,引导学生会用数学眼光观察世界,会用数学思维思考世界,会用数学语言表达世界,促进学生思维能力的发展。"

以数学核心素养为主要标志的课程标准的问世,更加凸显了在教学中培育学生思维的重要性。作为一名课程改革的见证者、实践者、探索者,如何认识核心素养,并把学生的思维训练和思维能力的培养有效地、创造性地付诸教学改革的实践中,应是数学教学不容回避的、时不我待的议题。

数学教学是数学思维活动的教学,要为数学思维而教!

教师的生命之花,应该在课堂上绽放!课堂因学生而美丽,数学教学因数学思维而精彩。课堂上学生的思维激荡——突发的灵感,精彩的妙语,留下的遗憾……正是这些原汁原味的数学思维生态课堂,使我备受启发,几年来的所思、所想、所悟,形成了这本《高中数学思维培养的研究与实践》,真实再现了我的思维轨迹。

感谢上海市市西中学校长董君武、上海市洋泾中学校长王海平、上海市静安区教育学院教研员任升录老师、上海市育才中学研训部部长尹德好老师等同仁的帮助。在本书的撰写过程中,是他们多次给我提出修改意见。

更应该感谢我的学生们,正是你们的参与,才能产生思维的碰撞,你们才是课堂教学的"活水源头"。

由于本人才疏学浅,书中难免存在错误和瑕疵,敬请读者不吝赐教。

庞良绪

2022年11月于上海